国家出版基金项目
NATIONAL PUBLICATION FOUNDATION

我国新就业形态发展、规范与对策研究

主编 ◎ 莫荣

中国劳动社会保障出版社

图书在版编目（CIP）数据

我国新就业形态发展、规范与对策研究/莫荣主编. -- 北京：中国劳动社会保障出版社，2024
ISBN 978-7-5167-6361-2

Ⅰ.①我… Ⅱ.①莫… Ⅲ.①劳动就业－研究－中国 Ⅳ.① D669.2

中国国家版本馆 CIP 数据核字（2024）第 075743 号

中国劳动社会保障出版社出版发行

（北京市惠新东街 1 号　邮政编码：100029）

*

北京华联印刷有限公司印刷装订　　　新华书店经销
787 毫米×1092 毫米　16 开本　20.75 印张　286 千字
2024 年 5 月第 1 版　　2024 年 12 月第 2 次印刷
定价：99.00 元
营销中心电话：400-606-6496
出版社网址：http://www.class.com.cn

版权专有　　侵权必究

如有印装差错，请与本社联系调换：（010）81211666
我社将与版权执法机关配合，大力打击盗印、销售和使用盗版
图书活动，敬请广大读者协助举报，经查实将给予举报者奖励。
举报电话：（010）64954652

《我国新就业形态发展、规范与对策研究》编委会

主　编：莫　荣

编　委：丁赛尔　战梦霞　陈　云　汪昕宇　孟续铎

　　　　翁仁木　鲍春雷　李宗泽　黄湘闽　刘永魁

　　　　涂　伟　聂　鲲　李付俊　殷宝明　曹　佳

　　　　高亚春

序言

在过去的十余年中，数字技术凭借其高度融合性、嵌入性的特征，将复杂的"工作"通过工艺改造细分为成百上千个简单、具体、明确的"任务"，再通过互联网众包平台提供便利、大规模的数字化服务，形成跨时空的新型劳动力市场，其本质是一种劳动成果交易的数字化新方法，为新就业形态创造了条件。

从社会经济发展的角度来看，数字技术的就业替代与就业创造是不可避免的，数字经济的最大贡献之一就是产生了大量新就业形态，吸纳了大量就业，为众多劳动者提供了没有时间、地点限制的低门槛工作。调研发现，数字经济的新就业形态是实现"稳就业"的重要载体，千百万兼职人员通过新业态、新模式践行着创新、协调、绿色、开放、共享的新发展理念并成为维持家庭生活的重要保障。但是"任务"管理模式对主要通过劳动合同管理来协调劳动关系、保护劳动者权益的传统管理模式提出了挑战。

伴随新经济、新业态的发展，"新就业形态"的概念应运而生，已发展成为劳动者就业和增加收入的重要途径。同时因其劳动关系的复杂性、劳动者权益保障的独特性，新就业形态也面临诸多挑战。在 2020 年全国两会上，习近平总书记充分肯定了新就业形态在抗击新冠肺炎疫情和复工复产中发挥的重要作用，并强调要顺势而为，对当前最突出的劳动者法律保障问题和保护消费者合法权益问题，要及时跟上研究，把法律短板及时补齐，在变化中不断完善。

中国劳动和社会保障科学研究院牵头，邀请北京联合大学人力资源管理研究所、美团点评法律政策研究院、首都经济贸易大学劳动经济学院等研究机构有关专家组成的研究团队，对新就业形态的协同治理机制进行系统研究。本书的主要特色有三方面。

第一，本书是对新形势下如何建立完善新就业形态协同治理机制的一次系统研究。将重点厘清新就业形态发展的内涵和外延，研析新就业形态的发展现状与趋势、面临的突出问题和矛盾，梳理分析社会保障、就业服务、争议处理等现有制度体系和管理模式与新就业形态发展的不适应的表现。

第二，本书是专门针对新就业形态的政策性研究。分析了现阶段所涉各部门和地方在发展和治理新就业形态中的具体实践、经验和思路，目的是发现有益的实践案例和经验借鉴，提炼共性问题，为推动我国新就业形态健康有序发展、建立完善新就业形态劳动者权益保障制度提出有建设性的政策建议。

第三，本书是定性与定量研究相结合、实证与规范研究相结合的综合性研究。综合运用问卷调查、案例分析、文献分析、数据挖掘、仿真模拟、实地调研和座谈等多学科研究方法，对新就业形态的概念进行辨析，对新就业形态的发展进行现状描述及趋势预测，对我国新就业形态劳动者的社会保障、就业服务进行制度分析和地方实践总结。

新就业形态是对中国经济新业态、新动能中出现的新就业方式的一种特定称谓，越来越被社会和学界所接受。2015年10月，《中共中央关于制定国民经济和社会发展第十三个五年规划的建议》中第一次明确提出："加强对灵活就业、新就业形态的支持，促进劳动者自主就业。"这是第一次提出新就业形态的概念。国内目前尚未对新就业形态作出规范性定义，理论界认为新就业形态是与数字经济相适应的一种灵活就业，将逐渐替代传统的典型就业，是未来的重要就业模式之一。国外关于新就业形态的概念研究相对较少，多集中于"劳动力市场灵活化""非正规就业""非标准就业"等概念的探讨，这些概念虽然与"新就业形态"的概念有关，但并不全面。在具体的概念界定上，不同学者从不同角度出发有不同的理解。

我们研究提出，所谓新就业形态，是指依托互联网等现代信息科技手段，实现有别于正式稳定就业和传统灵活就业的灵活性、平台化的组织用工和劳动者就业形态。

当前，我国新就业形态有以下三方面基本特征。

一是就业形式多元化、就业管理数字化。新就业形态由于引入了互联网和数字技术，其工作岗位、工作内容、工作形式、雇佣方式呈现灵活多变的特点。数字经济高度嵌入、融合的特征，使工作内容涵盖高端、中端和低端产业，经过改造产生的新职业不断涌现，特别是通过自身知识或技能从事各类自由职业，通过各类创业创新平台实现众包就业、网店就业、创业就业等。从劳动管理角度来说，企业依据强大的数字化平台，可为司机测算出应该在什么地方等客，为骑手规划行动路线，依据数字信息统计测算劳动者工作量，按既定规则支付报酬。

二是组织方式平台化、平台用工规模化。随着共享经济的快速发展，越来越多的平台组织出现，劳动者灵活就业的方式通过平台得到了全新改变。平台型组织依靠先进的平台信息系统和智能化模型进行管理，供给和需求实现了即时对接，大幅降低了交易成本。这些平台型组织的灵活用工量往往比较大，且用工量远远超过传统企业的雇佣量。

三是兼职工作便利化、零工就业全时化。平台企业把全职工作划分为任务后，把一个全职工作转化为多个非全职工作，出现了全职就业兼职化的倾向，同时把有正式工作的劳动者也纳入利用空闲时间从事兼职工作的范畴。在网上劳动力市场高度发达的背景下，家政服务员依托一个或多个平台为多家企业或个人提供服务，零工就业也能够每天干满 8 小时，实现零工就业全时化。

当前新就业形态的发展现状可以从两方面描述。

一方面，平台经济促进新就业形态蓬勃发展。近年来互联网的迅猛发展，带动一批平台型企业兴起，众多劳动者通过互联网平台，实现了各种新形态的就业。在我国众多新就业形态中，共享经济发展尤为迅猛，通过共享平台实现就业的人员规模逐年增加，成为我国城镇新增就业的重要渠道之一。国家信息中心《中国共享经济发展报告》历年调查结果显示，2016—2019年，网约车普及率在同行业中由32.3%提高到47.4%，在线外卖普及率由30%提高到51.6%，平台成为吸纳大量灵活就业的重要载体，创造了大量就业岗位；我国参与共享经济活动的总人数由2015年的5亿人增加到2020年的8.3亿人，平均每年增加超过6 600万人。共享经济的发展进一步提升了就业岗位的创造能力和就业市场的匹配能力，通过平台经济创造了大量灵活就业岗位，如从主播、网红，到背后的主播经纪人、场景包装师、直播助理、直播讲师等。

另一方面，新冠肺炎疫情下新就业形态脱颖而出。在常态化疫情防控背景下，灵活就业因其时间、空间的灵活性，开始显现出更加独特的优势，特别是平台用工、众包用工、社群经济就业、共享用工等新就业形态发展较为亮眼。比如"无接触配送""隔离经济""直播带货"等异军突起，外卖骑手、网约车司机等群体也在疫情防控及复工复产期间发挥了较为突出的作用。新冠肺炎疫情防控下，新就业形态在我国保就业、稳就业、促就业方面发挥出巨大潜能。

在新冠肺炎疫情防控背景下，企业营业收入减少引起用工需求收缩，灵活就业人员首先受到冲击。但与此同时，新冠肺炎疫情冲击下灵活就业得到供求双方认可，成为稳就业的重要渠道。疫情之下大部分企业的生产经营受到严重冲击，预期不明确，雇用正式员工更加谨慎，但部分企业如防疫生产企业、快递外卖企业业务量剧增，短期需要招用更多劳动者，企业通常通过灵活用工方式解决此问题，而此时劳动者也比较认可灵活就业方式。我们在2020年疫情初期3月中旬的调查显示，求职者考虑打零工、送快递、送外卖等就业意愿较之前2月份的调查增加了40个百分点，供求双方在这个特定时期找到了契合点。

新冠肺炎疫情防控期间，数字经济、直播经济表现尤为亮眼。从疫情发生到2020年6月底，美团平台获得收入的新增骑手数量超100万人。盒马鲜生为1万多人提供了共享用工岗位。线下销售转线上主播带货，有效解决了疫情防控期间的用工和销售问题，其自身也得到快速发展，并带动了主播培训市场的繁荣。

我国大规模经济体的规模效应已被大家认可，当前独特的大规模移动上网人群的规模效应也正在被充分开发利用，大量互联网服务平台及其联网的企业、消费者和劳动者，形成了特有的互联网生态、网上劳动力市场和新就业形态，这些都需要我们探索符合中国特色社会主义道路的新就业形态的协同治理机制。当前，新就业形态存在概念不清、统计不全，对劳动者的法律保障和政策支持不够，以及经办服务落地难等问题。由于新业态、新模式、新职业仍处于不断发展变化和丰富完善的过程中，其所面临的问题和挑战也属于新事物成长中的必然现象，要用发展的眼光来看待。针对新就业形态的发展状况，我们对综合治理提出以下六点政策建议。

第一，按照以人民为中心的发展思想规范新就业形态的概念，完善统计调查制度。尽快对新就业形态进行标准化界定，明确其概念范围与边界。建立全国统一的登记和统计监测制度，构建全国统一的登记和统计监测平台，覆盖所有新就业形态劳动者，及时掌握新就业形态的基本情况，为完善政策措施和统一管理服务提供数据支撑。利用大数据、区块链等信息技术对新就业形态劳动者的身份信息、从业经历、职业评价、劳动行为、权益记录等信息进行全面采集，并建立职业信息、劳动者职业能力素质数据库，积累劳动者征信和职业能力等方面的数据,实现信息共享,构建信用监管体系。逐步将已经成熟的新就业形态纳入新职业目录,认定其身份,以此作为获得就业帮扶的依据,作为参加社会保险、享受社保待遇、保障劳动权益的基础。

第二,实施一系列促进新就业形态发展的就业扶持政策。应将促进新就业形态发展作为稳就业工作的重要手段,将稳就业的各类扶持政策转化为稳定和促进各种新就业形态的政策措施。要积极研究平台型用工解决困难人员就业、贫困人口就业等问题的奖励政策,对解决就业问题较有成效的平台企业,可参照相关政策给予相应就业扶持。健全全方位公共就业服务体系,不断加强和完善"互联网+公共服务"建设,加强网络服务平台和手机客户端建设,使新就业形态劳动者通过手机实现职业信息搜索、职业指导、就业服务、课程学习、社保缴费、补贴申领等,更加方便新就业形态劳动者多渠道享受公共服务。

第三,抓紧补齐短板,切实保障新就业形态劳动者的基本权益。加快研究修改劳动保障法律法规,确立新就业形态的法律地位。研究制定符合新就业形态特征的非标准劳动关系体系,并建立多元化劳动标准制度,建立新就业形态劳动者的劳动基准,以落实新就业形态劳动者在工作时间、休假时间、工伤认定、劳动争议等方面的权益,保障新就业形态劳动者的基本权益。

第四,完善职业教育培训制度,制定并完善支持新就业形态劳动者的职业培训政策。建议重构教育体系,建立更加完善的教育培训制度,让数字技术使用技能成为数字经济时代就业的"必修课"。加强对新业态和新职业的分类研究,制定完善创新创业领域职业标准,完善数字化职业能力评价体系,加大职业培训补贴的力度,全面推进数字化人才队伍建设。支持培训市场开展各种技能培训,满足灵活就业劳动者终身学习的需求。

第五,健全适应新就业形态特点的社保政策和服务体系。根据新就业形态劳动者的工作特征和实际收入水平,探索建立多层次、多档级的缴费标准,构建方便缴费、可转移、可计算、可携带的社保权益记录体系，并创新灵活的社保缴费方式，加大"互联网＋人社"建设。借助平台 App 为新就业形态劳动者提供社保服务，向其宣传就业、社保等相关政策，引导其积极参保。应充分发挥平台数据和技术优势，创新劳动者保险保障的机制和模式，完善新就业形态劳动者的保障措施，更好地支持和促进新就业形态的发展，实现就业和经济双增长。

第六，形成政府和利益相关方共同参与治理的格局。建立新技术范式下劳动者权益保障监测和服务的制度，为劳动力市场监管提供法律依据。消除对部分新就业形态劳动者户籍方面的限制，为劳动者创造平等就业的环境。监管部门要进一步加强与网络平台企业的合作，利用网络平台的信息汇聚优势，提高监管效能。完善平台治理，明确平台的权利和责任，将平台纳入协同治理体系，赋予其一定的治理职责，引导社会力量参与治理。

本书是国家社科基金重大项目《我国新就业形态的发展趋势、影响与协同治理研究》的阶段性成果，重点对新就业形态的概念和特征进行了界定和辨析，对新就业形态促进就业的作用进行了分析，并针对新就业形态发展的各种问题提出了相关政策建议。本书还属于初步研究，有待继续深入。我们期盼大家共同关心支持促进新就业形态的健康发展，提出建设性意见和建议，为劳动者实现高质量充分就业做出新的更大贡献。

莫　荣

2024 年 1 月

目录

第一章 新就业形态的发展与理论基础 /001

第一节 新就业形态发展的背景与意义 /003

一、新就业形态发展的背景 /003

二、新就业形态发展的意义 /014

第二节 新就业形态的缘起与发展 /020

一、我国新就业形态的缘起 /020

二、我国新就业形态的发展 /023

三、我国新就业形态发展的特点 /025

第三节 新就业形态的概念辨析与理论视角 /030

一、新就业形态的相关概念辨析 /030

二、新就业形态的理论视角 /035

第二章 我国新就业形态的发展规模与趋势 /051

第一节 我国新就业形态的发展规模 /053

一、我国新就业形态的总体发展状况 /053

二、我国典型新就业形态的发展规模 /056

第二节 我国新就业形态的发展趋势 /075

一、我国新就业形态发展趋势的基本判断 /075

二、我国新就业形态劳动者从业规模预测 /077

三、我国新就业形态劳动者从业意愿的趋势评估 /080

第三章 我国新就业形态劳动者的特征与就业现状 /097

第一节 我国新就业形态劳动者的主要人口统计学特征 /099

一、性别结构 /099

二、年龄结构 /100

三、户籍结构 /102

四、学历结构 /104

第二节 我国新就业形态劳动者的就业现状 /106

一、平台从业前的基本工作情况 /106

二、平台从业时间与从业原因 /110

三、平台工作时间与收入情况 /114

四、劳动权益保障 /119

五、职业培训 /123

六、职业满意度 /126

七、政策诉求 /129

第四章　我国新就业形态劳动者的社会保障 /133

第一节　我国新就业形态劳动者的养老保险 /135

一、新就业形态劳动者养老保险政策现状 /135

二、新就业形态劳动者参加养老保险存在的问题和挑战 /139

第二节　我国新就业形态劳动者的医疗保险 /143

一、新就业形态劳动者医疗保险政策现状 /144

二、新就业形态劳动者参加医疗保险存在的问题和挑战 /146

第三节　我国新就业形态劳动者的职业伤害保障 /154

一、新就业形态劳动者职业伤害保障政策现状 /154

二、新就业形态劳动者纳入工伤保险制度的难点 /160

三、新就业形态就业人员职业伤害保障试点 /167

第五章　我国新就业形态就业服务及纠纷预防 /169

第一节　我国新就业形态就业服务 /171

一、新就业形态就业服务工作状况 /171

二、我国新就业形态就业服务存在的困难和问题 /176

第二节　我国新就业形态劳动用工矛盾纠纷及劳动者劳动权益保障 /184

一、新就业形态劳动用工矛盾纠纷的特点 /184

二、新就业形态劳动用工矛盾纠纷产生的主要原因 /190

三、新就业形态劳动者劳动权益保障的原则 /193

第六章　促进我国新就业形态发展的政策分析及建议 /203

第一节　促进新就业形态发展的政策进展 /205

一、新就业形态政策发展阶段 /205

二、新就业形态发展相关政策框架 /209

第二节　新就业形态发展中的问题与挑战 /214

一、新就业形态及数字平台发展不稳定影响劳动者职业发展可持续性 /214

二、新旧机制转换与结构调整存在磨合阵痛 /215

三、支持"双创"的新就业形态发育政策动能不足 /215

四、人力资本支撑不足，技能结构矛盾日益突出 /216

五、关系多元和灵活化导致权利义务的法律关系不清晰 /216

六、劳动者社会保障面临诸多困扰 /218

七、新就业形态的就业质量有待提高 /219

八、现有利益格局和体制结构调整需要新的制度政策规范 /220

九、新就业形态政策统筹协调性不足，协同治理亟待加强 /221

第三节　政策建议 /222

一、提升新就业形态公共就业服务质量 /223

二、加大新就业形态矛盾纠纷预防力度 /226

三、完善养老保险制度，落实新就业形态劳动者养老保障权益 /231

四、完善医疗保险制度，切实保障新就业形态劳动者医保权益 /232

五、加快制度创新，加强新就业形态劳动者职业伤害保障 /236

附录　欧盟新就业形态的发展、问题及借鉴 /241

第一节　欧盟新就业形态的概念与主要类型 /243

一、欧盟新就业形态的概念 /243

二、平台就业的主要类型 /247

第二节　欧盟新就业形态的发展现状 /251

一、新就业形态发展概况 /251

二、新就业形态就业人员现状 /264

第三节　欧盟新就业形态发展中的问题及原因 /273

一、新就业形态发展中的问题 /273

二、问题的原因分析 /279

第四节　欧盟应对新就业形态发展问题的举措与经验借鉴 /285

一、应对新就业形态发展问题的主要举措 /285

二、对我国发展新就业形态的启示和建议 /299

主要参考文献 / 305

第一章
新就业形态的发展与理论基础

第一节
新就业形态发展的背景与意义

一、新就业形态发展的背景

（一）新就业形态发展的经济背景

1. 新经济、新业态、新商业模式与新就业形态发展

新经济概念兴起于西方 20 世纪 90 年代，并迅速带来了全球范围内的新技术革命，引发了经济增长方式、经济结构以及经济运行规则等方面的变化。我国新经济一词最早出现在 2014 年 10 月国务院印发的《关于加快科技服务业发展的若干意见》（国发〔2014〕49 号）中，随后新经济频繁出现在推进新经济工作文件及其他有关的领域。

目前，各界关于新经济的概念尚未统一。新经济一般指以新产业、新业态、新商业模式为主体，由互联网和新技术革命推动的，以信息化和产业化深度融合、商业模式和体制机制创新、人力资本的高效投入和减少对物质要素的依赖为标志的一种经济形态，其核心表现为以信息技术为主导的科技革命对经济的影响，尤其是移动互联网、云计算、大数据、人工智能、物联网、区块链等信息技术取得突破性进展，被认为是产业变革的方向。目前，世界各国都对新经济的发展给予了高度重视和大力推动。

我国新经济综合表现为传统经济活动的转型升级和新兴经济活动的兴起，是以新产业、新业态、新商业模式为核心内容的经济活动的集合代表。其中，新产业是指应用新科技成果、新兴技术而形成一定规模的新型经济活动；新业态是指顺应多元化、多样化、个性化的产品或服务需求，依托技术创新和应用，从现有产业和领域中衍生叠加出的新环节、新链条、新活动形态；新商业模式是一种为实现用户价值和企业持续盈利目标，对企业经营的各种内外要素进行整合和重组，形成高效并具有独特竞争力的商业运行模式。我国新经济的发展不仅表现为新技术产业的发展，新业态和新商业模式也层出不穷，共享经济、平台经济、数字经济表现出了强劲的增长态势，农村电商、四众（众创、众包、众扶、众筹）平台企业、电子商务（企业电子商务、电子商务交易平台、网上零售）、互联网金融业务等新兴经济活动正在蓬勃兴起。

随着新经济的发展，新经济对我国就业的拉动效应也日益显著。根据中国社会科学院人口与劳动经济研究所课题组的测算，2016年我国新经济对就业的直接贡献占总就业的比重约为10.1%，间接贡献占总就业的比重约为6.4%，两者合计占总就业的比重约为16.5%，其中新业态和新商业模式对就业的贡献更加突出，占新经济就业贡献总量的84%。同时，新经济的发展，特别是新业态和新商业模式的出现，使得经济活动具有了一些新的属性，例如，订单经济模式最大限度地拉近了生产者和消费者之间的距离，形成了大量的平台合作模式，大大提高了资源的配置效率，大幅度降低了交易成本，实现供求双方的快速对接，并且极大地增强了劳动者就业的灵活性，包括就业方式和就业时间的灵活性，使得有能力的人可以通过各类平台获取报酬或收益，从而催生了一大批新的就业形态，如网约配送员、网约车司机、微商、网络主播等。新经济作为推动我国经济增长的新动力，未来将持续发挥就业拉动作用，并伴随新产业、新业态和新商业模式的不断涌现而衍生出新的就业形态。通过新经济带动新就业，推动人力资本结构优化升级，有望更为积极有效赋能"稳就业"，进而提高就业对经济增长的带动力。

2. 我国现阶段经济形势与新就业形态发展

党的十九届五中全会提出，全面建成小康社会、实现第一个百年奋斗目标之后，我国开启全面建设社会主义现代化国家新征程，向第二个百年奋斗目标进军，这标志着我国进入了一个新发展阶段。《中华人民共和国国民经济和社会发展第十四个五年规划和二〇三五年远景目标纲要》明确提出，今后一个时期，经济社会发展要以推动高质量发展为主题。进入新发展阶段，我国发展环境面临深刻复杂变化。2021年中央经济工作会议作出重要判断，我国经济发展面临需求收缩、供给冲击、预期转弱三重压力。

在需求收缩方面，在国内需求增长动力不足、相对低迷的同时，外需增长承压较大、需求收缩明显。2022年，我国消费和投资需求虽然有所改善，但仍难以扭转内需增长动力不足的局面，居民消费持续受到收入增速与债务压力等多重因素的制约，投资增速虽然得到基础设施建设投资增速回升的支撑，但房地产投资增速下滑带来的影响会逐步扩大。一方面，过去呈现高增长的外需回落，全球经济贸易增长速度下降，主要发达经济体增速继续放缓，加之新冠肺炎疫情，阻碍了劳动力市场的全球性流动，全球供应链和物流体系受到影响，海外供应链加快恢复使得我国出口的替代效应有所弱化；另一方面，中美贸易摩擦、逆全球化和单边主义等的出现和发展，也使得我国经济下行风险加剧。

在供给冲击方面，一是能源、原材料价格上涨导致生产成本提高。2021年以来，多种工业原材料纷纷涨价，从有色金属到化工原料，再到石油和煤炭，价格涨幅较大，2021年10月生产者物价指数（PPI）同比上涨13.5%，11月为12.9%。同时，生产领域的成本上涨进一步对消费品领域产生影响，居民生活成本上涨压力有所增加。二是部分重要产业核心部件供应受到限制，影响了产业发展和升级，如电子芯片、汽车芯片的供给在不同程度上受阻。三是部分原材料供给出现物流受阻、局部短缺和价格涨幅较大等问题，影响了区域性、上下游产业链和供应链的循环关系。

在预期转弱方面，各种因素叠加影响预期。一是局部疫情时有发生，使中小微企业和个体工商户在维持经营和发展方面面临较大挑战；二是房地产开发受到房地产市场低迷的影响，对市场带来涟漪效应；三是银行等金融机构的经营发展更加谨慎，顺周期观念和行为有所增多；四是资本市场波动下行增加了市场的不稳定因素，在一定程度上降低了预期。

三重压力是我国新发展阶段面临的主要困难，不只是疫情冲击带来的短期困难和经济运行的短期压力，而是中长期都需要加以应对的挑战。党中央根据国内外形势发展变化，提出加快构建以国内大循环为主体、国内国际双循环相互促进的新发展格局，但构建新发展格局是一个需要逐步推进的过程，其中还会受到国内循环或国际循环不畅的制约，这意味着未来一段时间经济发展仍会受到需求收缩、供给冲击的影响，将给就业带来前所未有的挑战。

当前我国经济已由高速增长阶段转向高质量发展阶段，正处在转变发展方式、优化经济结构、转换增长动能的攻关期。在这一时期，我国经济发展中的问题也越来越凸显，尤其是产能过剩、就业结构性矛盾等问题。化解过剩产能、机器换人等产业结构的调整导致了部分传统制造业等劳动密集型产业的工作岗位减少，带来就业挤出效应，使劳动者的失业风险和就业压力增大。虽然同期以数字经济为代表的新经济、新业态、新商业模式快速发展，但新经济的规模和就业带动能力依然无法支撑结构改革。[①] 我国人口老龄化趋势逐年加速并伴随着高校毕业生人数激增，加深了我国就业的结构性矛盾。这些情况导致城镇待业人员、农民工和高校毕业生等重点人群的就业形势更加严峻。

新就业形态作为一种新型灵活的就业方式伴随技术创新与经济形势转变应运而生并蓬勃发展，为缓解国内经济发展方式转变、经济下行给就业带来的压力发挥了重要作用。第一，新就业形态的就业弹性大、市场广，其发展

---

① 张成刚. "稳就业"的经济、制度逻辑与政策实践［J］. 经济学家，2020（7）：53-60.

带来了大量就业机会,对就业起到了"海绵"状的吸纳作用,有助于协调去产能、转换动能与稳就业之间的关系[①];第二,新就业形态门槛较低,进出方便,为经济下行压力下摩擦性失业者提供了过渡就业机会,起到了缓冲失业的作用;第三,平台吸引了大量有本职工作的劳动者,他们通过兼职类灵活就业获得额外收入,成为劳动者增加收入的重要渠道。

(二)新就业形态发展的技术背景

1. 互联网技术与新就业形态发展

互联网诞生于 20 世纪 60 年代,快速扩张于 20 世纪 80 年代,最终形成目前万物互联的态势。我国互联网的发展始于 1987 年 9 月 20 日,钱天白教授发出我国第一封电子邮件"越过长城,通向世界",揭开了中国人使用互联网的序幕。随着互联网技术的快速发展与广泛应用,网络化正在深刻改变和重塑当今的社会结构。著名网络社会学家曼纽尔·卡斯特(Manuel Castells)把网络化看作信息时代一种全新的社会结构形态,认为信息化社会的关键特征之一是其基本结构的网络化,网络中信息和意象的流动重塑了社会结构的基础,相应地改变了人们的生活方式和工作方式。灵活性、多样化的就业模式,工作条件的多样性和劳动者联系的个体化,是电子商务的系统特征。[②]世界银行等机构基于世界范围的研究,认为技术为创造新工作岗位、提高生产率和提供有效的公共服务

---

① 谢雨,吕莉,邵玉姿,等. 互联网+激活新就业形态 [N/OL]. 2018-03-17 [2022-06-18]. http://paper.people.com.cn/rmrb/html/2018-03/17/nw.D110000renmrb_20180317_1-10.htm.

② CASTELLS M. The internet galaxy: reflections on the internet, business, and society [M]. Oxford: Oxford University Press, 2001.

提供了机会。^①这是因为，一方面，互联网所具有的即时性、互动性、共享性等特征极大地减少了时间、地域因素对劳动者获取就业机会的束缚，强化了雇主、劳动者、终端用户之间的联系与交流，互联网不仅通过提供丰富的职业信息资源让劳动者拥有更多的就业机会^②，同时还能够显著地降低搜寻成本，提高求职成功率，为跨时空的使用劳动力资源、提高劳动力配置效率提供了可能。另一方面，互联网使人类社会的外延极大加强。劳动者借助互联网、移动通信技术，通过线上平台向客户提供服务，网络经济应运而生，它是高度发达的市场经济，同时也是高度发达的计划经济，跨越了计划与市场两种经济形态^③，伴随而来的是共享经济、平台经济、众包经济、零工经济等不断涌现，形成了新业态，进而衍生出多种多样的以线上确定工作任务，以线上或线下或线上线下相结合的模式提供产品与服务的新就业形态。已有大量研究证明了互联网的使用和数字化劳动极大地改变了工作的性质，创造出大量的新就业机会，同时也显著影响了就业转型，为劳动者的职业转换提供了空间和渠道。

2. 数字技术与新就业形态发展

数字技术并不是被创造出来的，而是随着互联网的迭代，在市场需求中应运而生的一门技术。从学术概念上说，它是一种可以将各种信息（无论信息的载体是图片、文字、声音、

---

① The World Bank. World development report 2019: the changing nature of work[R]. Washington DC: World Bank, 2019.
② DETTLING L J. Broadband in the labor market: the impact of residential high speed internet on married women's labor force participation[J]. Finance and economics discussion series, 2013, 70 (2): 451-482.
③ 何哲. 网络经济：跨越计划与市场[J]. 经济社会体制比较, 2016 (2): 163-173.

影像或者其他形式）转化为计算机可以识别的语言进行加工、储存、分析以及传递的技术。其中，信息的数字化是其核心。而数字化早已存在于企业的系统之中。当企业发展到一定规模时，逐步建立起来的管理系统，包括前端、数据中心、信息系统以及后台等一应俱全，部分企业定制系统时甚至会特意做成开源或半开源的状态，以便日后系统随着企业的发展增加相应的模块，这便是数字化的初级形态。数字技术发展到今天，其所包含的技术类型涉及大数据、云计算、人工智能、物联网、区块链和第五代移动通信技术（5G）等。

如果说互联网为新就业形态的发展提供了信息传递的载体与平台基础，那么数字技术则为其信息传递提供了便捷的生产力工具、高效的连接方式和畅通的交易渠道，解决了信息不对称和高信息成本的问题。在提供便捷的生产力工具方面，笔记本电脑、手机、平板电脑的性能快速优化，成本不断降低，这些智能终端可以作为撰写文章、编写代码、开发设计、视频拍摄制作、获取订单等生产性活动的生产力工具，具有简单易用的特点，普通人也能够利用它们成为产品和服务的生产者。随着易学、易用的软件或工具包被陆续开发出来，普通人在互联网平台上开展社会化众包众创、社交媒体、短视频和直播、电子商务等活动的门槛大幅降低。在建立高效的数字化连接方面，数字基础设施建设为高效的数字化连接打下坚实基础，我国互联网用户数高速增长，网络论坛、社交网络、电子商务吸引了数以亿计的用户，并产生网络写手、网店店主和网店客服等新就业岗位。第四代移动通信技术（4G）、5G网络的广泛覆盖和智能终端的快速普及，进一步实现了人与互联网的实时连接，线上到线下（O2O）、短视频、直播、移动出行等新型商业模式不断涌现并快速推广，外卖骑手、网络主播、网约车司机等新就业岗位增长迅速。在打造畅通的交易渠道方面，互联网平台作为信息的枢纽，商品和服务买卖双方借助泛在、实时连接的信息网络，可以及时将商品和服务的需求信息进行发布，用户通过平台提供的搜索引擎进行信息检索，平台也可以利用智能化的算法，对供需信息进行匹配，极大地降低了交易成本，提高了交易效率。

例如，当乘客向网约车平台发送叫车需求后，平台通过全球定位系统（GPS）和移动网络采集的数据确定用户周边空驶的网约车及其位置，并通过智能算法筛选出最近的车辆并向其发出接单指令。

（三）新就业形态发展的社会背景

1. 居民消费行为与新就业形态发展

除了受到经济发展、技术变革的推动之外，居民消费行为及其变化产生的倒逼机制在新就业形态的发展中也发挥着重要作用。

第一，伴随我国经济增长和居民收入水平不断提高，居民的消费结构也在不断升级，居民消费热点从商品消费加速转向服务消费，以教育、娱乐为代表的发展型、享受型消费需求持续扩大，生活服务性消费日益占据主导地位，涉及的领域宽、范围广，不仅包含衣食住行等方面的服务，而且包含健康、养老、旅游、体育、文化、教育等方面的服务。从消费能力看，我国人均国内生产总值（GDP）已突破1万美元，居民消费能力显著提升，这为消费结构持续升级提供了条件、蓄积了动能。预计到2035年，我国人均GDP将达到中等发达国家水平，居民消费需求特别是生活服务消费需求潜力将进一步释放。从发展规律看，随着人均GDP上升，服务消费占居民消费的比重也逐渐上升。2021年，美国居民服务性消费支出占总支出的比重为65.2%，日本为57%，韩国为55.9%。据国家统计局发布的数据，2021年我国居民人均服务性消费支出占总人均消费支出的44.2%，增速高于总人均消费支出的4.2%，还有较大提升空间。

第二，互联网的快速发展使云计算、移动互联、大数据、物联网等快速渗入人们的日常生活，互联网成为人们进行商品流通和信息交流的重要渠道，B2B、C2B、C2C、O2O、跨境电商、现代物流、网络银行等现代商贸流通形式和网络服务应运而生[1]，新环境中存在着越来越多促使消费行为发生改变的

---

[1] 这些商贸流通形式和网络服务中，B2B为Business to Business的缩写，译为"企业到企业"；C2B为Customer to Business的缩写，译为"消费者到企业"；C2C为Customer to Customer的缩写，译为"消费者到消费者"。

因素，对人们的消费理念、消费模式、消费内容等产生了巨大的冲击和影响，消费者越来越关注互联网环境下新兴的消费途径、消费内容和消费方式。与传统消费相比，得益于互联网的推广普及和数字支付的广泛应用，网络消费具有跨越时空界限、信息搜寻成本低效率高、购买便利、市场透明度更高、异质性更高、可满足消费者个性化需求等特点，共享经济、信息消费、体验消费和文化、体育、旅游等消费不断升温，依托大数据和人工智能等新技术以及智能化的物流配送体系和服务平台，网络消费逐渐成为居民消费的重要模式，以网络消费业态为支撑的新兴服务性消费逐渐成为新的消费增长点。2021年，社会零售全年实现12.5%的增长，其中线上零售约占三成，全年同比增速为14.1%，呈现高增长态势。

第三，自2020年起，在新冠肺炎疫情冲击下，人们的生活方式也相应发生了改变。一方面，消费者更加依赖于通过电商、在线办公、在线教育等数字化服务方式满足各类生活服务需求，而各类本地生活服务平台、实体商超等也逐步开展线上服务，产生了很多新服务模式；另一方面，疫情延长了居民居家时间，在线游戏、短视频等线上娱乐消费需求大幅增加。根据《2022淘宝直播年度新消费趋势报告》，截至2021年12月，我国有10.3亿名网民，9.3亿人看短视频，8.4亿人网购，7.0亿人看直播，4.6亿人看电商直播，整体人数较2020年12月增加7 579万人。与此同时，共享经济和数字经济派生出的"夜经济""宅经济"加大了消费者对在线购买服务、提高生活便利性的偏好和需求。

居民消费结构、行为的变化，以及新商业模式与消费需求的快速迭代加速了新就业形态的发展，外卖骑手、网约车司机、网络主播以及家政服务员等生活服务类职业已经渗透到人们生活的方方面面，居民的消费需求为新就业形态的发展提供了原动能。

2. 劳动者就业方式转变与新就业形态发展

互联网、大数据、人工智能等技术的快速发展与应用持续深化，叠加新冠肺炎疫情、全球经济及国内经济下行引发的就业压力等，使得劳动者特别是青年劳动者的就业观念与就业方式发生了较大转变，灵活就业方式受到劳动者青睐。根据人力资源社会保障部的统计数据，2020年我国灵活就业人员数量已经超过了2亿人，占全部就业人员数量的1/4以上，灵活就业已经成为我国劳动者就业的新常态，其中依托互联网等新技术的新就业形态占据了主导地位，是从工业经济转向数字经济过程中形成的就业长期趋势。具体来看，一方面，当代青年特别是"00后"进入劳动力市场，他们拥有更开阔的视野，不愿意安于稳定、重复性的工作，不需要正式工作或常规职业就能谋生，愿意从事符合自身兴趣爱好、能够发挥自身专长的新领域工作，希望创造出新鲜事物，更加追求自我价值实现。在这一思想意识的影响下，越来越多的年轻人加入了自由职业劳动大军，从而促进了新就业形态的蓬勃发展。例如，近年来出现的"斜杠青年"，就是指不满足单一职业和身份的束缚，选择能够拥有多种职业和多重身份的多元生活的青年人。"斜杠青年"的出现是社会发展的必然现象，也是进步的体现，是互联网时代的年轻人自发选择的生活方式。同时，"斜杠青年"也颠覆了传统劳动模式，让人力资源被更充分地利用起来，带来了对现有组织运作方式、组织吸引人才手段乃至社保体系的颠覆。另外，智联招聘的调查数据显示，2020年秋季跳槽白领中有近半数的人选择从事依托互联网平台的新就业形态工作，包括个人微商、电商、博主或UP主[①]、运营公众号、网约车司机或代驾、快递或外卖骑手等（见图1-1），这些都是典型的新就业形态。

另一方面，企业用工模式的变化也是促进新就业形态劳动者规模快速扩大的重要原因。传统企业用工模式以全日制用工、非全日制用工及劳务派遣为主，随着我国人口老龄化日益加速，人口红利缩减，专业性技术人才短缺激化了企业用人缺口扩张与人才供给不足之间的矛盾，导致企业人岗难匹配、用工成本上升，影响企业的创新发展。随着区块链、大数据、人工智能、5G等技术的快速发展与迭代，数字化已经成为当代的主要特征，共享经济、零工经济、数字经济的兴起使得平台用工等多种灵活用工模式成为解决企业用

---

① 网络流行语，指在视频网站等上传文件的人。——编者注

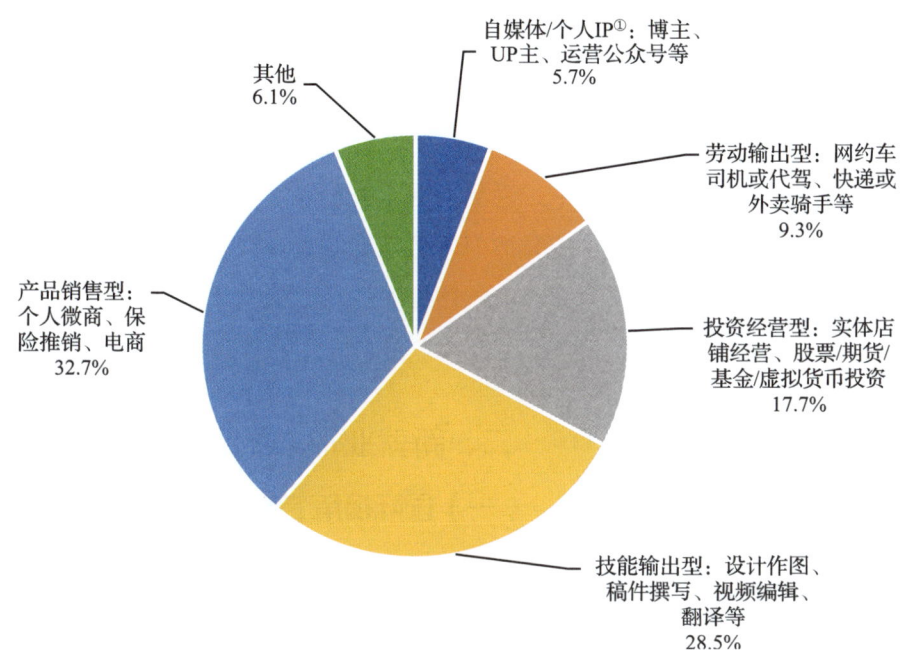

图1-1 2020年白领秋季跳槽情况

资料来源：智联招聘发布的《2020年白领秋季跳槽及职业发展调研报告》。

工矛盾的新选择。与此同时，新冠肺炎疫情也加速了企业用工与运营模式的改变，居家办公、远程互联、灵活用工、数字化组织、产业线上布局等新型模式快速发展。依托互联网、大数据等技术和平台企业的大量外卖骑手、代驾、直播等劳动者，通过与平台企业达成合作协议，在平台上实现产品/服务、劳动供需的有效对接。并且，企业传统的雇佣模式正逐步向合作模式过渡，如共享用工，通过从企业外部搜寻共享劳动力资源，由任务或项目形成临时性短期的合作关系，可以快速实现补充企业用工缺口、匹配合适的专业人才，还在一定程度上降低了企业的雇佣成本。例如，盒马鲜生在疫情防控期间推动与餐饮企业对接，落地"共享用工"的异业人力合作模式；阿里本地生活正式推出"蓝海"就业共享平台；顺丰公司制定发布《异业合作操作指引》，与外部受疫情影响较大的企业进行合作；京东7FRESH七鲜超市也在疫情防控期间发布了"人才共享"计划等。随之，柔性液态组织逐步进入企

---

① 网络流行语，一般指个人品牌或形象。——编者注

业视野，以数据、技术为基点，打破组织内部边界，通过信息与人员流通实现组织间合作的模式将越来越普遍。

总体而言，新技术的发展和社会经济环境的变化改变了劳动者的就业观念与就业方式，变革了企业的用工方式与组织模式，为新灵活就业的兴起、新就业形态的发展奠定了微观环境基础。

二、新就业形态发展的意义

（一）国际视角下新就业形态发展的意义

1. 发展新就业形态是缓解就业压力、繁荣劳动力市场的重要方式

过去十年，随着优步（Uber）、户户送（Deliveroo）、爱普沃克（Upwork）和托普科德（Topcoder）等数字劳工平台的快速发展，数字化劳动平台在全球范围内为劳动者创造了大量前所未有的就业机会。根据国际劳工组织（ILO）的报告，全球约有20亿人在非正规经济中谋生，大多集中在新兴经济体和发展中国家。[1]欧洲政治战略中心（EPSC）研究报告显示，欧洲的青年劳动者每2人就有1人参与零工经济。[2]在英国，2017年有4.4%的成年人在零工经济中工作，2.4%的成年人每月至少参加一次零工工作。[3]在全球范围内，大约有7 000万名劳动者以远程零工方式工作[4]，在线劳动力平台的使用率正以每年26%的速度增长[5]。新就业形态对就业总量的支撑力度越来

---

[1] International Labour Organization. Global employment trends for youth 2020: technology and the future of jobs [R]. Geneva: ILO, 2020.

[2] European Political Strategy Centre. The future of work: skills and resilience for a world of change [R]. EPSC, 2016.

[3] LEPANJUURI K, WISHART R, CORNICK P. The Characteristics of those in the gig economy: final report [R]. London: BEIS, 2018.

[4] HEEKS R. Decent work and the digital gig economy: a developing country perspective on employment impacts and standards in online outsourcing, crowdwork, etc. [J]. SSRN electronic journal, 2017.

[5] KÄSSI Otto, LEHDONVIRTA V . Online labour index: measuring the online gig economy for policy and research [J]. Technological forecasting and social change, 2018, 137: 241-248.

越大，成为缓解就业压力的重要方式。新就业形态也有助于破解全球劳动力市场存在的结构性就业矛盾。例如，在平台型就业中，平台在其中扮演了资源调度和配置者的角色，复杂的工作可以通过信息技术系统自动分割成小的、独立的任务，然后通过平台发送给来自世界各地的劳动者，工作和技能的匹配变得越来越自动化，大幅降低了整个劳动力市场上工作搜寻与工作匹配的交易成本。新就业形态就业边界的扩大化和全球化，可以提供即时劳动力供给，起到就业蓄水池的作用，同时使劳动力匹配更加精准高效，降低了结构性失业的风险。

2. 发展新就业形态是缩小收入差距、纾困减贫的重要途径

伴随全球范围内新就业形态从业人数不断增加，许多政策制定者认为这类劳动者是推动国家创新、经济增长和未来繁荣的中坚力量。[1]新就业形态是中美洲等中低收入国家劳动力市场参与的重要形式之一。[2]在低收入和中等收入国家中，政策制定者和与促进经济发展有关的国家机构对新就业形态持非常积极的态度，制定了一系列举措，旨在通过在线外包和远程零工工作，为国家潜在劳动者带来数百万个工作岗位。[3]例如，信息和通信技术的发展将创造新市场和就业机会，并在发展中国家以知识经济为导向，提供一种新的"发展范式"。[4]印度、

---

[1] PRIETO M, TRAVIESOM M. A reflection on the future of work and society [J]. IusLabor, 2018 (2): 350–359.

[2] International Labour Organization. 2011 labour overview: Latin America and the Caribbean [R]. Lima: ILO, 2012.

[3] United Nations Development Programme. Human development report 2015: work for human development [R]. New York: UNDP, 2015; World Bank. World development report 2016: digital dividends [R]. Washington, DC: World Bank, 2016.

[4] RANI U, FURRER M. Digital labour platforms and new forms of flexible work in developing countries: algorithmic management of work and workers [J]. Competition and change, 2020, 25 (2).

巴西和菲律宾等许多发展中国家将信息和通信技术的发展作为国家政策的一部分，这推动了软件和信息技术服务的出口，并为主导外包市场铺平了道路①，这将有助于提高生产率、劳动效率和劳动者的平均生活水平②。发展中国家抓住了这一机会，开发了一系列信息技术服务，从技能领域一端的软件和研发服务，到另一端的呼叫中心等业务流程。③这些都为缩小收入差距做出了重要贡献。

3. 发展新就业形态是促进全球经济互联互通的重要媒介

相比于传统就业方式，新就业形态突破了对劳动者工作时间和空间等的限制，能够利用远程办公软件、在线会议、数字化生产工具等数字技术参与全球性的工作，使劳动者可以随时随地通过远程办公等方式开展工作，延伸了就业边界。数字劳工平台通过细分工作任务，为劳动者提供了大量不同类型的就业选择，助力远程工作的实现。作为世界第二大经济体，我国也向世界经济不断地输送发展动力。例如，根据中国人民大学劳动人事学院2019年9月的测算报告，2018年滴滴国际化业务在"一带一路"沿线国家创造了超过93万个直接就业机会。新就业形态为全球不同国家的劳动者提供了更加平等开放的就业机会，成为促进全球经济互联互通的重要媒介。

---

① CARMEL E. The new software exporting nations: impacts on national well being resulting from their software exporting industries [J]. The electronic journal of information systems in developing countries, 2003, 13（1）: 1—6.
②③ Parthasarthy B. The computer software industry as a vehicle of late industrialization: lessons from the Indian case [J]. Journal of the Asia Pacific economy, 2010, 15（3）: 247—270.

（二）我国新就业形态发展的现实意义

1. 发展新就业形态是实现更充分和更高质量就业的重要途径和手段

截至 2020 年年底，全国 16~59 岁劳动年龄人口达 8.8 亿人，就业人口达 7.5 亿人，超大规模的劳动力体量和就业体量面对"世纪疫情冲击下，百年变局加速演进，外部环境更趋复杂严峻和不确定"，以及经济基本盘面临的"需求收缩、供给冲击、预期转弱三重压力"，将对实现更加充分、更高质量就业形成挑战。新就业形态作为一种依托互联网等技术的新型灵活就业方式，不仅有助于提升劳动者的就业质量，而且能够促进就业结构多元化，带来就业结构的新变化[1]，其具有的数字经济高度嵌入、融合的特征，使工作内容涵盖高端、中端和低端产业，经过改造产生的新职业不断涌现[2]。我国新就业形态既包含如数字微客、小程序开发者、码商、兼职律师等技术水平要求较高的专业服务类岗位，也包含如外卖骑手、家政服务员、网约车司机等劳动技能要求相对较低的生活服务类岗位，它们为不同类型的劳动者提供了不同的工作选择，促进了劳动力的充分开发与利用。不断涌现的新职业，不仅反映了产业分工越来越细密，也是数字经济赋能使劳动者技能不断被激发、劳动者就业机会不断增加的重要体现，基于数字技术、互联网技术的专业性、技术性，新职业层出不穷，职业层次有所提升，如人工智能标注师、公交线路规划师、主播经纪人、场景包装师、直播讲师等。根据《2020 年春季直播产业人才报告》，新冠肺炎疫情下直播行业招聘需求同比逆势上涨 1.3 倍，平均月薪近万元，其中教育培训领域直播岗位热度最高，平均招聘月薪达 11 577 元。可见，相比于传统灵活就业，新就业形态为劳动者实现更高质量就业提供了可能。

2. 发展新就业形态是应对社会经济环境变化、缓解不平衡不充分发展的重要抓手

我国当前社会的主要矛盾是人民日益增长的美好生活需要和不平衡不充

---

[1] 韩巍. 新经济时代灵活就业的结构性转向——一个生产控制权的分析框架[J]. 学习与实践, 2017（1）：23-28.
[2] 莫荣. 新就业形态的概念、现状与协同治理[J]. 新经济导刊, 2020（3）：12-16.

分的发展之间的矛盾。新就业形态是新社会主要矛盾的重要解决手段之一。①一方面，新就业形态增加了弱势群体的就业机会，加速了社会各阶层劳动力的流动。②例如，女性劳动者跨越性别鸿沟，加入网约车行业，在提高收入的同时增强了自主生活能力。滴滴发展研究院 2021 年发布的《滴滴数字平台与女性生态研究报告》显示，滴滴成立 8 年来，全球共有 271.5 万名女性网约车司机在滴滴平台获得收入，其中 1.2 万名来自建档立卡的贫困家庭；2020 年国内新注册女性网约车司机超过了 26.5 万人，成为滴滴平台的重要支撑。新就业形态也为残疾人灵活就业创造了条件，出现了包括云服务、网络主播等就业岗位。来自中国残疾人联合会和智研咨询的数据显示，2020 年我国城乡持证残疾人灵活就业（含社区、居家就业）人数占我国城乡持证残疾人就业总人数的 27.71%。另一方面，新就业形态激活了就业扶贫的新渠道。据快手平台统计，截至 2020 年 5 月，我国有超过 2 500 万人从快手平台获得了收入，有超过 650 万人来自国家级贫困县区，探索并实现了新型就业与合规创收的新势态。通过"短视频、直播+扶贫"的新模式，以网络教育扶贫为核心，以电商扶贫为重要手段，以打造贫困地区区域品牌为补充途径，广泛动员社会力量的精准扶贫模式，激发了贫困地区的内生动力。还有不少贫困地区的劳动者通过从事外卖骑手这一职业实现了在城镇就业，城镇就业收入成为其主要收入来源。美团研究院发布的《2019 年及 2020 年疫情期间美团骑手就业报告》显示，在美团平台就业的骑手中，建档立卡贫困人口有 25.7 万人，其中有 25.3 万人已经实现脱贫，脱贫比例高达 98.4%。

3. 发展新就业形态是贯彻以人民为中心发展理念、提高劳动者福利的重要体现

习近平总书记多次强调，就业是最大的民生。就业不仅是劳动者生存的经济基础和生活保障，也是其融入社会、共享社会经济发展成果的基础，是

---

① 王娟.高质量发展背景下的新就业形态：内涵、影响及发展对策[J].学术交流，2019（3）：131-141.
② 张成刚.就业发展的未来趋势，新就业形态的概念及影响分析[J].中国人力资源开发，2016（19）：86-91.

美好生活的重要组成部分。[①] 2018年7月31日,中共中央政治局会议首次提出"六稳",即稳就业、稳金融、稳外贸、稳外资、稳投资、稳预期,其中稳就业居于首位。2019年3月5日,国务院在《政府工作报告》中,首次将就业优先政策与财政政策、货币政策并列置于宏观政策层面,强调稳增长首要是为保就业。2020年4月17日,中共中央政治局会议首次提出保居民就业、保基本民生、保市场主体、保粮食能源安全、保产业链供应链稳定、保基层运转的"六保"工作,就业依然居于首位。《中共中央关于制定国民经济和社会发展第十四个五年规划和二〇三五年远景目标的建议》强调,要强化就业优先政策,千方百计稳定和扩大就业,坚持经济发展就业导向,扩大就业容量,提升就业质量,促进充分就业,保障劳动者待遇和权益。新就业形态的出现为保就业、稳就业提供了抓手,为保障就业这个最大的民生提供了新的渠道。2021年4月,习近平总书记在广西考察时强调,要全面推进乡村振兴,因地制宜发展乡村旅游、休闲农业等新产业新业态,让农民更多分享产业增值收益;在中央党校(国家行政学院)2022年春季中青年干部培训班开班式上强调,要高度关注新业态发展,坚持网上网下结合,做好新就业群体的思想引导和凝聚服务工作。2022年10月16日,党的二十大报告再次提出强化就业优先政策,健全就业促进机制,促进高质量充分就业;加强灵活就业和新就业形态劳动者权益保障。依托互联网平台的迅猛发展,我国新就业形态劳动者人数快速增长,人民生活有了保障。同时在党和国家的关切下,各部门相继制定政策,针对新就业形态劳动报酬不稳定、工作时间过长、行业安全风险高、职业发展不明确、社会保障难以覆盖等问题,出台暖心措施,加强劳动法治建设,提供实实在在的便利和援助,使新就业形态劳动者权益更加有保障,发展更加有质量。

---

① 刘凯,张瑞凯.低收入家庭的失业与就业:人群、趋势及国际比较[J].社会建设,2017,4(3):16-25.

第二节
新就业形态的缘起与发展

一、我国新就业形态的缘起

新中国成立以来，我国在从计划经济向社会主义市场经济转型的进程中，就业模式经历了从"终身雇佣制"到"合同制"再到"正规化"的过程，逐渐从传统的固定就业模式向"以稳定为主、兼具灵活性"，以及"就业稳定性减弱、灵活性不断增强"的态势转变，灵活就业也在这个过程中应运而生，成为我国新就业形态的初始状态。

新中国成立初期至1978年改革开放之前，我国的就业模式是传统的固定就业模式，即劳动力通过政府行政手段进行配置，政府部门统一掌握劳动力资源供给情况，用工单位制订用工计划并逐级上报，政府部门根据用人单位上报的计划，制订招工计划和用工指标分配计划，将适龄劳动力全部安排在国有和集体单位中工作，实行"固定工"用工制度。这一时期劳动用工和就业完全由政府行政计划决定，基本上没有灵活性。

我国灵活就业的发展历程是坎坷而又复杂的，其产生并呈现较快发展势头是顺应我国不同阶段经济发展的客观规律与客观实际的结果，是诸多因素综合促成的。具体来看，灵活就业可以分为三个发展阶段。

第一阶段，1978年改革开放初期至20世纪90年代前期。改革开放初期，大量下乡知青返城产生就业需求，但当时我国的工业化水平和城市化水平较低，国有和集体企业无法为他们提供足够的岗位。为了解决就业矛盾，政府允许发展其他所有制经济形式，开辟吸纳就业的新渠道，从而局部放开了对劳动力的计划控制，出现了在私有部门就业的方式。与此同时，20世纪80年代推行家庭联产承包责任制使得农民获得了土地承包经营权，部分富余劳动力得以有效释放，国家对农民进城务工的管控也逐渐放松，部分农民开始在城乡之间流动务工。1984年10月，《国务院关于农民进入集镇落户问题的通知》（国发〔1984〕141号）印发，户籍严控制度开始放松。通知规定，农民可以自理口粮进集镇落户，并同集镇居民一样享有同等权利，履行同等义务。随着政策的出台，农民进城务工带来的灵活就业规模也逐渐扩大。农民进城后，由于城市的制度安排及户籍制度的约束，城市中存在"二元就业结构"，正规劳动力市场进入门槛较高，而农民主要从事非正规劳动，给灵活就业带来了更为充足与廉价的劳动力资源。

第二阶段，20世纪90年代中后期以来。随着我国市场经济体制的建立与完善，我国经济驶入发展快车道，以国有经济为主体，多种经济成分共同发展的格局逐渐形成。同期，国有企业的改革力度进一步加大，大规模改组、改制，实行"抓大放小"方针和"减员增效、下岗分流"政策，产生了下岗待就业人员，加上亚洲金融危机的冲击，城市自身就业压力剧增，但新兴正规部门和非正规部门的发展较慢，导致新增就业岗位无法充分吸纳从传统正规部门流出的劳动力，使得部分劳动力从事短期的、临时的工作成为必然。同时，现代企业制度逐渐推行与建立，政企分开，企业用工自主权得以落实，城镇国有企业实行全员劳动合同制，固定工制度被彻底打破，就业方式实现从传统计划经济与市场经济就业方式并存的"双轨"演变为由计划经济向市场经济靠拢的"并轨"再到单一化的"单轨"转变，由于传统就业方式对就业安置存在局限性,许多新增劳动力也多采取灵活就业的方式实现就业。之后,在深化改革开放和发展社会主义市场经济的背景下,社会经济成分、组织形式、就业方式、利益关系和分配方式日益多样化,灵活就业也得到了较快发展,在面对我国劳动力总供给超过总需求、长期面临严峻就业压力的时期,灵活就业对于扩大就业、稳定就业局势发挥着重要作用。[①] 自此,灵活就业的规模逐渐扩大,就业稳定性减弱、灵活性增强。

第三阶段,当前新经济模式下灵活就业的转型发展。新经济模式是我国经济发展中前所未有的科技型、创新型经济模式。社会经济发展的动力逐渐转换,新的经济业态模式不断涌现。劳动力市场随之出现的最突出的变化就是灵活性不断增强,灵活就业从20世纪八九十年代农民工进城从事非正规就业的1.0版本,发展到21世纪初下岗职工灵活再就业安置的2.0版本,到当今平台型就业、自主型就业的3.0版本,并延伸出众多新的就业形态。就业模式快速变化,通过传统的正规渠道解决就业增长面临越来越多的局限,灵活性的工作岗位和雇佣方式大量增加,就业形式日益灵活,临时性、弹性工作、平台型、创业型等各种灵活就业形式迅速兴起,新业态、新模式就业不断扩大。

历经20多年的发展,2001年我国政府正式提出灵活就业,在《国民经济和社会发展第十个五年计划》中的人口、就业和社会保障重点专项规划里,提出了要引导劳动者转变就业观念,采取非全日制、临时性、阶段性和弹性工作时间等多种灵活的就业形式,提倡自主就业。2002年《我国灵活就业问题研究报告》根据我国的实际情况对灵活就业进行了概念上的界定,认为灵活就业是在劳动时间、收入报酬、工作场地、社会保险、劳动关系等几个方面不同于建立在工业化和现代工厂制度基础上的传统主流就业方式的各种就业形式的总称。截至2003年年底,我国城镇传统灵活就业人员总量约为4 700万人,约占全国城镇就业人员总量的18%。其中,自营劳动者数量约为

---

① 陈训贤.关于鼓励推行灵活就业若干问题的思考[J].福建劳动和社会保障,2002(6):22-24.

3 400万人，城镇家庭帮工数量约为600万人，非全时工、季节工、劳务承包工、劳务派遣工、家庭小时工等其他灵活就业人员约为700万人。

二、我国新就业形态的发展

我国新就业形态是由灵活就业这一概念发展而来的。2010年以来，伴随互联网技术的发展，"互联网+"灵活就业的平台型灵活就业呈现爆发式发展态势，是依托共享经济平台，通过提供劳动、资源或服务获得报酬的灵活就业新形态，并在共享经济、数字经济的带动下，衍生出一系列新就业形态，通过"平台-个人"或"企业-平台-个人"等连接方式进行经济活动，灵活就业也经历了从传统灵活就业到新型灵活就业的转变。目前传统和新型灵活就业两种形态兼而有之，且后者正在蓬勃发展成为就业新风尚。在新一轮技术革命的浪潮下，随着移动互联网、大数据、云计算等信息技术的广泛运用，新经济、新业态、新商业模式快速发展，带动了各类不同于传统灵活就业模式的新就业形态，催生出了大量新型就业机会。

许多学者对此开展大量研究。中国人民大学劳动关系研究所所长常凯认为，共享经济的发展使得闲置资源得以最优匹配，实现了零边际成本，带动了大量平台型组织和新型用工形态的出现。[1] 白永亮主张将新型灵活就业分为两大类，即主动型灵活就业和被动型灵活就业，其中，主动型灵活就业主要是指随着社会经济的发展和互联网的普及，工作时间自由、工资收入高的灵活就业；被动型灵活就业主要是指工作稳定性差、工资收入低、缺乏必要的劳动保护及社会保障的灵活就业。[2] 杜人淮等将新型灵活就业人员按照受雇方式分为自雇型和他雇型两种。自雇型由于用工者和劳动者是同一主体，几乎不存在劳动和社会保障权益争议问题；而他雇型的双方主体关系复杂，兼具劳动关系和劳务关系的部分特征，在劳动法律上未能针对互联网带来的新型

---

[1] 常凯.雇佣还是合作，共享经济依赖何种用工关系[J].人力资源，2016（11）：38-39.
[2] 白永亮.共享经济下灵活就业法律制度重构[J].江西社会科学，2017，37（10）：209-217.

劳动关系采取及时有效的应对措施，致使新型灵活就业人员出现工作时间过长、休息休假权利无法保障、劳动报酬不一致等一系列劳动权利不足乃至权利缺失的社会保障问题。① 肖巍认为，近年来越来越多劳动者通过网络平台和移动终端，在快递、交通运输、家政、维修等服务行业从事灵活工作，灵活就业的种类不断丰富，覆盖领域不断扩大，不但有劳动密集型工种，也有中高端技术类工种，人工智能、大数据、云计算、区块链等的应用对后者有很大需求；还有法律、财务、人力资源等专业性较强的职能型工种，如兼职的讲师、律师、短期合同工、执业顾问等。②

国家也对新就业形态的发展予以高度重视。2015年10月，党的十八届五中全会公报强调"加强对灵活就业、新就业形态的支持"。随后连续五年的政府工作报告中都提出要积极发展新就业形态，从加强对灵活就业、新就业形态的扶持，到运用"互联网+"发展新就业形态。随后，国家出台多项政策鼓励和支持灵活就业，特别是新就业形态的发展。例如，面对新冠肺炎疫情的巨大冲击，2020年3月国务院办公厅印发《关于应对新冠肺炎疫情影响强化稳就业举措的实施意见》（国办发〔2020〕6号），要求支持多渠道灵活就业，支持劳动者依托平台就业，取消灵活就业人员参加企业职工基本养老保险的省内城乡户籍限制，旨在鼓励新就业形态的发展，缓解就业压力。2020年7月，国务院办公厅印发《关于支持多渠道灵活就业的意见》（国办发〔2020〕27号），指出拓宽灵活就业发展渠道，优化自主创业环境，加大对灵活就业保障支持。2021年7月，人力资源社会保障部等八部门联合颁布《关于维护新就业形态劳动者劳动保障权益的指导意见》（人社部发〔2021〕56号），指出平台经济迅速发展，创造了大量就业机会，依托互联网平台就业的网约配送员、网约车驾驶员、货车司机、互联网营销师等新就业形态劳动者数量大幅增加，维护劳动者劳动保障权益面临新情况新问题。该表述对新就业形态的外延进行了列举。

---

① 杜人淮，徐宇.新型灵活就业人员劳动和社会保障研究[J].中国劳动，2018(10)：44-50.
② 肖巍.关注"互联网+"灵活就业的劳动关系新变化[J].工会理论研究（上海工会管理职业学院学报），2020（1）：13-22.

综合政府文件的系列表述以及学界观点,新就业形态是指依托互联网等现代信息科技手段,利用平台组织用工的非标准用工方式。从实践层面看,灵活就业成为我国劳动力市场中的一种越来越重要的就业形式,反映了劳动力在日益复杂的市场环境中为谋求生存而选择的就业形式[①],支持新就业形态的发展,已上升为国家层面促进就业及鼓励创新创业的重要举措。

三、我国新就业形态发展的特点

(一) 表现形式多元化

新就业形态由于引入了互联网和数字技术,其组织形式、就业模式、雇佣方式、工作内容等灵活多变,表现形式日趋多元化。

第一,组织形式方面,在数字技术支持下,新就业形态劳动者能够更加自主地选择自己的工作形态,对工作拥有更大的掌控权。劳动者可以作为自由职业者在各类不同的数字平台上寻找适合自己或者感兴趣的工作任务来做,如亚马逊土耳其机器人(MTurk)、猪八戒网等提供的工作,或者从事外卖骑手、网约车司机、网络主播等职业;也可以借助数字平台成为独立的"创业者",如爱彼迎(Airbnb)、小猪短租等民宿房东。同时,与平台经济相关的职业也不断涌现,如数字化管理师、联网安装调试员、无人机驾驶员、电子竞技员等。伴随数字化转型的持续推进,还出现了酒店收益管理师、无人车安全员、线上餐厅装修师等诸多富有特色的新职业,生动体现了我国经济发展"量"与"质"的变化,不仅丰富了就业岗位的种类,而且推动了整个社会就业结构的变化。

第二,就业模式方面,新就业形态劳动者可以通过在线办公、远程办公等工作方式,根据任务要求与个人实际选择最优的工作时间、地点以及交付方式,这样不仅可以在很大程度上提升劳动者的工作自主性,而且在满足劳动者自身需求的同时有助于提升劳动生产率。

---

① 于凤霞. 稳就业背景下的新就业形态发展研究[J]. 中国劳动关系学院学报, 2020, 34(6): 44-54, 85.

第三，雇佣方式方面，新就业形态是一种雇佣方式弹性化的工作形态，将传统的"企业+员工"的雇佣方式转变为"平台+个体"或者"企业+平台+个体"连接方式，新就业形态劳动者可以与平台或服务对象建立起合作关系、任务关系、社群关系等丰富多样的工作关系。

第四，工作内容方面，新就业形态劳动者的工作内容会更加向产业链分工细化、高工作模块化的方向发展，从而得以让劳动者承担其一部分标准化的任务，比如软件开发与信息技术应用等。

（二）就业活力明显，从业者规模扩大化

新就业形态在技术进步、行业分工细化以及市场需求变化等的共同作用下得到快速发展，就业吸纳能力和从业者规模持续扩大，具体表现在以下五个方面。

一是依托平台在线获取工作任务、线上或者线上线下相结合提供服务或产品并获取报酬的就业方式日益活跃。《中国共享经济发展报告》历年调查结果显示，2016—2019年，网约车普及率在网民中由32.3%提高到47.4%，在线外卖普及率由30%提高到51.6%，平台成为吸纳大量灵活就业的重要载体，创造了大量就业岗位；我国参与共享经济活动的总人数由2015年的5亿人增加到2020年的8.3亿人，平均每年增加超过6 600万人；2015年我国共享经济参与提供服务者人数约为5 000万人，2020年达到8 400万人，平均每年增加680万人。

二是涉及领域不断拓展。批发零售、交通运输、仓储邮政、住宿餐饮、居民服务等传统平台灵活就业的占比逐年走低，而建筑、租赁商务服务乃至制造、文化体育娱乐、电力热力燃气水生产和供应、教育等领域的平台灵活就业占比有较大幅度提高，传统灵活就业的工作主要聚集在附加值低的劳动密集型产业，而互联网下的新就业形态使得全球的产业发展形态和劳动者的工作模式得以重塑，注重知识、技能、创意的知识密集型产业成为吸纳劳动者的主要行业。共享经济的发展进一步提升了就业岗位的创造能力和就业市

场的匹配能力,通过平台经济创造了大量灵活就业岗位。例如,从主播、网红到背后的主播经纪人、场景包装师、直播助理、直播讲师等,因淘宝直播而兴起的职业已有数十种,滴滴平台还与多家租赁公司合作,带动了产业链上下游汽车生产、销售、维修保养、加油充电等大量间接就业机会。依托平台的新就业形态促进了人才供给互联互通,实现优势互补、要素互通,互联网平台搭建起一个零工人才网络,促进了劳动力的线上流动和产业链的深化合作。

三是劳动者素质有所提高。传统灵活就业群体基本为初中及以下文化程度,而随着新就业形态兴起,越来越多的大学生、教育工作者参与灵活就业,大专及以上学历占比增加。

四是助力劳动者提高收入。新就业形态劳动者的平均月收入总体高于传统灵活就业劳动者的收入,其中依托平台自主经营的平均小时收入甚至高于单位就业收入。例如,《2020年春季直播产业人才报告》显示,新冠肺炎疫情下直播行业平均招聘薪酬每月近万元,教育培训领域直播岗位平均招聘薪酬达每月 11 577 元。

五是兼职用工比例较高。滴滴平台上兼职司机大约占九成,Airbnb 平台上近九成的中国房东是兼职,饿了么平台上超过一半的骑手拥有"多重身份"。

(三)发展中的问题凸显

随着新就业形态的规模不断扩大,新就业形态在被广泛关注的同时,也暴露出一系列问题,主要是它打破了传统行业和法律秩序下的利益关系和管理规范,对管理手段、劳动法律体系、就业服务管理、社会保障政策等形成一定冲击。

一方面,平台依托大数据、人工智能和算法等新技术,形成了对劳动者更为精细化、严密的管控机制。劳动者在劳动过程中不对称地依赖于平台所掌握的劳动控制权,从而自愿接受平台实施的算法控制策略,不断自主地进行工作强化，导致"自主性却带来非自主工作状态"的工作自主悖论现象的出现。① 来自算法的"自愿"接单游戏实际上体现了算法的规训效应，即在算法缔造的平台世界里，劳动者可以自主地选择接单或者拒单，但是劳动者的拒单或者少接单的信息记录都会在算法的负向评价中体现出来，并进一步影响劳动者的下一轮接单工作。为了使下一轮接单工作不受影响，劳动者就需要按照算法的计分规则进行工作，使得劳动者接单的自觉行动实际上是算法的规训结果。

另一方面，基于工业经济时代建立起来的劳动保障制度和社会保障体系面临一系列新的问题和挑战。在已有制度的不适应性日益凸显，新的制度体系尚未形成时，平台企业的一些用工行为游走在"灰色地带"，导致在许多情况下劳动者的权益保障不足。例如，在平台就业模式下，算法营造了一种平台劳动者是在同算法打交道的表象，产生了一种遮蔽效应，逃避了劳动法上用人单位的义务与责任；基于消费者评分的考核对劳动者也是一种禁锢，平台企业将对劳动者评价的权利交给消费者，等于平台企业将服务的质量控制"外包"给消费者，使得劳动者与平台企业之间的关系被淡化，劳动者与消费者的关系被强化和外显化，导致劳动者可能遭遇不公正的对待。②

具体来看，第一，关于平台和劳动者之间的法律关系问题，重点是平台和劳动者之间的劳动关系如何认定、劳动关系判定理论和标准等。2021年7月人力资源社会保障部等八部门印发了《关于维护新就业形态劳动者劳动保障权益的指导意见》（人社部发〔2021〕56号）（以下简称《意见》），将平台企业与新就业形态劳动者之间的用工关系分为三种情形。一是符合确立劳动关系情形的，企业应当依法与劳动者订立劳动合同，建立劳动关系；二是民事法律关系情形，即劳动者个人依托平台企业自主开展经营活动、从事自由职业等，应按照民事法律调整双方的权利义务；三是不完全符合确立劳动关

---

① 刘善仕，裴嘉良，钟楚燕. 平台工作自主吗？在线劳动平台算法管理对工作自主性的影响[J]. 外国经济与管理，2021，43（2）：51-67.

② 田野. 平台用工算法规制的劳动法进路[J]. 当代法学，2022，36（5）：133-144.

系情形但企业对劳动者进行劳动管理的,应指导企业与劳动者订立书面协议,合理确定企业与劳动者的权利义务(这被学者和实务工作者称为不完全劳动关系)。《意见》要求平台企业依法合规用工,积极履行用工责任,为合理明晰平台企业与劳动者之间的劳动关系类型进而维护劳动者的合法权益提供了政策指引。但是,《意见》不是法律和行政法规,而是属于劳动政策的范畴,法律效力层级低,还需要加快构建新就业形态劳动者权益的保障机制,这就要求健全劳动法律法规,将新就业形态劳动关系纳入法律保护框架,对于不完全符合确立劳动关系情形但企业对劳动者进行管理的新就业形态,要制定更加具体的认定细则和标准,确保平台企业规范用工,主动承担用工责任。

第二,关于新就业形态劳动者的社会保障制度健全与完善的问题。新就业形态劳动者可以按照国家规定,参加医疗保险、养老保险,但缺乏意外伤害保障,存在无法参加工伤保险的制度障碍。在这种情况下,不少平台企业和劳动者借助商业保险、专项救助基金等途径来弥补现行社保体系的不适应性,但商业保险的保障力度也存在严重不足,特别是商业意外险存在保障范围有限、保障标准低、缴费偏高、理赔难等问题,有效性不乐观。新就业形态劳动者参加失业保险情况也不乐观,劳动者一旦失业便不能享受失业保险金或失业补助金待遇,可能面临生活困难的窘境。同时,新就业形态劳动者过度劳动情况严重,囿于其工作模式的特殊性,他们可能由于算法歧视而遭受不公正的差别对待,也可能因长期被困在算法里而处于持续的紧张焦虑之中,产生职场的精神健康侵害等。此外,新就业形态劳动者所从事的多是对技能要求不高的低端劳动,知识技能长期得不到提升,大量的时间消耗在等待订单之中,劳动者的职业发展前景总体上较为暗淡。

总体上看,新就业形态劳动者在参加社会保险、获得社会保障与就业支持等方面存在认定和经办等诸多障碍,这种权益保障上的困境严重影响了灵活就业质量,需要从法律制度和具体措施层面针对新就业形态劳动者进行适应性调整,在规范与灵活、合规与成本优化之间努力平衡,寻找解决出路。

第三节
新就业形态的概念辨析与理论视角

一、新就业形态的相关概念辨析

（一）新就业形态与非标准就业

新就业形态本质上作为一种典型的非标准就业形态，其出现契合了历史上非标准就业增长的第二波浪潮。标准就业形态是指全日制、无固定期限、劳动关系双方之间存在雇佣关系的就业类型。在第二次世界大战之后，标准就业逐渐成为主要发达经济体的主流就业方式。但从20世纪70年代开始，非标准就业出现了第一波迅速增长的浪潮，表现为非全日制、临时性用工、劳务派遣等在劳动者数量和使用领域方面不断扩大。主要有以下三方面的原因。第一，从20世纪70年代起，西方发达资本主义国家的生产组织方式开始由福特制转向后福特制，市场需求更加个性化、多样化和不可预测。这就要求企业必须具有更加灵活的组织形式。第二，20世纪90年代初期，全球化的市场竞争加剧，企业管理专家开始提倡在企业特定职能部门使用外包或者其他非标准就业形式，保证企业将关注点更多地放在自己的"核心"职能上，以提高市场竞争力。第三，技术进步也对企业使用非标准就业产生了影响，尤其是自动化技术可以推动标准化，机器替代人工更易实现。

1970年德国的标准就业人数与非标准就业人数的比例为5∶1，1990年这一比例降低为4∶1，2015年更是降低为3∶1。①整个欧洲的非全日制劳动者占比也在20世纪90年代增加到15%左右。②与此同时，非标准就业开始进入更多的传统行业，如航空业和电信行业。

非标准就业的第二波增长浪潮开始于2008年金融危机。这场全球性的金融危机对劳动力市场产生了深刻影响，除扩大了传统的非标准就业规模外，伴随着信息技术和互联网的广泛应用，还催生了新就业形态。以共享经济为代表的新兴行业开始不断涌现，工作场所的边界不断模糊化。19世纪工业革命带来的雇佣和自雇的界限又开始消失，自雇借助互联网技术不断与非标准就业形式相互融合，形成了线上众包、线下零工等新工作类型。欧盟界定了包括雇员共享、岗位共享、临时外派、随叫工作、远程工作、订单式工作、自由分包、众包、合伙就业等九种类型的新就业形态。③新就业形态的最大特点在于其介于传统雇佣和自雇之间的灰色地带，对当前的劳动法律制度提出了极大挑战。④非标准就业形态与新就业形态的关系如图1-2所示。

---

① 于尔根·科卡.资本主义简史[M].徐庆，译，上海：文汇出版社，2017.
② International Labour Organization. Non-standard employment around the world: understanding challenges, shaping prospects [R]. Geneva: ILO, 2016.
③ Eurofound. New forms of employment: 2020 update, New forms of employment series [R]. Luxembourg: Publications Office of the European Union, 2020.
④ International Labour Organization. Non-standard employment around the world: understanding challenges, shaping prospects [R]. Geneva: ILO, 2016.

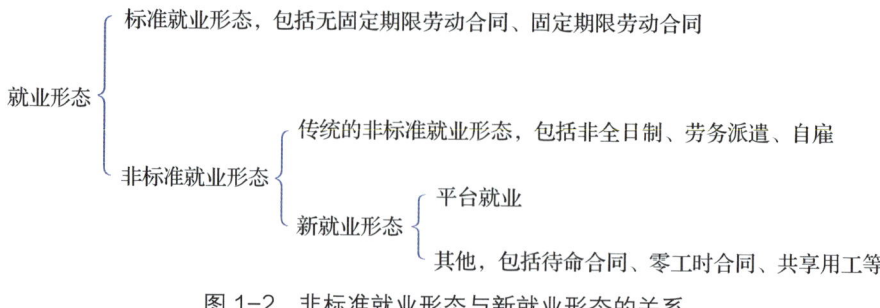

图 1-2　非标准就业形态与新就业形态的关系

资料来源：作者整理。

（二）新就业形态与灵活就业

在我国，灵活就业是替代非标准就业而被政府和社会广泛认可、接受和使用的概念。非标准就业最早源于 1973 年国际劳工组织针对发展中国家出现的一种就业现象而提出的。与非标准就业相比，灵活就业的提法更加正面和积极，并且突出体现了其灵活性的核心内涵。

目前对灵活就业的界定主要是指在劳动时间、收入报酬、工作场地、社会保险、劳动关系等几个方面不同于建立在工业化和现代工厂制度基础上的传统主流就业方式的各种就业形式的总称。如山东省人社厅、财政厅、地税局、国税局、中国人民银行济南分行联合印发《关于做好灵活就业人员公共就业服务工作的通知》（鲁人社发〔2011〕19 号）规定，灵活就业是指劳动标准（劳动条件、工时、工资、保险福利待遇）、生产组织管理及劳动关系运作等达不到一般企业单位标准的用工和就业形式，主要是指从事非全日制、临时性和弹性工作的就业状态。

我国灵活就业的演变是一个不断从原有体制向外扩张的过程。大体上来看，经历了三个发展阶段。

第一阶段：1978 年改革开放至 20 世纪末，灵活就业开始出现。由于家庭联产承包责任制提高了农村劳动生产率，释放出大量农村富余劳动力，同时城镇就业岗位不足，农村转移劳动力进入城镇后只能在体制外灵活就业。这一阶段的主要特点是以农村转移劳动力为主，主要从事低端体力劳动，基本没有长期劳动合同和城镇社会保障。

第二阶段：20世纪末至21世纪初期，国有企业下岗职工大量灵活就业。国有企业改革带来"下岗潮"，大量下岗职工的产生和全社会对解决再就业问题的努力使得灵活就业形式再次成为一种社会现象。这一阶段的主要特点是灵活就业的主体增加了原有体制内的合同制员工。

第三阶段：当前新经济模式下灵活就业的转型发展，灵活就业人员和形式不断扩充。以互联网技术为主要代表的新科技迅速发展，通过传统正规渠道解决就业面临越来越多的局限，大量与传统部门和传统就业模式有着很大不同的新就业模式不断涌现，成为就业增收的重要渠道。这一阶段的主要特点是灵活性的工作岗位和雇佣方式大量增加，临时性、弹性工作、平台型、创业型等各种灵活就业形式迅速兴起，就业的形式更加多元，新就业形态不断涌现。

当前的灵活就业既有传统的自营劳动者、家庭雇工等非单位关联的就业形式，也有企业根据经营需要并在法律法规允许情况下使用的临时工、非全日制用工、季节性用工、劳务承揽用工、劳务派遣、外包用工等，还有在互联网经济下迅速发展起来的平台用工、众包用工、社群经济就业、共享用工等新就业形式。具体表现形式包括以下九种：一是正规单位的非正式就业，如建筑业临时工、快递公司无劳动合同的快递员；二是自营就业，如个体经营等；三是非正规单位就业，如在个体理发店、服装店等家庭作坊、微型企业工作；四是社区服务业就业，如家庭日用品维修、废品回收、夜市摊点、车辆看管、街头小贩等；五是家庭服务业就业，如家政钟点工、儿童接送、老年人陪护等；六是自由职业，如自由撰稿人、设计师、作曲家等；七是平台型就业，指在互联网平台上出现的多元化工作方式，劳动者不隶属于平台组织也不向平台作长期承诺，如淘宝店主、在行的行家、微工的零工等；八是兼职兼业就业，指有稳定工作，但同时从事其他灵活性的兼职工作，如网约车司机、安利直销员等；九是其他各类没有固定单位、从事打零工式的灵活性工作，如小时工等。

劳动关系往往被作为识别灵活就业人员的核心指标之一，未签订劳动合同、无法建立或暂无条件建立稳定劳动关系的就业形式均被视作灵活就业。如《北京市灵活就业人员参加职工基本医疗保险办法》（京政办发〔2008〕56号）明确规定，存档人员中与用人单位建立劳动关系或存在事实劳动关系的人员不适用本办法。灵活就业往往被认为具有劳动关系不固定、收入不固定、工作时间不固定、岗位不固定等特点，突出表现为无组织、无合同、无保障、低报酬（"三无一低"）的就业状态。

当前随着数字经济、零工经济、共享经济、平台经济的快速发展，劳动力市场发生显著变化，既不同于正规就业劳动力市场，也区别于传统灵活就业市场，在当前背景下表现出一些新的特点。一是就业形式多元化。灵活就业形式越发多元，工作内容、工作岗位、工作形式、雇佣形式灵活多变。二是组织方式平台化。随着互联网经济的快速发展，越来越多的平台组织出现，劳动者灵活就业的方式通过平台得到了全新改变。三是用工管理数字化。当前对灵活就业人员的管理不同于传统人力资源管理方式，更加强调数字手段的应用，平台基于大数据算法建立了完善的管控体系。四是用工关系复杂化。传统的灵活就业方式主要有依托单位的灵活用工和自主就业两种形式，劳动关系主体比较清晰。但在新的灵活就业形态中，活动主体更加多元，劳动关系更加难认定。综上，新就业形态是灵活就业的一个部分，但有别于传统的灵活就业方式。

（三）新就业形态与其他相关概念

平台企业借助互联网、大数据与人工智能算法等数字技术的赋能，实时精准地连接着劳动力市场上的供给与需求，实现了人力资源的大规模组织、协调与匹配。这一过程同时催生了大量高度零散化、个体化、非标准化的新兴就业形式。我国将这些就业类型通称为新就业形态，国外则称之为零工工作、数字劳工平台工作、按需工作等。

新就业形态往往与共享经济和平台经济等概念相联系。其中，共享经济的概念通常被用来描述有偿劳动之外的各种活动，例如，包括在不使用金钱支付情况下真正分享商品和服务的人类活动类型。与共享经济不同，平台经济则是通过平台组织活动或者服务以赚取利润的新商业模式。平台经济包括了广泛的类型，其中最典型的是提供住宿或金融服务的各类资产类平台，此外也包括了以提供劳务为主的数字劳工平台。数字劳工平台往往是指基于手机应用程序对点对点的现场服务和线上服务进行匹配，实时对接劳动力的供给与需求的平台类型，目前主要包括网约车、外卖配送、同城快递，以及线上微任务平台。国际劳工组织将数字劳工平台具体区分为基于线上的微任务平台和基于位置提供实际到场服务的线下平台。我国也将数字劳工平台用工作为新就业形态。平台经济的分类如图1-3所示。

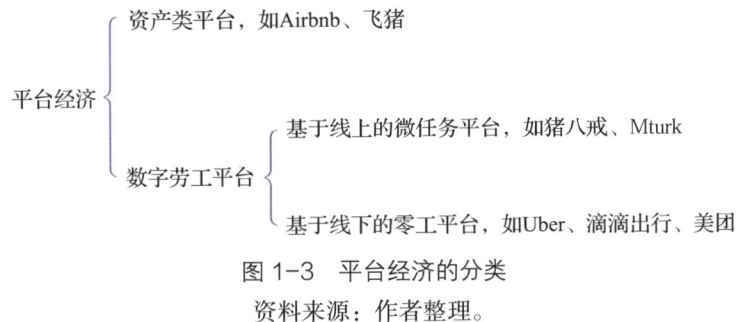

图1-3　平台经济的分类

资料来源：作者整理。

二、新就业形态的理论视角

新就业形态这一创新性的就业现象改变了整个劳动力市场的游戏规则，颠覆了工作场所的传统组织管理方式，对社会对话和劳动关系、劳动法和社会保障等领域的既定制度模式产生了深远影响，也对政府的监管模式提出了巨大挑战。①正因为新就业形态自出现以来就对社会方方面面产生了毁誉参半的影响，并始终处于社会争论的焦点，因此相关学术研究也呈现出多学科争鸣态势。目前的学术讨论横跨了经济学、工业社会学、人力资源管理学、劳动法学等学科范畴。②本部分重点透过以上主要学科的理论视角，对新就业形态这一现象进行多维度审视，力图呈现出新就业形态研究的多样性和复杂性。

（一）经济学视角下的新就业形态：交易成本与"局内人-局外人"理论

1. 从交易成本理论看新就业形态

经济学视域下的交易成本理论目前是评估新就业形态社会影响的主要理论之一。③学者立足于新就业形态生产关系的本质，对其在降低市场交易成本和资源配置上的高效性给予了正面评价。④在理想状态下，依托于数字平台的新就业形态可以使拥有资源（如时间、技能或空闲资产）的个体与其他具有特定需求的个体或企业方实现精准对接。这些特征将极大地降低市场交易中的信息不对称，同时减少供需双方在搜寻和获取交易对象信息时所需耗费的时间和精力。

对于消费者而言，面对平台所塑造的庞大劳动力供给池，他们将受益于更多样的选择、更准确的匹配、更高的服务质量以及更激烈的竞争带来的更低廉的价格。对于劳动者而

---

① MEIJERINK J, JANSEN G, DASKALOVA V. Platform economy puzzles [M]. Cheltenham: Edward Elgar Publishing, 2021.
② SUTHERLAND W, M H JARRAHI. The sharing economy and digital platforms: a review and research agenda [J]. International journal of information management, 2018, 43（12）: 328-341.
③ WILLIAMSON O E. The economics of organization: the transaction cost approach [J]. American journal of sociology, 1981, 87（3）: 548-577.
④ EINAV L, FARRONATO C, Levin J. Peer-to-peer markets [J]. Annual review of economics, 2016（8）: 615-635.

言，他们也得以在任务数量和客户选择上享有更多机会和更灵活的自主权，从而获得提升收入的潜在可能性。对于平台而言，数字平台可以借助大众对某一服务提供者的评级，既能避免支付高昂的广告费用，又能建立交易者之间的相互信任关系。[①]这些真实透明的声誉信息也有助于数字平台节省交易中的决策和监督成本。

新就业形态的支持者还认为，传统企业依赖于层级化运行模式，但这种模式在经济活动中的主导地位将被新就业形态下供需双方之间的直接连接所削弱，从而使市场交易的流程更加扁平，在提高效率的同时也减少了劳动力市场上各方对官僚主义中介机制的需求，最终塑造出一种更加平等的经济活动形式，即"基于人群的资本主义"（crowd-based capitalism）[②]，并认为新就业形态下的数字劳工平台参与者实际构成了一个"新兴的微型企业家网络社会"。

但也有反对者认为，新就业形态中对于资本方权力的监管并不如想象中乐观，新就业形态下的劳动者也并非自由行动的独立创业者。因为当存在网络效应时，平台企业可以扩大规模、主导市场，并获得足够强大的垄断力量，从而占据话语权，最终决定交易发生的条件和规则。[③]在这种情况下，所谓的独立创业者或微型企业家实际上不得不服从平台的市场力量，从而失去自身的独立性。

---

① VALLAS S, SCHOR J B. What do platforms do? understanding the gig economy [J]. Annual review of sociology, 2020（46）: 273-294.
② SUNDARARAJAN A. The sharing economy: the end of employment and the rise of crowd-based capitalism [M]. Cambridge, Mass.: MIT Press, 2016.
③ KHAN L M. Amazon's antitrust paradox [J]. The Yale law journal, 2017（126）: 710-805.

2. 从"局内人－局外人"理论看新就业形态

经济学视域下的"局内人－局外人"（insider-outsider）概念则为新就业形态降低劳动力市场准入门槛的能力提供了论据。[①]该理论认为，工会等劳工组织仅能为处于传统劳动关系中拥有稳定工作和良好劳动保障的劳动者提供服务。这些"局内"既得利益者缺乏改善外部人员现状的动力，甚至可能利用自身影响力和信息优势影响雇主的雇佣决策，限制其他希望进入该劳动力市场的个体的就业机会，尤其是限制那些对工作灵活性有较高需求的劳动者。[②]在新就业形态下，平台企业承诺了独立、赋权和直接获得收入的机会，这充分反映了这些曾经是边缘化劳动者的需求。具体来说，通过规避由"局内人"主导的标准雇佣关系，数字平台扩大了参与劳动力市场的渠道，提供了远程在线工作和弹性办公的选项，消除了限制偏远地区居民、残疾人或有看护义务的个体参与劳动力市场的障碍，这些被认为对低收入家庭尤其有利。[③]

然而，批评者认为新就业形态也可能进一步加深劳动力市场既有的二元分割（dualization）。平台经济下虽然劳动力市场的参与渠道得以拓宽，但大多数新就业形态劳动者的工作质量并不尽如人意，存在着工资不稳定、工时不规律、工作量过载与过度疲劳、社会支持缺乏等负面因素。[④]这意味着大多数新就业形

[①] DASKALOVA V. Regulating the new self-employed in the Uber economy: what role for EU competition law [J]. German law journal, 2018, 19 (3): 461-508.

[②] EMMENEGGER P. The Power to dismiss: trade unions and the regulation of job security in Western Europe [M]. Oxford University Press, 2014.

[③] SUNDARARAJAN A. The sharing economy: the end of employment and the rise of crowd-based capitalism [M]. Cambridge, Mass.: MIT Press, 2016.

[④] WOOD A J, GRAHAM M, LEHDONVIRTA V, et al. Good gig, bad gig: autonomy and algorithmic control in the global gig economy [J]. Work, employment and society, 2019, 33 (1): 56-75.

态劳动者进入的是以高度不稳定性和不良工作条件为特征的次级劳动力市场。①不同劳动力市场之间的低社会流动性将使这部分劳动者难以完成就业状态的飞跃，无法以新就业形态作为垫脚石，进而难以获得一级劳动力市场提供的充分福利和保障。这种被迫滞留于次级劳动力市场的现象被称为"陷阱效应"。随着新就业形态劳动者数量不断增加，劳动力市场的二元分割实际会被进一步强化，最终将加剧社会的不平等，并将进一步阻碍经济的可持续发展。

（二）工业社会学视角下的新就业形态：平台劳动过程中的算法控制与抵抗

工业社会学对新就业形态的关注主要源自该雇佣模式下平台与劳动者的相互关系，其理论视角主要源自劳动过程理论。劳动过程理论起源于经典的马克思主义对雇佣劳动和资本的论述，认为资本致力于控制劳动过程，以确保从劳动力到实际盈利的结果转换，最终榨取劳动产生的剩余价值或利润。该理论关注资本积累的内在逻辑和劳动过程的本质，而不是纠缠于对劳动关系外在表现或法律含义的解释。正是因其具有关注实际劳动过程的理论优势，所以对于颠覆传统雇佣关系但法律地位模糊的新就业形态而言，劳动过程理论具有穿透错综复杂的混乱表象，触及新就业形态劳动过程本质的能力。

大量研究认为，在算法与人工智能等数字

---

① EMMENEGGER P, HÄUSERMANN S, PALIER B, et al. The age of dualization: the changing face of inequality in deindustrializing societies [M]. Oxford University Press, 2012.

技术的帮助下，平台企业得以更加严密地对新就业形态下的劳动者进行劳动过程的管理和控制。通过算法等技术手段和一系列平台规则，这些控制变得更加隐秘、委婉和间接，并进一步降低了劳动者抵抗、逃避或挑战公司制定规则的能力。平台实现这一控制的具体方式包括以下八种形式。

第一，借助即时通信技术和全球定位系统对远程工作实施密切监控，随时跟踪和掌握劳动者现状，并将控制范围扩大到传统组织边界之外。① 这种对劳动者缺乏制衡的追踪、约束可能会导致劳动者隐私和社会保护的损害。

第二，生成大量内部运营数据但不平等地共享这些数据，从而促进了公司内部的信息不对称，使劳动者处于被蒙蔽的被动状态，降低了劳动者的自主权和收入。② 一个突出的例子是数字平台在企业利润分配与抽成上模糊化，淡化了资本剥削，加强了劳资间不平衡的权利关系。③

第三，基于平台捕获的数据制定了详细的工作场所规则，如规定劳动者必须接受的任务数量比例、必须提供的工作时间以及预期达到的评级水平，从而形成了一个由指标构筑的、基于数据计算的细密框架，将劳动者的行为和选择限定其中，降低了他们的工作自由度。④ 在人工智能的赋能下，这些框架不断优化指标设定基准，努力压缩单个任务的工作时间，将

---

① NEWLANDS G. Algorithmic surveillance in the gig economy: the organization of work through lefebvrian conceived space[J]. Organization studies, 2021, 42（5）: 719-737.
② CALO R, ROSENBLAT A. The taking economy: Uber, information, and power[J]. Columbia law review, 2017, 117（6）; ROSENBLAT A, STARK L. Algorithmic labor and information asymmetries: a case study of Uber's drivers[J]. International journal of communication, 2016（10）: 3758-3784; SHAPIRO A. Between autonomy and control: strategies of arbitrage in the "on-demand" economy[J]. New media & society, 2018, 20（8）.
③ CHAI S, SCULLY M. It's about distributing rather than sharing: using labor process theory to probe the "sharing" economy[J]. Journal of business ethics, 2019, 159（4）: 943-960.
④ RAHMAN H. Invisible cages: algorithmic evaluations in online labor markets[D]. Stanford: Stanford University, 2018.

效率和工作强度提高到劳动者能够承受的上限，从而更好地挤压和利用其剩余价值。①

第四，利用游戏化、象征性奖励等规范机制，加强劳动者对平台的依恋，并刺激劳动者的生产倾向。②

第五，建立由反馈、排名和评级组成的声誉评估体系，促使劳动者不得不慎重处理与客户面对面沟通时的情绪与态度，进而令情感劳动成为工作过程中的强制性组成部分，进一步加强了平台的隐性控制作用。③

第六，使劳动者个体化、零散化，同时剥夺劳动者的关系空间，削弱其通过集体行动挑战管理权威的可能性。

第七，通过在供给池中涵盖更广泛的劳动者群体，强化了参与劳动者之间的竞争关系，引发"内卷"效应。

第八，通过控制权再分配淡化雇主责任，将劳动冲突转移到客户与供应商之间。

综上所述，现有研究已将经典的劳动过程理论中已有的"情感劳动""技术控制""官僚控制"等概念和新就业形态的具体实践结合起来，进行了一定程度的发展和创新。

然而，也有一些实证研究发现，这种基于算法的管理和控制具有刚性的局限性，并为新就业形态劳动者提供了抵制算法命令和重新分配生产空间的机会。第一，通过了解算法的运

---

① SUN P. Your order, their labor: an exploration of algorithms and laboring on food delivery platforms in China [J]. Chinese journal of communication, 2019, 12(3): 308-323.
② GERBER C, KRZYWDZINSKI M. Brave new digital work? new forms of performance control in crowdwork [M] // VALLAS S P, KOVALAINEN A. Work and labor in the digital age. Bingley: Emerald Publishing Limited, 2019: 121-143; ROSENBLAT A. Uberland: how algorithms are rewriting the rules of work [M]. Oakland: University of California Press, 2018.
③ GANDINI A. Labor process theory and the gig economy [J]. Human relations, 2019, 72(6): 1039-1056.

作模式，劳动者可以使用有关位置和运动信息的数据来混淆、欺骗和操纵监视机制。① 第二，劳动者可以和客户结成在线联盟，与在线绩效评估系统进行博弈。②第三，通过在线论坛和网络社群等方式在劳动者队伍中建立团结的关系，共同协调区域内劳动力的供应从而影响价格③，甚至可以组织闪电罢工和示威活动，并成立协会，向平台公司日常运营的监管安排提出法律挑战。④这些意味着新就业形态下劳动者对于管理控制的抵抗并未被完全消解，而是随着技术创新发展出了更加与时俱进的模式。但这种抵抗的效果仍需更深入的研究和检验。

---

① WATERS F, WOODCOCK J. Far from seamless: a workers' inquiry at Deliveroo [J]. Viewpoint magazine, 2017; BRIZIARELLI M. Spatial politics in the digital realm: the logistics/precarity dialectics and Deliveroo's tertiary space struggles [J]. Cultural studies, 2018 (33): 823-840; JARRAHI M H, SUTHERLAND W. Algorithmic management and algorithmic competencies: understanding and appropriating algorithms in gig work [M] // TAYLOR N, CHRISTIAN-LAMB C, MARTIN M, et al. Information in contemporary society. Cham: Springer, 2019: 578-589; NEWLANDS G. Algorithmic surveillance in the gig economy: the organization of work through Lefebvrian conceived space [J]. Organization studies, 2021, 42 (5): 719-737.

② RAHMAN H. Invisible cages: algorithmic evaluations in online labor markets [D]. Stanford: Stanford University, 2018.

③ ROBINSON H C. Making a digital working class: Uber drivers in Boston, 2016-2017 [D]. Cambridge: Massachusetts Institute of Technology, 2017.

④ MILLER M, BERNSTEIN E H. New frontiers of worker power: challenges and opportunities in the modern economy [J]. Roosevelt institute report, 2017; ROSENBLAT A. Uberland: how algorithms are rewriting the rules of work [M]. Oakland: University of California Press, 2018.

（三）人力资源管理学视角下的新就业形态：人力资源管理的灵活性与组织行为学理论

在传统以企业为中心的生产组织方式中，人力资源管理实践主要关注如何有效管理组织内部的人员。随着平台经济下组织边界不断模糊化，传统雇佣关系的比例开始下降。但是，即使在超越了从属关系的新就业形态中，也仍然包含了类似人力资源管理的活动，包括但不限于管理工作关系、工作分配流程以及绩效管理和评估。[①]对于平台企业而言，首要的挑战是如何实现这些人力资源管理活动的灵活性。因为在平台企业中，以在线系统和应用程序为代表的数字技术使得任务打包（task parcelling）、弹性工作制以及劳动力供需的快速匹配成为可能。不仅如此，在世界范围内获取具备特殊技能的人才并在远程状态下完成上述任务逐渐成为工作组织方式的一种新常态。[②]长期劳动合同关系被一次性交易所取代，工作被转化为可交易的任务，劳动力市场从就业市场转变为任务市场。虽然这种新的利用人力资源的方式可以降低用人成本并为组织获取外部技能，但人力资源管理者也需要关注如何在这种新的灵活性下实现下述目标，包括保障劳动者的福利、进行数字化监管以及实现人才发展和保留。例如，作为利用零工的平台企业，当发现临时劳动者的知识与技能具有价值时，如何才能留

---

① MEIJERINK J, KEEGAN A. Conceptualizing human resource management in the gig economy: toward a platform ecosystem perspective [J]. Journal of managerial psychology, 2019, 34（4）: 214-232.

② MANYIKA J, LUND S, BUGHIN J, et al. Independent work: choice, necessity, and the gig economy [R]. New York: McKinsey Global Institute, 2016.

住这些劳动者？为了确保平台声誉和服务质量，面对高流动的劳动者群体，在内部培训缺乏可行性的情况下，如何向他们提供技能发展机会？如何确保临时性劳动者提供服务的规范化？

学者就人力资源管理在新就业形态中的作用进行了辩论。一些人指出，零工经济等新就业形态重新定义了人力资源管理的角色，从维护雇佣关系转向为平台上多个利益相关方之间的交流进行协调和管理，从而允许各方共同创造价值。① 一些人则质疑人力资源管理在零工经济中作用的长期可行性，特别是在激励员工、确保高质量绩效和提供社会支持方面。这部分学者认为，随着算法管理取代人类监督，组织只得依赖员工自我激励以推进任务绩效和组织目标。② 在数字平台企业中，算法承担了传统上属于人力资源管理者的职责，这固然降低了组织运行的成本，但也将就业风险传递给了个人。③ 企业对大数据和人力资源分析的兴趣不断上升明确地表明，人力资源管理中注重人际关系和同理心的传统维度正在消失。④ 这些新变化引发了学者对人力资源管理在新就业形态中发挥了何种作用的反思。例如，这种管理模式是否会弱化企业的道德责任？⑤ 基于算法的任务分配和绩效管理是否会造成平台与劳动者之间的权利失衡，引发过劳等负面效应？如何保护个人数据，提高算法透明度？综上所

---

① MEIJERINK J, KEEGAN A. Conceptualizing human resource management in the gig economy: toward a platform ecosystem perspective [J]. Journal of managerial psychology, 2019, 34（4）: 214-232.
② JABAGI N, CROTEAU A M, AUDEBRAND L K, et al. Gig workers' motivation: thinking beyond carrots and sticks [J]. Journal of managerial psychology, 2019, 34（4）: 192-213.
③ SNYDER B. The disrupted workplace: time and the moral order of flexible capitalism [M]. Oxford: Oxford University Press, 2016.
④ ANGRAVE D, CHARLWOOD A, KIRKPATRICK I, et al. HR and analytics: why HR is set to fail the big data challenge [J]. Human resource management journal, 2016（26）: 1-11.
⑤ GREENWOOD M. Ethical analyses of HRM: a review and research agenda [J]. Journal of business ethics, 2013, 114（2）: 355-366.

述，这些与灵活性和算法管理相关的问题仍是新就业形态下人力资源管理领域悬而未决的谜题。

组织管理学领域对新就业形态的研究则是将组织行为学、工作心理学中的经典概念进行研究情境和对象上的拓展。例如，已有研究表明，在新就业形态劳动者与数字平台之间可能存在一种更复杂的心理契约。①因为一些劳动者正从平台塑造的松散组织中寻求职业发展机会，与同事进行社交互动并获取更资深人士的支持和指导。②然而，当劳动者意识到数字平台组织拒绝将自己视为正式员工，或者平台承诺赋予劳动者工作自由的权利并未得到真正落实时，劳动者可能会感受到心理契约被违背。③有研究发现，以Uber为代表的数字平台正试图使用规则鼓励劳动者参与无偿的公民行为，如归还乘客遗失的物品。④

还有学者基于"个人-工作"和"个人-组织"契合理论，认为只注重短期效益、强调快速匹配的新就业形态对劳动者的组织文化契合度以及专业技术培养发展明显缺乏考虑，难

---

① DUGGAN J, U SHERMAN, R CARBERY, et al. Algorithmic management and app-work in the gig economy: a research agenda for employment relations and HRM [J]. Human resource management journal, 2020, 30(1): 114-132.
② GRAHAM M, HJORTH I, LEHDONVIRTA V. Digital labor and development: impacts of global digital labor platforms and the gig economy on worker livelihoods [J]. Transfer: European review of labor and research, 2017(23): 135-162; ASHFORD S J, CAZA B B, REID E M. From surviving to thriving in the gig economy: a research agenda for individuals in the new world of work [J]. Research in organizational behavior, 2018 (38): 23-41.
③ RAVENELLE A J. "We're not Uber:" control, autonomy, and entrepreneurship in the gig economy [J]. Journal of managerial psychology, 2019 (34): 269-285.
④ ROSENBLAT A, STARK L. Algorithmic labor and information asymmetries: a case study of Uber's drivers [J]. International journal of communication, 2016 (10): 3758-3784.

以长久留住劳动者和维持长期的高绩效。①有研究进一步认为，如果平台企业能有效地确保劳动者和平台之间的契合，它们将朝着减少劳动者的流动率和留住优秀劳动者的方向发展。②当然目前的实证研究显示，平台商业模式并没有明显出现这一倾向。

还有学者利用无边界职业生涯理论，研究了零工劳动者发展可迁移的职业胜任力的潜力，这些胜任力能帮助劳动者有效地追求现有的不稳定工作岗位之外的职业机会。③他们的研究最终发现，平台组织中的算法管理实践已经形成了不可移动的边界，限制了劳动者支配其角色和发展可迁移职业胜任力的能力。

总之，新就业形态劳动者在微观心理方面面临着一系列可预测的挑战，如何保持生存能力、尽可能留驻于高流动的组织中从而规避收入和岗位的不稳定性、处理复杂而脆弱的身份认同、维持社会关系以及孤立化工作过程中的情绪震荡，这些都是亟待解决的问题。④

（四）劳动法学视角下的新就业形态：劳动者的身份认定与权益保障

劳动法学视角对新就业形态的思考主要聚焦于它与标准雇佣关系的异同。事实上，福特主义下的企业组织几十年来一直在通过增加使用外包、分包工作和临时性劳动者的手段使劳动关系变得更加灵活，并通过将劳动时间商品化从而将劳动者从先前的社会保护体系中剥离

---

① CARLESS S A. Person-job fit versus person-organization fit as predictors of organizational attraction and job acceptance intentions: a longitudinal study [J]. Journal of occupational and organizational psychology, 2005 (78): 411-429; FRIEDMANG. Workers without employers: shadow corporations and the rise of the gig economy [J]. Review of Keynesian economics, 2014 (2): 171-188.
② CAMPBELL H. The rideshare guide [M]. New York: Simon & Schuster, 2018.
③ DUGGAN J, SHERMAN U, CARBERY R, et al. Boundaryless careers and algorithmic constraints in the gig economy [J]. The international journal of human resource management, 2022, 33 (22): 4468-4498.
④ ASHFORD S J, CAZA B B, REID E M. From surviving to thriving in the gig economy: a research agenda for individuals in the new world of work [J]. Research in organizational behavior, 2018 (38): 23-41.

出来。①就业形态领域的数字革命则进一步使标准雇佣关系陷入不可避免的结构性衰退。基于数字平台的新就业形态使得企业能够将以前被迫承担的市场风险外部化，将矛盾转移至消费者与劳动者。而作为中介方的平台企业则在冲突中隐形，用模糊的法律界定掩盖自己对依附于平台的劳动者的义务。这些广泛的社会经济转变摧毁了劳动者此前在劳动力市场享有的许多庇护。②劳动法律法规如何在这样的趋势下透过现象看本质，明确新就业形态下劳动者在法律层面上的身份并保障其合法权益，关系着数字化浪潮下新型社会治理机制的创新。

学界已针对新就业形态的法律规制路径提出了多种思路。

第一，制定劳动基准立法，从而使得针对劳动者的权益保护范围不再受限于劳动关系认定。应该建立一系列具有普适性的规定，所有劳动者不论合同形式、就业类别，均适用于该基准保护。目前该思路在实践上的推进主要包括国际劳工组织于2019年发布的《关于劳动世界的未来百年宣言》以及欧盟于2017年发布的《欧洲社会权利支柱》（European Pillar of Social Rights）。两份文件均立足于适用全体劳动者的广度，对维持体面工作与基本权益保障提出了一系列准则。

第二，无须对现有劳动法律框架和劳动关系判定标准进行修改或扩充，而是直接利用民

---

① BECK U. The brave new world of work [M]. Cambridge, UK: Polity Press, 2000; SMITH V. Enhancing employability: human, cultural, and social capital in an era of turbulent unpredictability [J]. Human relations, 2010, 63 (2): 279-300; WOOD A J, GRAHAM M, LEHDONVIRTA V, et al. Good gig, bad gig: autonomy and algorithmic control in the global gig economy [J]. Work, employment and society, 2019, 33 (1): 56-75.
② KALLEBERG A L, VALLAS S P. Probing precarious work: theory, research, and politics [M]. Bingley, UK: Emerald Publishing Limited, 2018; VALLAS S P. Platform capitalism: what's at stake for workers? [J] New labor forum, 2019, 28 (1): 48-59.

法中关于商业合同的规定来对新就业形态群体进行利益上的保护，并将判定权交予司法机关，在个案中进行具体处理。这种思路试图将新就业形态下的劳动者划归为独立承包商或自雇者，彻底否定劳动关系的存在。[①]这种思路认为，如果强行将新就业形态劳动者转换为标准雇员，可能会对企业的盈利能力构成威胁，损害行业创新。

第三，也有部分学者提倡针对平台就业者中的全职劳动者进行专门立法，将其视为新型劳动者类别。目前世界各国已就"第三类劳动者"问题在规制上创新了许多较为成熟的本土经验。例如，德国创新性提出了"类雇员"概念，保障此类新型劳动者的带薪休假与集体谈判权，并要求企业为其提供意外保险。意大利则将平台劳动者与企业的关系视为"准从属性劳动"，并为该群体提供集体谈判和最低工资方面的保障。英国的"B项工人"将依法享有集体谈判权、最低工资保障、休假权以及加班工资保护。与之略有差别的是，加拿大与西班牙在定义上同时强调了新就业形态劳动者的经济依赖性与相对独立性，前者将平台劳动者称为"依赖性承包人"，肯定其集体谈判权利；后者将其称为"经济依赖性自雇"，除集体谈判权之外也为其提供休假、违法解雇赔偿的保障。日本则以"契约劳动"一词描述平台用工关系。然而，将劳动者的分类由"两分法"创新性地扩展至"三分法"也存在着风险，因为法律概

---

① CHERRY M A. Beyond misclassification: the digital transformation of work [J]. The comparative labor law and policy journal, 2016, 37 (3): 577-602; DUBAL V B. Wage-slave or entrepreneur? contesting the dualism of legal worker categories [J]. The California law review, 2017 (105): 65-126.; ROGERS B. Employment rights in the platform economy: getting back to basics [J]. The Harvard law & policy review, 2016 (10): 479-520.

念的创新与扩展必将带来劳动司法实践的复杂化。同时,"第三类劳动者"的概念或许不足以反映新就业形态内部的异质性,因为即便同属新就业形态劳动者的范畴,劳动者也可能因商业模式或行业特性而在具体情况上存在差异。

Chapter 2

第二章
我国新就业形态的发展规模与趋势

第一节
我国新就业形态的发展规模

一、我国新就业形态的总体发展状况

新就业形态的发展离不开相关业态的支持，而且目前关于我国新就业形态总体就业规模还没有比较系统的统计。国家统计局、人力资源社会保障部从灵活就业的角度进行了调查估计，结果显示我国灵活就业劳动者的规模约2亿人，其中大部分属于基于平台经济的新就业形态劳动者。鉴于相关直接统计数据的缺失，这里通过整理多方相关数据从不同侧面反映我国新就业形态的发展规模。

（一）共享经济下的新就业形态发展规模

从共享经济发展的角度看，根据国家信息中心的统计，2022年我国共享经济市场交易规模约为38 320亿元，同比增长约3.9%，增速较上年明显提升。从市场结构上看，生活服务、生产能力、知识技能三个领域共享经济市场规模位居前三，分别为18 548亿元、12 548亿元和4 806亿元（见表2-1）。

表2-1　2017—2022年我国共享经济发展规模概况　　　　　　　　亿元，%

领域	共享经济市场交易额及增速						
	2017年	2018年	2019年	2020年	2021年	2022年	2022年同比增速
交通出行	2 010	2 478	2 700	2 276	2 344	2 012	−14.2%
共享住宿	120	165	225	158	152	115	−24.3%
知识技能	1 382	2 353	3 063	4 010	4 540	4 806	5.9%
生活服务	12 924	15 894	17 300	16 175	17 118	18 548	8.4%
共享医疗	56	88	108	138	147	159	8.2%
共享办公	110	206	227	168	212	132	−37.7%
生产能力	4 170	8 236	9 205	10 848	12 368	12 548	1.5%
总计	20 772	29 420	32 828	33 773	36 881	38 320	3.9%

资料来源：2017—2022年《中国共享经济发展报告》。

共享经济的快速发展带来了相关劳动者就业数量的增加。《中国共享经济发展报告》的统计数据显示，我国参与共享经济活动的总人数由2015年的5亿人增加到2020年的8.3亿人，平均每年增加超过6 600万人。其中，2016—2020年平台企业员工数分别为585万人、716万人、598万人、623万人和631万人，依赖平台经济提供服务者的人数分别为6 000万人、7 000万人、7 500万人、7 800万人和8 400万人。

（二）新经济下的新就业形态发展规模

从新经济的角度看，由前文的分析可知，新经济的发展带来了新的就业方式，有学者从新经济的角度测算了其发展对就业的影响，间接反映了新就业形态的发展水平。中国社会科学院人口与经济研究所张车伟团队利用与新经济最为相关的高技术产业和专利密集型产业的统计数据和投入产出表，测算了我国新经济的规模、结构、对经济增长的贡献，以及就业规模。① 测算结果显示，2016年，我国新经济的总规模为108 587亿元，占GDP总量的

---

① 张车伟，王博雅，高文书.创新经济对就业的冲击与应对研究[J].中国人口科学，2017（5）：2-11，126.

14.6%（见表 2-2），带动其他行业增加值 60 088 亿元，占 GDP 总量的 8.1%，两者合计达 22.7%。进一步将新经济划分为"新技术经济"和"新业态经济"两大门类，其中，新技术经济是以创造新技术为目的所发生的经济活动，即高技术产业；新业态经济是指顺应多元化、多样化、个性化的产品或服务需求，依托新的技术来创新生产要素的组织方式，从现有产业中衍生的新环节、新链条、新商业模式等。

表 2-2 新经济增加值与就业规模

		新技术经济	新业态经济
2007 年	增加值 / 亿元	11 621	9 602
	占 GDP 的比重 /%	4.71	3.89
	就业规模 / 万人	843	3 348
	占就业总量的比重 /%	1.08	4.32
2012 年	增加值 / 亿元	24 784	41 243
	占 GDP 的比重 /%	4.67	7.63
	就业规模 / 万人	1 144	5 362
	占就业总量的比重 /%	1.53	6.97
2016 年	增加值 / 亿元	39 634	68 953
	占 GDP 的比重 /%	5.33	9.27
	就业规模 / 万人	1 278	6 540
	占就业总量的比重 /%	1.62	8.48

资料来源：根据中国社会科学院人口与经济研究所 2017 年测算数据整理。

根据这一划分，新业态经济与新就业形态的关系更为密切，新业态经济的发展直接影响新就业形态的规模。根据中国社会科学院人口与经济研究所的测算，2016 年我国新业态经济增加值达到 68 953 亿元，与 2007 年相比增长了 6 倍，占 GDP 的比重从 2007 年的 3.89% 提高到 2016 年的 9.27%。新业态经济带动的就业量 2016 年达到 6 540 万人，是 2007 年的近 2 倍，占就业总量的比重从 2007 年的 4.32% 提高到 2016 年的 8.48%，增加了 4.16 个百分点（见表2-2）。2012—2016年新业态经济的就业量年均增长率5.09%，按照这一增长速度，到2020年新业态经济带来的就业总量约8 000万人，这与国家信息中心测算的2020年依赖平台经济提供服务者人数8 400万人相对接近。根据表2-2中的数据可以计算2012—2016年新业态经济的年均就业弹性约为0.76，按照这一弹性计算，2021年我国新业态经济的就业规模约为8 760万人。此外，国内各地由于新业态的发展状况不同，从事新就业形态的劳动者规模也存在差异。例如，2021年，广东省新就业形态劳动者约为960万人，其中深圳市160万人，占比16.7%，劳动者较多集中在电子商务、互联网家政、网约车、快递、外卖、网络直播等行业，网约车司机超过45万人，快递员、外卖骑手超过17万人；合肥市新就业形态劳动者占总就业人口的比例已经接近7.0%；甘肃省新就业形态劳动者约16.86万人。

二、我国典型新就业形态的发展规模

根据提供的服务内容不同，新就业形态可以分为生活服务类、交通出行类、科技服务类、专业服务类、商业销售类、快递服务类等职业领域，这里我们通过梳理其中的典型职业来体现我国新就业形态的就业分布情况。

（一）外卖骑手

网约配送员作为新职业在2020年2月被人力资源社会保障部纳入国家职业分类目录，其俗称是"外卖骑手"[①]。外卖行业以用户的即时洞察为核心，以大数据为驱动，围绕着本地生活服务平台打通线上和线下消费场景，线上实现交易闭环，线下通过即时配送完成交易履约，从而为更多用户提供从需求发起到商品验收的一站式服务。近年来，外卖骑手的规模不断扩大，这与外卖行业的持续扩张密切相关，外卖行业市场规模不断扩大，特别是新冠肺炎疫情暴发以来，通过平台购买服务逐渐成为人们日常消费的主要方式。根据国家信息中心的测算，2022年，外卖餐饮行业市场规模相比2021年增长了

---

① 本文调查采用更为通俗的说法"外卖骑手"，因此在分析时主要用"外卖骑手"的概念。涉及文件规定或职业时使用标准职业"网约配送员"。

16.02%，达到 9 417.4 亿元（见图 2-1），在线外卖收入占全国餐饮业收入的比重约为 25.4%，同比提高 4 个百分点（见图 2-2）；截至 2021 年 12 月，我国网上外卖用户规模达 5.44 亿人，较 2020 年 12 月增加 1.25 亿人，占网民整体的 52.7%。

图 2-1　2016—2022 年我国外卖餐饮行业市场规模及增速
资料来源：中商产业研究院《2021 年中国连锁餐饮行业报告》。

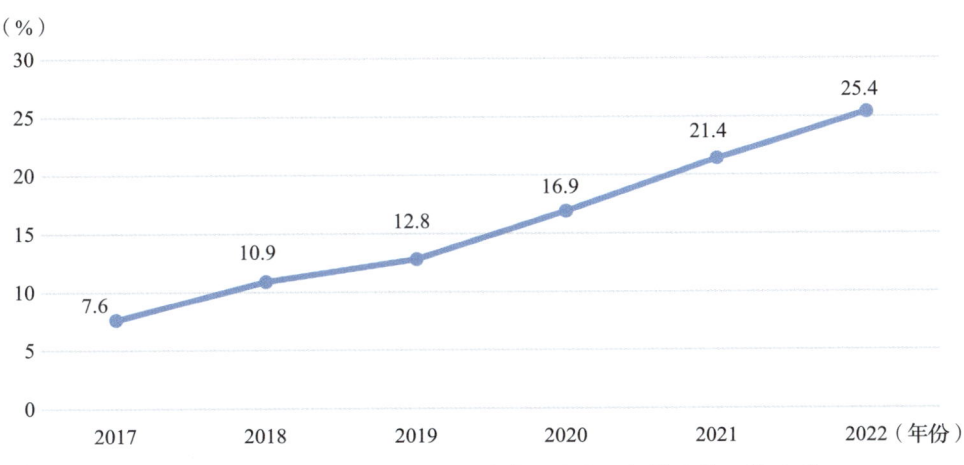

图 2-2　2017—2022 年在线外卖收入占全国餐饮业收入的比重
资料来源：国家信息中心分享经济研究中心。

经过多年的发展，外卖已经从餐饮美食外溢到生活超市、生鲜果蔬、鲜花绿植、美妆、母婴产品等全品类的配送，外卖配送时间也从午高峰、晚高峰向全时段扩展，外卖已逐渐成为全时段、跨品类的消费场景。国家信息中心的测算结果显示，2017—2021年我国外卖行业的市场规模逐年上升，2021年外卖行业市场规模达到10 035.53亿元，同比增长50.23%（见图2-3）。2018—2021年我国外卖订单数量逐年上涨，尤其在2021年增速较快，外卖订单量达到20 125.8百万单，同比增长48.15%。2021年的外卖订单中，会员订单占比达到54.50%。

图2-3　2017—2021年我国外卖行业市场规模及增速
资料来源：国家信息中心、智研咨询。

与外卖行业的发展相对应，外卖骑手的数量也持续攀升。国家统计局的调查显示，截至2021年年底，我国约有1 300万名外卖骑手，已经占到全国人口基数的近1%。在劳动者构成方面，外卖骑手以男性劳动者为主，近两年女性劳动者增长明显；25~34岁的劳动者占比最高，在50%左右；骑手以农业户籍劳动者为主，多在一线、二线城市工作；高中及以下学历劳动者占到了80%以上，本科及以上学历劳动者占比有所提升；外卖骑手主要来自制造业、建筑业工人和服务行业劳动者，另有农民、个体经营者、学生等。

随着我国外卖行业的不断发展与整合，行业竞争格局逐渐稳定，形成了以美团、饿了么为首的市场格局。美团研究院发布的数据显示，按在平台上取得收入为标准计算，2017年有220多万名外卖骑手在美团外卖获得收入，2018年增长到270多万人，2020年为370多万人，2021年达到了527万人，比2017年增加了约307万人，是2017年的2.4倍；按日活跃度计算，美团平台上的日活外卖骑手数量在100万名左右。在人口结构上，92%为男性，77%的外卖骑手来自农村，多来自河南省、安徽省、四川省等地，拥有大学文凭的外卖骑手比例高达15%；"80后""90后"居多，他们多是家中的顶梁柱，六成外卖骑手已婚已育，四成外卖骑手的配偶选择在家照顾孩子和老人；53%的外卖骑手选择在本省省内工作，在广东省、江苏省工作的外卖骑手数量最多，均超30万人，上海市、北京市等一线城市对周边省份就业拉动明显，在北京市工作的外卖骑手主要来自河北省、河南省和山西省等地，在上海市工作的外卖骑手主要来自安徽省、河南省、江苏省等地。饿了么发布的《蓝骑士发展与保障报告》数据显示，2020年有114万人通过蓝骑士工作获得稳定收入。从蓝骑士的构成看，"90后"占比约为47%，"95后"新增注册外卖骑手同比增长1.3倍；大学生外卖骑手整体占比接近二成，户籍为天津市、上海市的外卖骑手中大学生占比最多，接近四成；56%的外卖骑手有第二职业，其中26%为小微创业者，21%为技术工人，4%为自媒体博主，1%为环卫工人；农村依然是输出外卖骑手的主要地区，八成蓝骑士来自农村，安徽省、河南省、四川省是外卖骑手输出大省，籍贯来源前五名的地区中，60%为国家级贫困县。

（二）网约车司机

近年来，我国网约车行业发展迅猛，市场规模持续扩大。网约车行业依托互联网技术搭建服务平台，接入符合条件的车辆和驾驶员，通过整合供需信息，提供非巡游出租汽车预约服务的经营活动，其服务包括专车、快车、顺风车等。

从网约车市场规模看，2017年为2 300亿元，2019年增加到3 080亿元，2020年受新冠肺炎疫情影响略有下降，2021年随着疫情得到有效控制，经济复苏，网约车市场回暖，市场规模升至3 581亿元（见图2-4）。

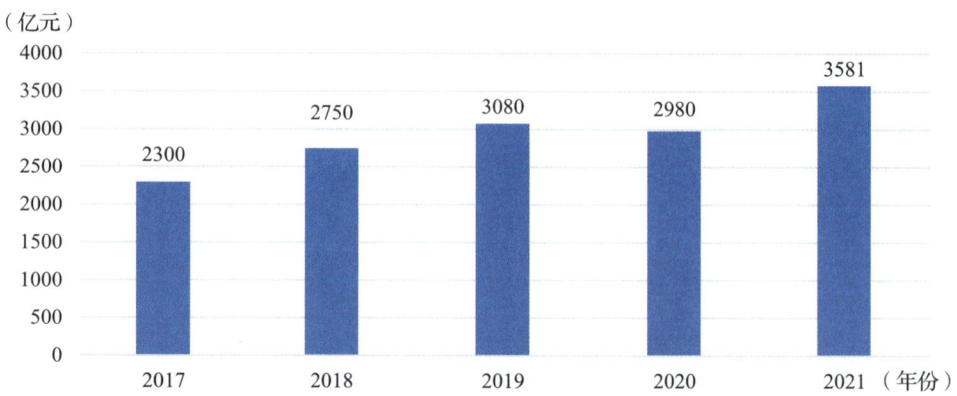

图2-4　2017—2021年我国网约车市场规模变化
资料来源：艾媒咨询、前瞻产业研究院。

从订单数量看，2021年全国网约车月均订单量为6.98亿单（见图2-5），日均超过2 000万单，覆盖全国325个地级以上城市，全年网约车完成订单量83.2亿单，其中中心城市完成46.76亿单。[①] 从2022年7月起，网约车监管信息交互平台加入了聚合订单的统计与发布，其统计结果显示，全国每月网约车订单规模在7亿单以上，网约车行业订单量最多的省份为广东省、浙江省、四川省、江苏省、山东省，分别占全国订单总量的17%、10%、8%、6%、6%[②]；从网约车的城市渗透率情况来看，网约车在一线城市渗透率最高，达到了50.3%，在新一线城市渗透率排名第二，达到了20.3%，在二线及以下城市渗透率较低，不足10%。

[①] 数据来源于中研普华研究院发布的《2022—2027年中国网约车行业深度调研与投资战略咨询报告》。
[②] 数据来源于牛文江在第四届中国网约出行产业峰会暨网约车配套产业展览会上的发言。

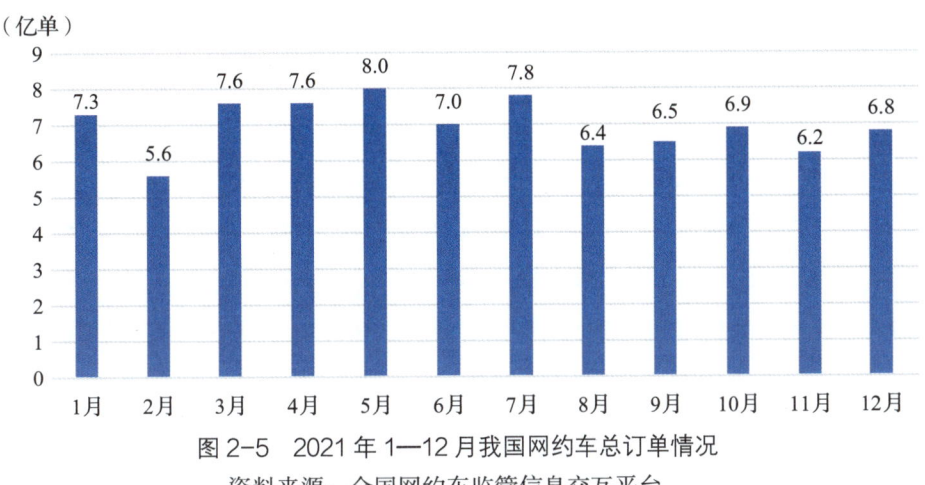

图 2-5　2021 年 1—12 月我国网约车总订单情况

资料来源：全国网约车监管信息交互平台。

从网约车用户数量看，根据中国互联网络信息中心（CNNIC）的统计，截至 2020 年年底，我国网约车用户规模为 3.65 亿人，占网民整体的 36.9%，而到 2021 年 12 月，我国网约车用户规模增长到 4.53 亿人，同比增加了 8 733 万人，占网民整体的 43.9%。根据国家信息中心发布的数据，2017—2022 年，网约车客运量占出租车总客运量的比重在波动中上升，2018 年和 2019 年的占比较高，分别达到了 36.3% 和 36.5%，2020 年和 2021 年受新冠肺炎疫情的影响略有下降，2022 年大幅上升至 40.5%（见图 2-6）。这是网约车平台企业增加的结果，也与行业管理制度完善和合规化进程加快推进有关。

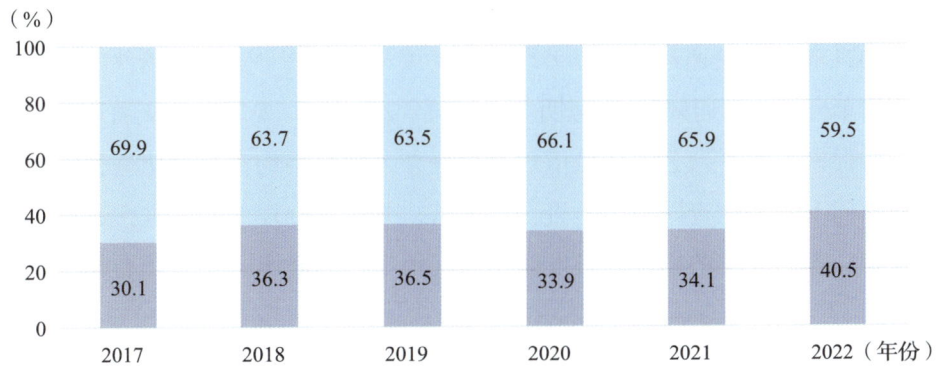

图 2-6　2017—2022 年网约车与巡游出租车客运量占比情况

资料来源：国家信息中心。

伴随网约车行业的发展，网约车平台企业、网约车以及网约车司机的数量均呈上升态势。截至 2022 年年底，全国共有 298 家网约车平台公司获得网约车平台经营许可①，比 2021 年的 258 家②增加了 40 家。截至 2022 年 10 月底，行业车辆许可 203 万辆，公户车辆与私户车辆的占比分别为 21.56% 和 78.44%，油车和电车的占比分别为 54.18% 和 45.82%。网约车司机中，合规驾驶员为 488.8 万人。③《2019 年中国网约车市场分析报告》显示，2016—2019 年网约车司机规模分别为 1 500 万人、2 107 万人、3 120 万人和 3 809 万人，2019 年相比 2016 年增加了 2 309 万人，增长了 153%（见图 2-7）。

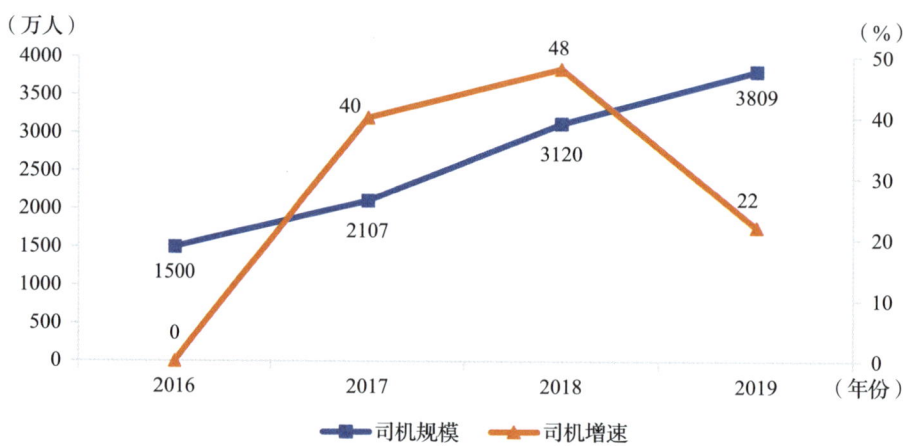

图 2-7　2016—2019 年网约车司机规模及增速

资料来源：北京市道路运输协会发布的《2019 年中国网约车市场分析报告》。

2021 年 9 月交通运输部办公厅印发《关于维护公平竞争市场秩序加快推进网约车合规化的通知》（交运明电〔2021〕223 号），要求各地交通运输主管部门督促网约车平台公司依法依规开展经营，加快网约车合规化进程。多地监管部门不定期检查网约车是否合规运营，并对不合规的平台进行通报与行政处罚。各地规范的出台，对推动当地网约车市场健康、安全发展起到了重

---

① 数据来源于国家信息中心发布的《中国共享经济发展报告 2023》。
② 数据来源于中研普华研究院发布的《2022—2027 年中国网约车行业深度调研与投资战略咨询报告》。
③ 数据来源于牛文江在第四届中国网约出行产业峰会暨网约车配套产业展览会上的发言。

要作用。2022年11月10日，交通运输部发布了10月网约车行业运行基本情况，在"聚合平台"订单量前10名的网约车平台中，7家平台订单合规率实现增长，以滴滴出行、美团打车、曹操出行等具有代表性的平台为例，订单合规率平均比2021年4月涨了22.0%，其中美团打车涨幅最大，合规率翻了一倍多。按订单合规率由高到低排名分别是美团打车、滴滴出行、携程出行、百度打车、高德打车、花小猪出行、腾讯出行（见图2-8、图2-9）。在各主要中心城市中，按订单合规率从高到低排名分别是厦门、杭州、广州、深圳、重庆、贵阳、郑州、南宁、合肥、长春等。

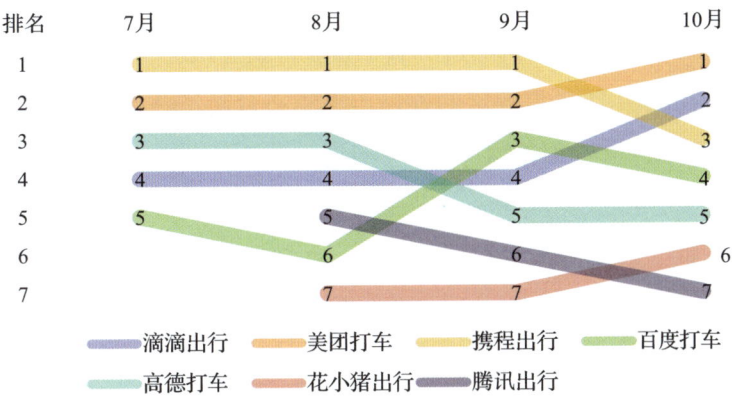

图2-8 2022年7—10月网约车平台订单合规率排名情况
资料来源：交通运输部。

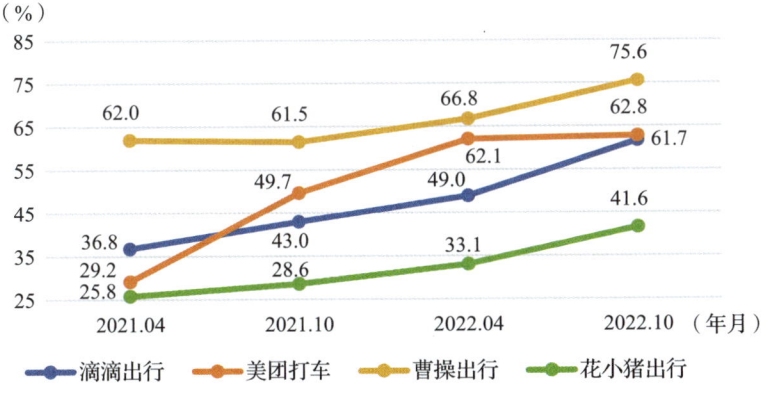

图2-9 2021年4月至2022年10月网约车平台订单合规率
资料来源：交通运输部。

从网约车平台看，2021年上半年，国内在线汽车共享公司已经形成了"一超多小"的局面，滴滴出行在出行行业市场份额排名第一，根据交通运输部披露的全国各网约车平台公司订单量，滴滴出行的市场份额超过90%，稳居市场"领头羊"地位。全国网约车监管信息交互平台数据显示，2020年11月总订单超过100万单的网约车平台有8家，分别是滴滴出行、花小猪出行、T3出行、曹操出行、万顺叫车、美团打车、首汽约车、享道出行。滴滴平台数据显示，2020年拥有1 166万名网约车司机，用户规模过亿人，日均订单超过200万单，月活跃人数约5 439万人。2020年3月31日至2021年3月31日，有1 300万名国内网约车司机在滴滴平台上获得收入，还有20多万名代驾司机、17万名货运司机通过滴滴平台获得就业机会，在2020年新冠肺炎疫情最严重的2月到初步稳定的6月，滴滴平台新增注册司机累计超过107万人，近40万名司机重新返回平台，近20万名司机从兼职转型为全职。从区域分布来看，网约车新就业占比在新一线和旅游型城市最高，其次是一线城市，在三线、四线和五线及以下城市，网约车新就业的占比不高，未来发展空间广阔；在城市群方面，珠三角、长三角、京津冀是网约车新就业主要阵地，近年来伴随着中西部经济快速发展，成渝城市群成为网约车就业的新增长极。具体排名见图2-10、图2-11。

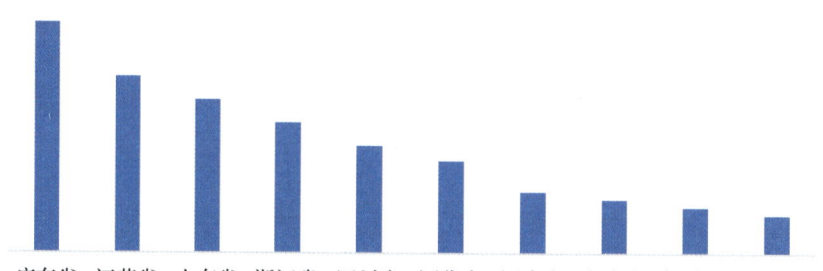

图2-10 2019年不同省份网约车司机就业量排名情况
资料来源：滴滴出行大平台数据。

在滴滴平台网约车司机的构成中，51.5%的司机是进城务工人员，12%的司机是退役军人；属于建档立卡扶贫人员的比例为6.7%；41.1%来自制

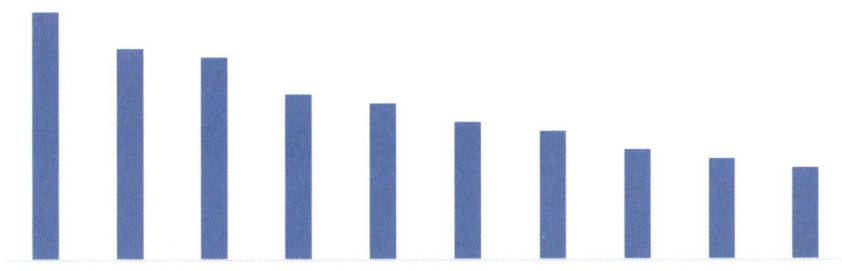

图 2-11　2019 年不同城市网约车司机就业量排名情况
资料来源：滴滴出行大平台数据。

造业，13.6% 来自交通运输业，4.9% 来自钢铁、煤炭等去产能行业；还有 19.9% 的司机属于短期摩擦性失业者，他们在寻找下一份稳定工作的时候，能够从网约车平台获得收入、保障基本生活，以平稳渡过就业转换期。

（三）网络主播

2000 年后，随着互联网技术的不断迭代和广泛应用，互联网直播逐渐取代了传统的电视直播，成为直播的代名词，网络直播产业也随之得到快速发展，成为一种新的互联网文化业态。2020 年暴发的新冠肺炎疫情大大增加了网络用户的上网时间，扩大了观看直播的用户数量，也带动了直播网络消费，使得直播行业有了爆发式增长。直播的核心资源由主播逐渐纵向延伸至生态，主播迈向职业化、专业化，用户群体渐趋理性多元，新的内容和消费形态伴随用户需求不断涌现，并逐渐分化为以表演直播和游戏直播为代表的泛娱乐直播、以带货为核心的电商直播、以资讯分享为主的知识直播等多个类别。

第一，从网络直播的市场规模看，中国演出行业协会发布的年度《中国网络直播行业发展报告》显示，网络直播用户数量的增加带来了直播行业市场规模的持续扩大，2020 年网络表演（直播）行业市场规模达到 1 930.3 亿元，其中 75% 的收入来源于打赏分成，占主播收入的 35%~45%，而泛娱乐直播平台的打赏收入占总收入的比重超过 90%。2021 年网络表演（直播）市场规模达1 844.42亿元，较2020年下降4.4%。

第二，从网络直播用户规模看，根据《中国互联网络发展状况统计报告》数据，截至2020年12月，我国网络直播用户规模达到6.17亿人，占整体网民规模的62.4%（见图2-12）。其中，电商直播用户规模为3.88亿人，占网民整体的39.2%；真人秀直播的用户规模为2.39亿人，占网民整体的24.2%；游戏直播的用户规模为1.91亿人，占网民整体的19.3%；演唱会直播的用户规模为1.90亿人，占网民整体的19.2%；体育直播的用户规模为1.38亿人，占网民整体的13.9%（见图2-13）。截至2021年12月，中国网络直播用户规模达到7.03亿人，较2020年12月增加8 652万人，占网民整体的68.2%。其中，电商直播、游戏直播、体育直播、真人秀直播、演唱会直播等各类直播形态用户规模均上亿。受人均可支配收入的不断增加及强劲的支付意愿驱动，国内视频直播行业的付费用户规模由2016年的1 370万人增加至2019年的3 610万人，复合年增长率为38.12%，超过用户群的增长率。截至2022年6月，曾在直播场景下有过任意付费（打赏和直播购物）的用户账号数量累计约为3.3亿个。

图2-12　2016—2021年我国网络直播用户规模、增长率及使用率
资料来源：中国互联网络信息中心发布的《中国互联网络发展状况统计报告》。

第二章 我国新就业形态的发展规模与趋势

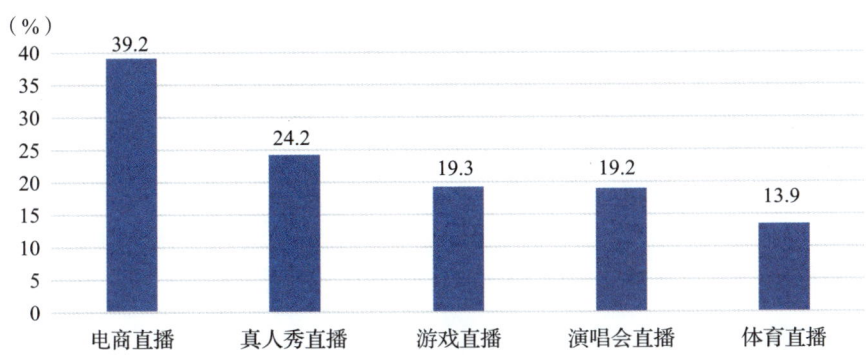

图 2-13 2020 年各类网络直播用户占网民整体的比例
资料来源：中国互联网络信息中心发布的《中国互联网络发展状况统计报告》。

第三，从细分领域看，将直播细分为泛娱乐直播、电商直播与专业直播。

（1）泛娱乐直播。泛娱乐直播带有较强的社交属性，主要指以内容形态为代表的多种直播形式，具体包括表演、综艺、影视、竞技、秀场、游戏等类型。2020 年，月活跃用户规模百万级别的直播平台有数十家，占据市场份额的 30%，大部分直播平台月活跃用户规模在百万以下。截至 2020 年 3 月，娱乐直播平台中，YY 直播以 4 120.4 万名的活跃用户量遥遥领先，以市场占有率 40% 的绝对优势高居行业第一名；一直播用户、花椒直播活跃用户规模排名靠前（见图 2-14）。

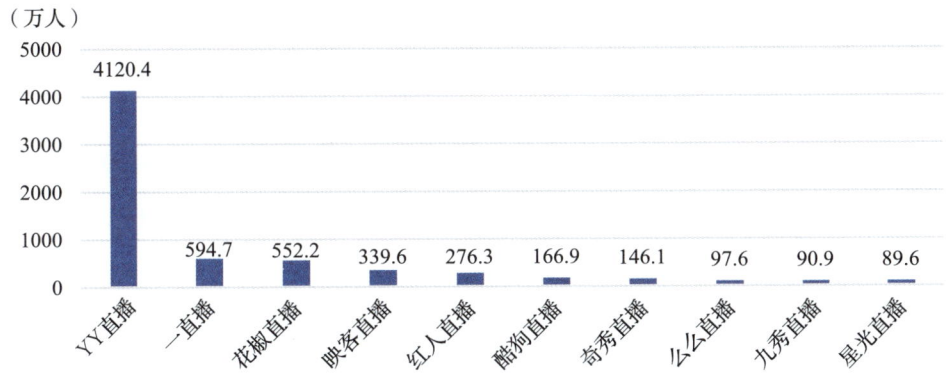

图 2-14 我国泛娱乐直播平台活跃用户规模
资料来源：泛千际投行、资产信息网、中商情报网。

在泛娱乐直播中，真人秀直播用户规模，截至2020年3月底约2.07亿人，到2020年12月底增至2.39亿人，2021年略有下降，为1.94亿人；游戏直播平台，截至2020年12月底为1.91亿人，2021年快速上升至3.02亿人，增长了58.12%。① 在游戏直播平台中，根据艾媒咨询发布的《2021年度中国在线直播行业发展研究报告》，截至2020年3月，虎牙直播以3 167.6万人的用户规模居游戏直播平台首位，斗鱼用户规模为2 520万人，排名第二，两者市场份额接近80%（见图2-15）。

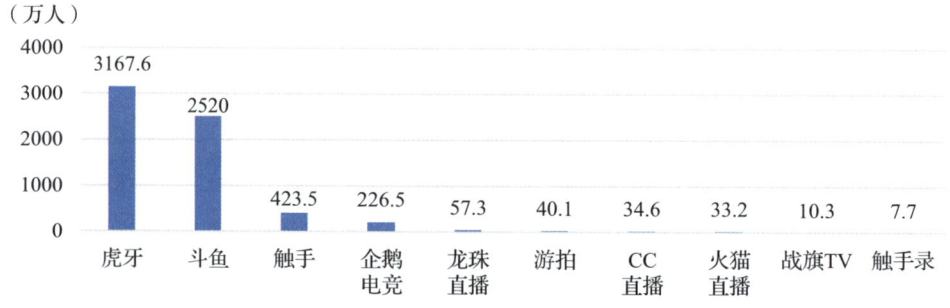

图 2-15 我国游戏直播平台活跃用户规模

资料来源：艾媒咨询发布的《2021年度中国在线直播行业发展研究报告》。

（2）电商直播。电商直播是通过提供深度实时、富媒体形式的商品展示，为用户带来丰富、直接、实时的购物体验。2021年以来，电商平台、内容平台和社交平台相互渗透，与生态内的多频道网络（MCN）机构、品牌厂商等产业链供应链加深融合，行业生态圈趋于完善，电商直播向着直播经济加速演化。截至2021年年底，直播电商的用户规模达到4.64亿人，相比2020年增加了0.76亿人，增长了近20%。② MCN机构的出现与快速增长为在线直播的发展提供了有力支撑，2021年我国MCN机构数量达34 000家（见图2-16），到2023年可达到47 177家。2021年MCN行业高速增长，市场规模超过330亿元。③

---

①② 数据来源于中国互联网络信息中心发布的《中国互联网络发展状况统计报告》。

③ 数据来源于艾媒咨询发布的《2021年度中国在线直播行业发展研究报告》。

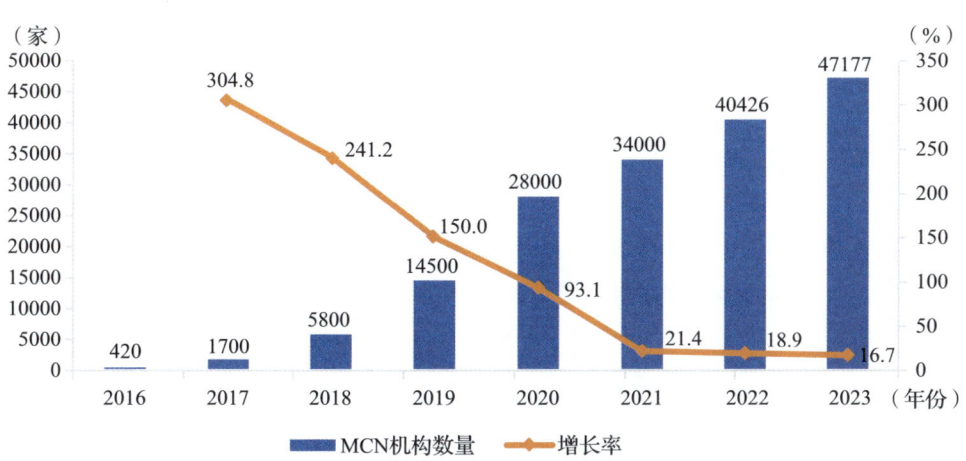

图 2-16　2016—2023 年我国 MCN 机构数量及增长率
注：2022 年与 2023 年为 2021 年的预测数据。
资料来源：艾媒数据中心。

（3）专业直播。随着用户对专业内容、文化消费需求的增加，知识分享、体育、演唱会等垂类直播数量在具有多元直播生态的平台上日益增多，泛知识直播生态得到快速发展。如快手推出"快手新知播"，联动知识大咖、专业机构进行直播；抖音举办直播公开课，在高校开学季邀请名校专家通过直播分享通识知识。2021 年，快手有超过 3 300 万场泛知识直播，抖音泛知识内容播放量年同比增长 74%，占抖音平台总播放量的 20%。[①] 与此同时，体育赛事、演唱会、健身打卡类直播逐步打造沉浸式数字文化消费体验。2021 年以来，东京奥运会、北京冬奥会、中超联赛、英超联赛、美洲杯等赛事吸引了抖音、快手、腾讯视频、微信视频号、咪咕视频等平台进行版权采买；2021 年，抖音健身类主播粉丝量同比增长 208%，快手的健身主播突破 60 万人，超 1 100 万名用户跟着主播云健身。此外，媒体、政务直播成为助推政务信息公开、民意沟通的新阵地，媒体、政务账号批量入驻抖音、微信视频号等平台，开通直播功能，助推主流舆论圈层传播。

第四，从从业人员规模看，根据《中国网络表演（直播）行业发展报

---

① 数据来源于艾媒咨询发布的《2021 年度中国在线直播行业发展研究报告》。

告》，截至2021年年底，我国网络直播行业主播账号累计近1.4亿个，其中日均新增主播峰值为4.3万人，活跃账号（一年内有过开播行为）约1亿个，其中月开播时长不低于15小时的账号数量达1 053.4万个。2022年1—6月，新增开播账号826万个。平台主播多属于线上兼职型就业，主要利用工作以外的时间录制、分享视频或进行直播。高度职业化的"头部主播"人群占比较少，背后通常拥有MCN机构和专业内容团队来协助直播工作。主播人群画像显示，从年龄分布来看，24~30岁年龄段的主播最多，占全部主播的近40%；从地域分布来看，主播主要集中在三线及以上城市。

直播行业的发展需要相关行业的服务与支持，进而创造和派生了千万量级的就业机会。截至2021年年底，快手带动就业机会3 463万个，其中直接带动的就业机会共2 000万个，主要来自内容创作者；此外，快手电商生态和内容生态拉动的就业机会共1 463万个。YY直播产生了超10万个专职岗位，拉动上下游产业就业规模超百万。随着直播平台与实体经济的不断融合，上百种新职业不断涌现，比如新农人、新教师、新匠人、新传承人、新导游、新演员等，涵盖衣食住行、教育、文化、娱乐等多个方面。

（四）家政服务员

随着我国家庭小型化、人口老龄化进程的加快和生育政策的调整，家政服务需求增速和增幅均较大。

第一，从家政服务业市场规模看，我国家政服务业市场规模从2015年的2 776亿元上升至2019年的6 975亿元，2020年受新冠肺炎疫情影响家政服务业增长速度有所减缓，2021年重拾快速增长趋势[1]，整体上家政行业市场规模增长趋势显著，在政策推动行业规范化发展、居民消费水平提高、市场对育儿和养老服务需求明显增加等因素的共同作用下，家政服务业市场规模还将持续扩大。我国家政服务业营业收入占GDP的比重也不断提升，2012年约占GDP的0.25%，2020年已接近1%[2]，提升了3倍，对经济增长的贡献效应

---

[1] 数据来源于莫荣、张剑飞主编《中国家政服务业发展报告（2022）》。
[2] 根据国家统计局发布的年度数据整理。

日益突出。2015—2021年我国家政服务业市场规模及其增长率如图2-17所示。

图2-17　2015—2021年我国家政服务业市场规模及其增长率
注：2020年和2021年为2019年的预测数据。
资料来源：《中国家政服务业发展报告（2022）》。

第二，从家政服务机构数量和服务用户数量看，家政服务机构数量也持续攀升，包括企业单位、个体经营户和其他类型组织机构等。根据《中国家政服务业发展报告（2022）》，截至2022年4月17日，在业家政服务机构共有2 652 506家，包括企业单位1 168 598家（见图2-18），个体经营户1 471 921家，其他类型组织机构11 987家；一年内成立的机构占比达到43.6%。在服务用户方面，有调查显示，2022年有93.8%的消费者使用过家政服务，我国家庭对家政服务的需求强烈，尤其在"养老""育幼"方面，需求规模还将不断扩大。[1]并且，互联网家政服务平台上的用户数量也明显增加，2018—2021年，家政服务用户的线上渗透率[2]从47.8%上升至80.2%，家政服务消费预订线上化趋势明显，2018年6月家政服务平台月活跃用户数为1 282万人，2021年6月则增至2 919万人（见图2-19），单月线上月活跃用户数新增219.1万人，线上需求已成为家政行业重要的需求来源。

---

[1] 数据来源于艾媒咨询的调查。
[2] 家政服务用户线上渗透率=（互联网家政用户数/家政用户数）×100%。其中，互联网家政用户数是指在统计周期内提交过一次线上家政需求的用户数量。

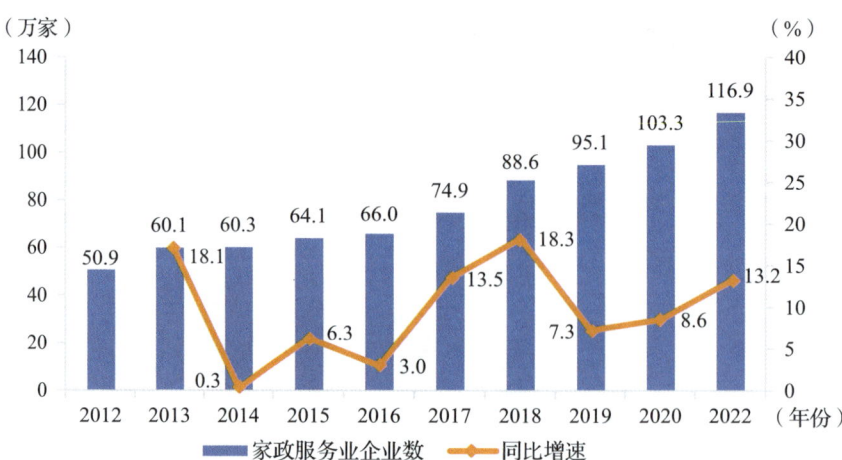

图 2-18 2012—2022 年我国家政服务业企业数及同比增速

注：2022 年为截至 4 月 17 日数据。

资料来源：2012—2020 年数据来自极数发布的《2021 年中国互联网家政服务行业报告》，2022 年数据来自《中国家政服务业发展报告（2022）》。

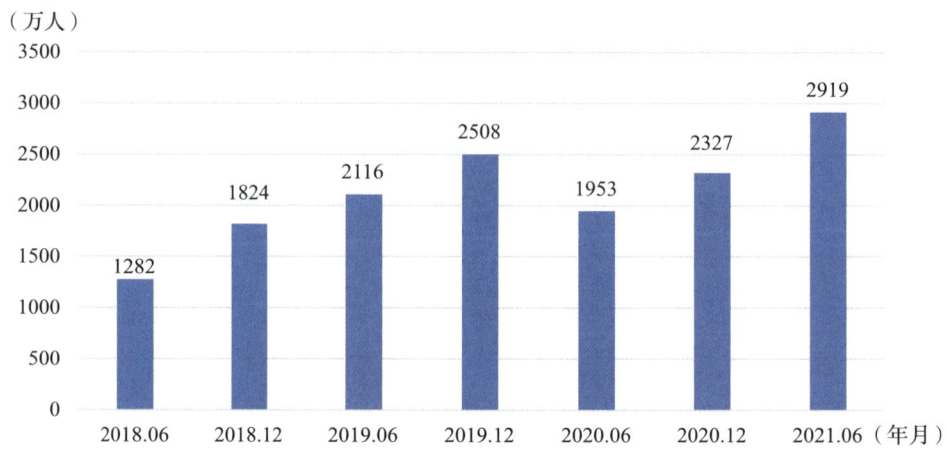

图 2-19 2018 年 6 月至 2021 年 6 月中国互联网家政服务平台月活跃用户规模

资料来源：极数发布的《2021 年中国互联网家政服务行业报告》。

第三，从家政服务业从业人员规模看，随着家政服务业市场规模的持续扩大，从业者的规模也快速扩张，就业贡献也逐年上升。根据《中国家政服务业发展报告（2022）》，家政服务从业人员的数量从 2015 年的 2 326 万人，增加到 2019 年的 3 271 万人。2020 年受新冠肺炎疫情影响，家政服务业从业人员数量略有下降，为 3 042 万人，2021 年继续保持在 3 000 万人以上。2019 年家政服务业对我国就业带动贡献率达 4.3%，相比 2015 年提升了 1.2 个百分点[①]（见图 2-20）。

图 2-20　2015—2021 年家政服务业从业人员及就业带动贡献率
注：2020 年和 2021 年为 2019 年的预测数据。
资料来源：《中国家政服务业发展报告（2022）》。

同时，从家政服务人员的需求看，2021 年人力资源社会保障部发布的第一季度"最缺工"的前 10 类职业中，家政服务人员位居第七。目前家政服务按内容分为三个层次，一是简单劳务型服务，如煮饭、洗衣、维修、保洁、卫生等；二是知识技能型服务，如护理、营养、育儿、家教等；三是高端导师管理型服务，如家务管理、社交娱乐的安排、家庭理财、家庭消费的优化咨询等。其中，简单劳务型的市场规模最大，2020 年约为 5 150 亿元，其次是知识技能型，约为 2 776 亿元，最后是高端导师管理型，仅有 49 亿元左右，三个层次的发展规模差距明显。[②] 58 同城招聘研究院的统计数据显示，

---

①　家政服务业就业带动贡献率=（家政服务从业人员数/全国就业人数）×100%。
②　数据来源于前瞻产业研究院发布的《中国家政服务行业市场研究与投资预测分析报告》。

2019—2020年招聘人数前5名的岗位是钟点工、保姆、月嫂、育婴师/保育员和护工，供给短缺矛盾突出，其中高端家政服务人才更少，其发展潜力大，就业前景广阔。同时，新兴消费需求催生新工种，针对新出现的消费场景，收纳整理、宠物照料、房屋维修、早教服务、养老护理、母婴保健、健康照护、花卉养护等新工种层出不穷，也引领行业向专业密集型转变。此外，相比家政服务雇主用户，家政服务庞大劳动者的线上化规模相对偏小，例如，2021年6月，家政家园平台劳动者月活跃数量为29.4万人，阿姨一点通为28.2万人，超级阿姨端为8万人，师傅联盟只有6.4万人①，未来线上化程度将持续提升。

---

① 数据来源于极数发布的《2021年中国互联网家政服务行业报告》。

第二节
我国新就业形态的发展趋势

一、我国新就业形态发展趋势的基本判断

关于新就业形态的发展趋势，从规模上看，新就业形态从 21 世纪最初 10 年开始出现发展到现在，已经成为当前及未来劳动力市场的重要组成部分。世界银行发布的《2019 年世界发展报告》显示，零工经济成为就业市场新趋势，全球零工经济在近一两年内呈爆炸式增长。党的二十大报告明确提出"支持和规范发展新就业形态"，这既是新就业形态的发展指引，也为新就业形态的发展提供了政策空间。从前文的分析可知，我国新经济、新业态的快速发展，人民生活需求、工作方式、消费习惯的改变，大数据、区块链、人工智能等技术的快速迭代和深度应用，为新就业形态的发展提供了广泛的经济、社会、技术环境和大量的用户基础。新就业形态本身所具有的特征，如数字经济发展促进了各类生产要素的联结，使得劳动者自身拥有的可能在一定范围内小众的技能，在网络环境中可以找到长尾的利基市场；新就业形态灵活的工作模式和工作时间安排也给了特定群体发展的机会，促进了劳动力

市场公平发展;新就业形态也增加了劳动者的社会资本、数字资本,可以帮助普通劳动者享受数字经济的发展红利等等,这些都成为新就业形态发展的优势。[①] 目前,我国新就业形态的发展在全球居于前列,在从业者规模、服务覆盖范围和行业渗透率等方面处于较为领先的地位,就业领域涉及零售、贸易、餐饮、物流、交通、医疗、教育等各行各业,无论现在还是未来都是创造就业岗位和提高劳动者收入的重要源泉。

从新就业形态发展的结构上看,一般的数字零工工作类型大致可以分为三类,即创作专业型、技术技能型和非熟练劳动型。目前我国零工经济主要集中在生活服务等劳动密集型行业,职业技能门槛较低,人才运用主要还处于非熟练劳动型层面。然而随着产业结构的升级,对技能素质的要求会更加细分、多元和灵活。参考美国等发达国家的用工发展趋势可以预测,未来社会的零工需求会在知识型、技能型、创造型的劳务中不断增长,并向专业技能型延伸,技能将成为影响零工收入的关键,特别是满足细分市场中所需要的非标准化技能,是零工劳动者取得职场成功的核心能力[②]。在全球新冠肺炎疫情叠加经济下行的情势下,基于数字化平台的大量灵活就业岗位,改变了很多人的命运,也是我国经济向着创新驱动和美好生活方向演进的重要路径。例如,支付宝内部数据显示,2004 年至 2020 年 5 月,40 余种全新职业在支付宝平台诞生,直接带动了近 700 万人次就业,多数新兴职业都是灵活就业的形式,其中数字微客 170 万人,收钱码系统软件开发师 110 万人,小程序开发者 100 万人,小众兼职 100 万人。再如,猪八戒网是典型的专业技能服务零工平台,其作为国内领先的企业外包服务平台,截至 2019 年 6 月,平台注册用户约 2 200 万名,人才提供方服务商(即技能服务者)约 1 400 万家,包括 10 万余家公司和大量的个人创作者;雇主企业达 1 000 万家,包括小微企业、大中型企业、高校科研机构、政府等;而且有 200 万名左右的用户既

---

① 张成刚. 中国新就业形态发展:概念、趋势与政策建议[J]. 中国培训,2022(1):85-88.
② 刘善仕,裴嘉良,葛淳棉,等. 在线劳动平台算法管理:理论探索与研究展望[J]. 管理世界,2022,38(2):14-16,225-239.

是服务商也是雇主。技能型、知识型、创意型零工经济正成为发展的新趋势，成为推动新就业形态的重要力量。

二、我国新就业形态劳动者从业规模预测

为了能够更直观地体现新就业形态的发展趋势，本书对未来我国新就业形态劳动者的从业规模进行合理预测。目前我国尚未建立关于新就业形态劳动者的专项统计数据制度，使用较多的是国家信息中心发布的《中国共享经济发展报告》中关于平台经济提供服务者的数据，本书也以此为基础来进行测算。这里我们分别用两种方法进行预测，一是利用就业总量的单一数据进行预测；二是利用共享经济的就业弹性进行预测。

（一）利用就业总量的单一数据进行预测

鉴于所获取的国家信息中心发布的数据为近几年的总量数据，数据时间序列短，能用于预测的数据量很少，因此，本书选择灰色预测模型进行新就业形态劳动者从业规模的预测。

灰色预测是指对系统行为特征值的发展变化进行的预测，对既含有已知信息又含有不确定信息的系统进行的预测，也就是对在一定范围内变化的、与时间序列有关的灰色过程进行预测。它是一种研究数据量较少、信息缺乏、不确定性程度高的问题的方法。在我们研究的社会经济现象中，有很多现象所显示出来的数据是随机或杂乱无章的，但无论怎样，数据背后必然隐藏着一定的有序规律。灰色预测就是通过探寻貌似杂乱的数据背后的规律，通过建立灰色模型对现象的演变趋势进行预测。

针对随机的时间序列数据，GM（1，1）模型是目前使用最广泛的，关于一个变量、一阶微分数列灰色预测模型。GM（1，1）的一般原理如下。

设有变量 $X^{(0)}=\{X^{(0)}(i), i=1, 2, \cdots, n\}$ 为某预测对象的非负单调原始数据列，通过生成一次累加序列 $X^{(1)}$，对 $X^{(1)}$ 建立相应的白化形式的微分方程，就构成了GM（1，1）模型，具体公式如下：

$$\frac{dX^{(1)}}{dt}+aX^{(1)}=u$$

通过建立参数序列 $\hat{a}=[\alpha,u]^T$ 和 $\hat{a}=(B^TB)^{-1}B^TY_n$ 计算式，同时建立 B 数矩阵和 Y_n 数据列，来进行求解和预测。

其中，B 数矩阵和 Y_n 数据列如下：

$$B=\begin{bmatrix} -\frac{1}{2}[X^{(1)}(1)+X^{(1)}(2)] & 1 \\ -\frac{1}{2}[X^{(1)}(2)+X^{(1)}(3)] & 1 \\ \cdots & \\ -\frac{1}{2}[X^{(1)}(n-1)+X^{(1)}(n)] & 1 \end{bmatrix}$$

$$Y_n=[X^{(0)}(2),X^{(0)}(3),\cdots,X^{(0)}(n)]^T$$

本书利用《中国共享经济发展报告》公布的 2016—2020 年这 5 年的平台经济提供服务的劳动者人数，对 2025—2030 年我国新就业形态劳动者规模进行预测。如前所述，这 5 年为平台经济提供服务的劳动者人数分别为 6 000 万人、7 000 万人、7 500 万人、7 800 万人和 8 400 万人。利用灰色预测模型进行预测，需要先验证模型的预测效果，检验结果见表 2-3。从表 2-3 中 2016—2020 年预测还原值与实际值之间的绝对误差与相对误差水平可以看出，各年份预测相对误差绝对值均小于 20%。按照模型的验证要求，相对误差小于 20% 表明模型的预测结果较好，可见，本研究建立的 GM（1,1）模型的预测结果符合要求，可以利用该模型对 2025—2030 年我国新就业形态劳动者从业规模进行预测。

表 2-4 的预测结果显示，2025 年的新就业形态劳动者规模可达到 11 216 万人，2030 年则将增至 15 046 万人，是 2020 年劳动者人数的近 2 倍。

表 2-3　2016—2020 年平台提供服务的劳动者人数各年份预测值及其精确度

万人，%

年份	GM（1，1）模型计算值	1-AGO	还原值	实际值	绝对误差	相对误差
2016	6 000	13 000	6 000	6 000	—	—
2017	13 010	20 500	7 010	7 000	−10	−0.142 9
2018	20 444	28 300	7 434	7 500	66	0.880 0
2019	28 329	36 700	7 884	7 800	−84	−1.076 9
2020	36 690		8 361	8 400	39	0.464 3

资料来源：作者根据模型测算。

表 2-4　基于灰色预测模型的 2025—2030 年新就业形态劳动者从业规模的预测值

万人

	2025 年	2026 年	2027 年	2028 年	2029 年	2030 年
模型预测结果	11 216	11 895	12 615	13 378	14 187	15 046

资料来源：作者根据模型测算。

（二）利用共享经济的就业弹性进行预测

根据国家信息中心发布的 2017—2020 年共享经济市场规模和参与平台服务提供的劳动者数据，计算共享经济的年均就业弹性为 0.68。同时，国家信息中心预测未来 5 年我国共享经济的年均增速将保持在 10% 以上，那么以 10% 为基础，将共享经济增速分别上浮至 12% 和 15%，可以测算在共享经济不同增速下的参与平台服务提供的劳动者的就业规模。表 2-5 的结果显示，综合共享经济的不同增速，到 2025 年我国参与平台服务提供的劳动者的规模在 1.167 亿 ~1.365 亿人，到 2030 年将增加到 1.622 亿 ~2.219 亿人。

表 2-5　2025—2030 年不同共享经济增速下的新就业形态劳动者从业规模预测值

万人

	2025 年	2026 年	2027 年	2028 年	2029 年	2030 年
共享经济增速 10%	11 671.738 5	12 465.416 7	13 313.065 1	14 218.353 5	15 185.201 5	16 217.795 2
共享经济增速 12%	12 434.052 0	13 448.670 6	14 546.082 2	15 733.042 5	17 016.858 7	18 405.434 4
共享经济增速 15%	13 651.716 4	15 044.191 5	16 578.699 0	18 269.726 3	20 133.238 4	22 186.828 7

资料来源：作者根据模型测算。

三、我国新就业形态劳动者从业意愿的趋势评估

新就业形态劳动者的未来从业意愿直接影响新就业形态的发展，为此本研究调查了劳动者未来短期（一年内）和长期从事新就业形态工作的意愿。下面从新就业形态劳动者整体和典型职业两方面分别进行讨论。

（一）我国新就业形态劳动者整体从业意愿

第一，从劳动者短期（一年内）的从业意愿看，调查样本中有92.1%的劳动者表示在一年内会继续从事新就业形态工作，劳动者在短期内持续工作的意愿较强，体现了新就业形态的短期可持续性。其中，91.6%的专职劳动者在一年内有继续工作意愿，兼职劳动者的这一比例略高，约为93.2%（见图2-21）。需要注意的是，一年内，专职劳动者表示肯定会继续工作的比例远高于兼职劳动者。

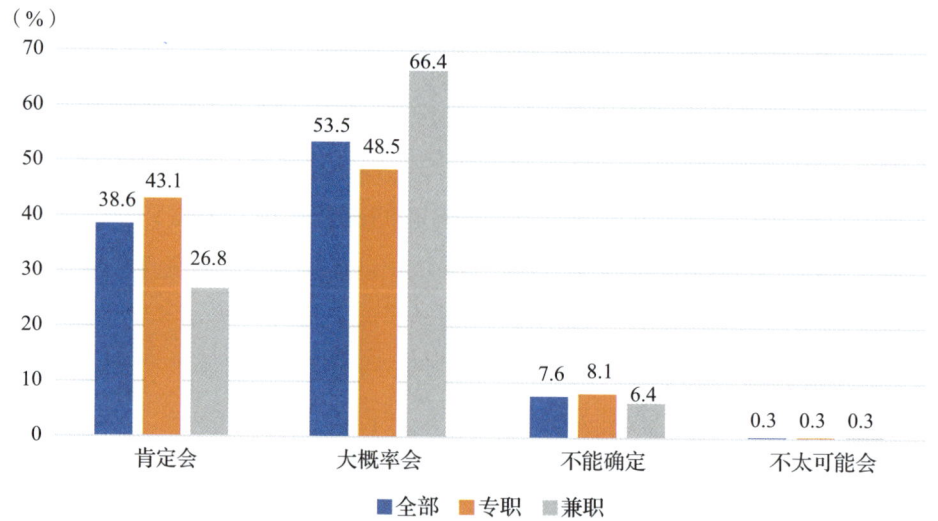

图2-21 劳动者短期（一年内）从事新就业形态工作的意愿
资料来源：2022年新就业形态平台问卷调查统计结果。

针对不同性别的劳动者，男性与女性短期从事新就业形态工作的意愿没有明显差别，近一年内两者的工作意愿均超过九成（见图2-22）。

第二章 我国新就业形态的发展规模与趋势

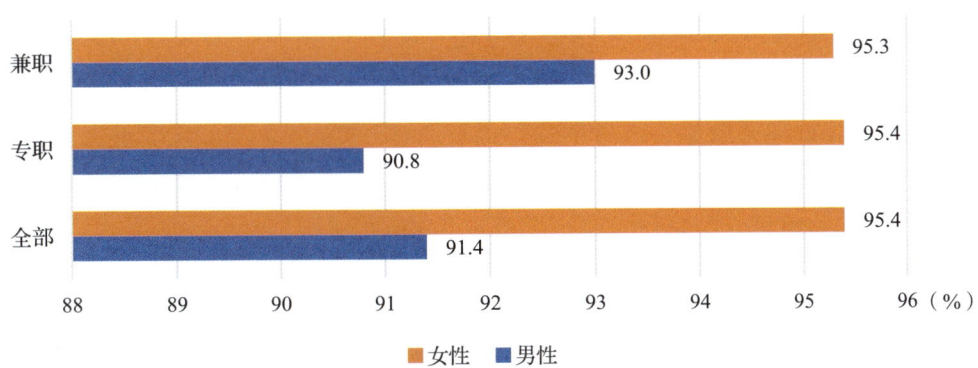

图 2-22 不同性别劳动者短期（一年内）从事新就业形态工作的意愿
资料来源：2022 年新就业形态平台问卷调查统计结果。

针对不同受教育程度的劳动者，整体上劳动者短期从事新就业形态工作的意愿没有明显差异，大多超过了 90%。相比较而言，兼职劳动者中，具有高中学历、中专学历和大专学历劳动者在一年内从事新就业形态工作的意愿相对较高，初中及以下学历劳动者一年内从事新就业形态工作的意愿相对较低（见图 2-23）。

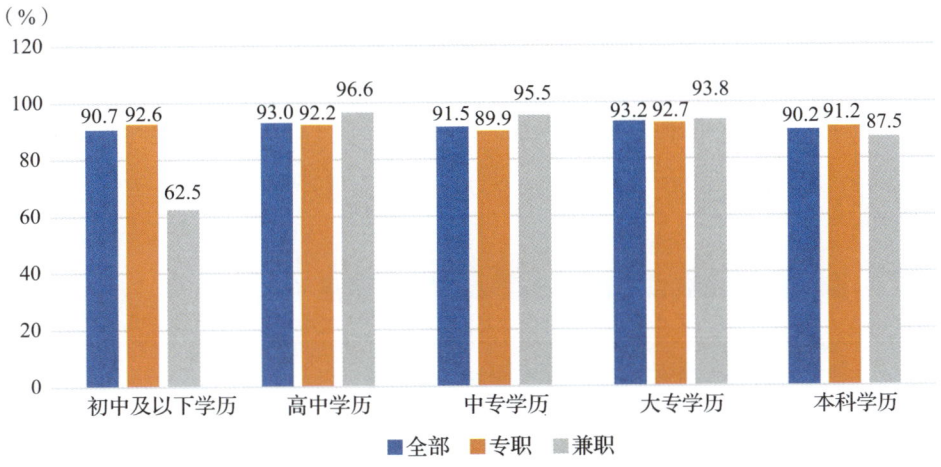

图 2-23 不同受教育程度劳动者短期（一年内）从事新就业形态工作的意愿
资料来源：2022 年新就业形态平台问卷调查统计结果。

第二，从劳动者长期的从业意愿看，调查样本中六成以上劳动者有长期从事新就业形态工作的意愿，其中44.5%的劳动者表示未来肯定会继续从事新就业形态工作，22.4%的劳动者表示大概率会，26.8%的劳动者表示不能确定，4.1%的劳动者表示不太可能会，仅有2.1%的劳动者表示肯定不会（见图2-24）。同时，比较专职和兼职劳动者发现，兼职劳动者长期从事新就业形态工作的意愿更高一些。

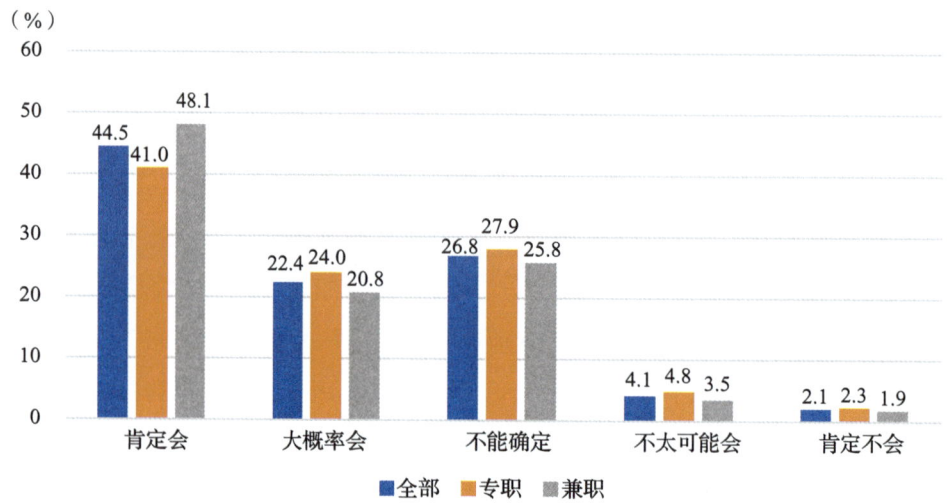

图2-24 劳动者长期从事新就业形态工作的意愿
资料来源：2022年新就业形态平台问卷调查统计结果。

针对不同性别的劳动者，总体上女性劳动者比男性劳动者未来从事新就业形态工作的意愿更高一些（见图2-25）。相比男性，女性相对更喜欢稳定，

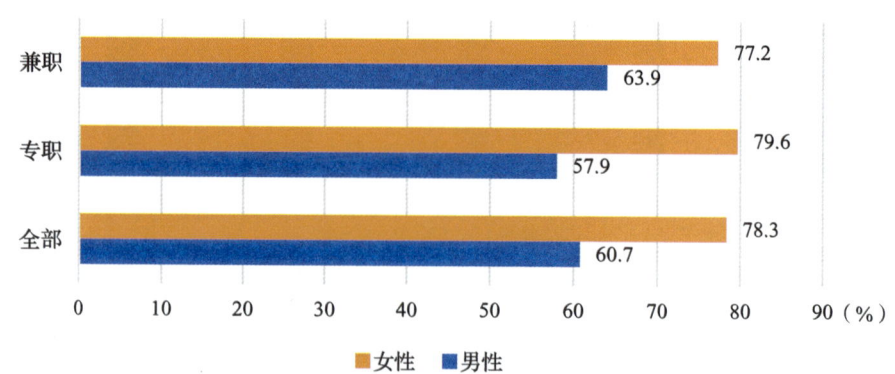

图2-25 不同性别劳动者长期从事新就业形态工作的意愿
资料来源：2022年新就业形态平台问卷调查统计结果。

并且更倾向于时间更加灵活自由的工作，这可以使她们更好地平衡工作与家庭的关系。

针对不同受教育程度的劳动者，专职劳动者中，具有研究生学历的劳动者的从业意愿最低，约有 54.4% 的劳动者有长期从事新就业形态工作的意愿；其他受教育程度的劳动者，随着受教育程度的提高，劳动者的长期从业意愿逐渐提升，具体来说，62.0% 的初中及以下学历的劳动者有长期从业意愿，高中学历劳动者为 63.0%，中专学历劳动者为 65.0%，大专学历劳动者为 67.4%，本科学历劳动者为 73.4%。兼职劳动者中，大专及以上学历劳动者的长期从业意愿总体高于中专及以下学历劳动者，其中本科学历劳动者的长期从业意愿最高，达 76.3%，中专学历劳动者最低，为 62.0%（见图 2-26）。

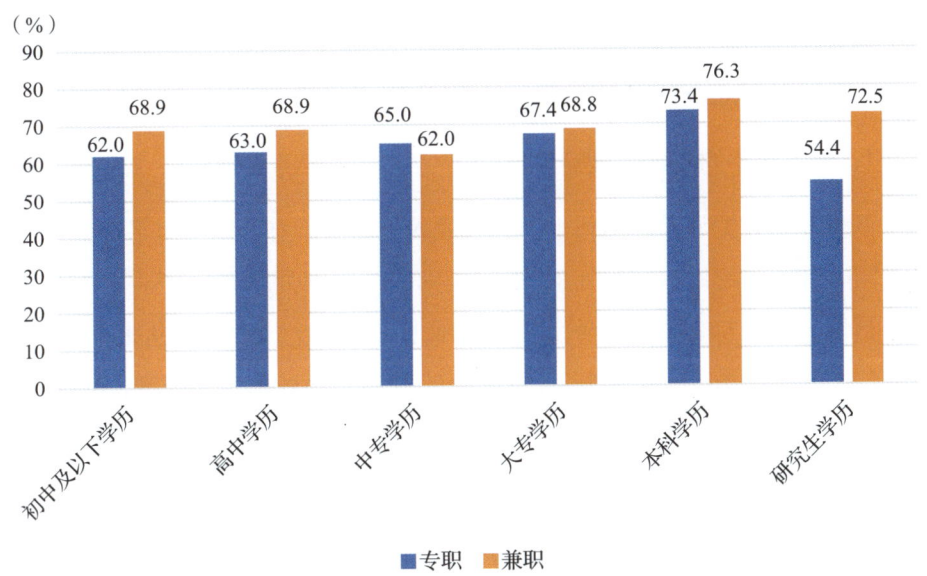

图 2-26　不同受教育程度劳动者长期从事新就业形态工作的意愿
资料来源：2022 年新就业形态平台问卷调查统计结果。

针对不同年龄的新就业形态劳动者，整体上，新就业形态劳动者的长期从业意愿呈现年龄越大，从业意愿越高的特点。比较专职和兼职新就业形态劳动者，专职劳动者的长期从业意愿没有明显的代际趋势，各年龄段的从业意愿相当；兼职劳动者与整体呈现的特点一样，即年龄越大的劳动者，其长期从业意愿越高（见图 2-27）。

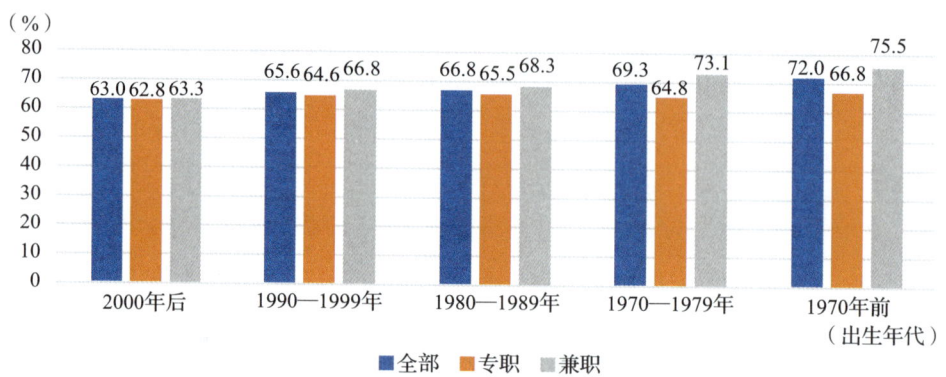

图 2-27 不同年龄劳动者长期从事新就业形态工作的意愿
资料来源：2022 年新就业形态平台问卷调查统计结果。

（二）我国典型新就业形态劳动者的从业意愿

1. 外卖骑手的长期从业意愿

调查样本数据显示，总体上，近五成的外卖骑手有长期从事平台工作的意愿，同时有四成的外卖骑手处于不能确定状态，一成的外卖骑手将退出这一行业。具体来说，有 25.3% 的外卖骑手表示未来肯定会长期继续从事平台工作，22.6% 的外卖骑手表示大概率会，41.0% 的外卖骑手表示不能确定，6.8% 的外卖骑手表示不太可能会，4.4% 的外卖骑手表示肯定不会。比较专职和兼职外卖骑手发现，49.2% 的专职外卖骑手长期从事这一职业的意愿较高，兼职外卖骑手约为 45.5%，专职外卖骑手的长期从业意愿相对更高一些（见图 2-28）。

针对不同性别的外卖骑手，女性的长期从业意愿略高于男性，差异不显著，且同样表现出专职外卖骑手的长期从业意愿高于兼职外卖骑手的特点（见图 2-29）。

针对不同受教育程度的外卖骑手，除具有研究生学历外卖骑手的长期从业意愿偏低外，其他学历外卖骑手的长期从业意愿没有明显差异，其中具有本科学历的专职骑手的长期从业意愿相对更高一些（见图 2-30）。

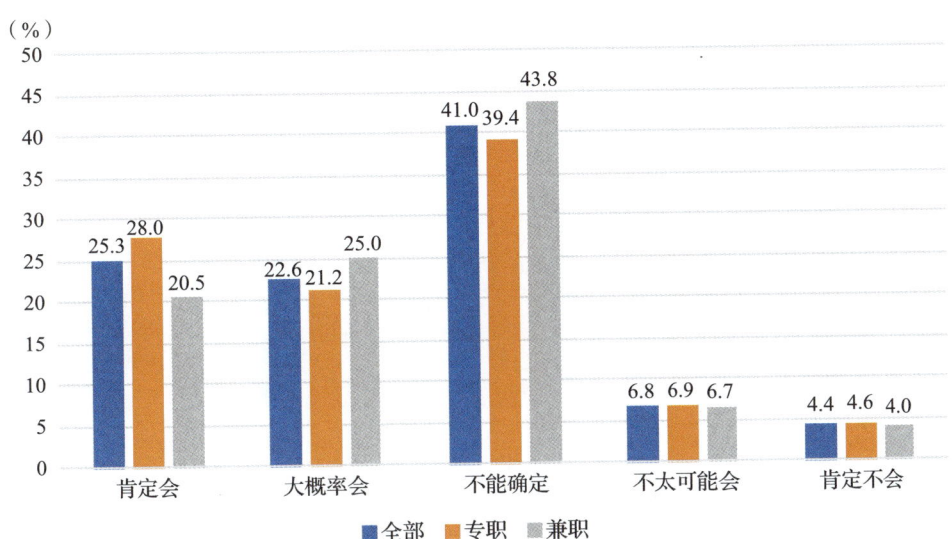

图 2-28　外卖骑手未来长期从事平台工作的意愿
资料来源：2022 年新就业形态平台问卷调查统计结果。

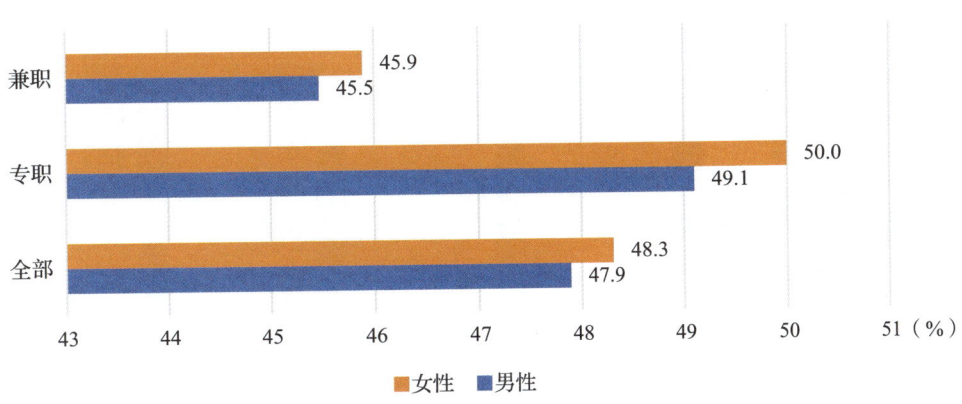

图 2-29　不同性别外卖骑手未来长期从事平台工作的意愿
资料来源：2022 年新就业形态平台问卷调查统计结果。

针对不同年龄的外卖骑手，整体上外卖骑手的长期从业意愿没有明显的年龄差异，其中 1970 年前出生的外卖骑手的长期从业意愿最高，1980—1989 年出生的外卖骑手的长期从业意愿相对最低。比较专职和兼职外卖骑手，专职外卖骑手的长期从业意愿没有明显的年龄差异，其中 1970 年前出生的外卖骑手的长期从业意愿最高；兼职外卖骑手中除 1970 年前出生的外卖骑手的长期从业意愿相对偏低以外，其他年龄段外卖骑手的长期从业意愿差异不大（见图 2-31）。

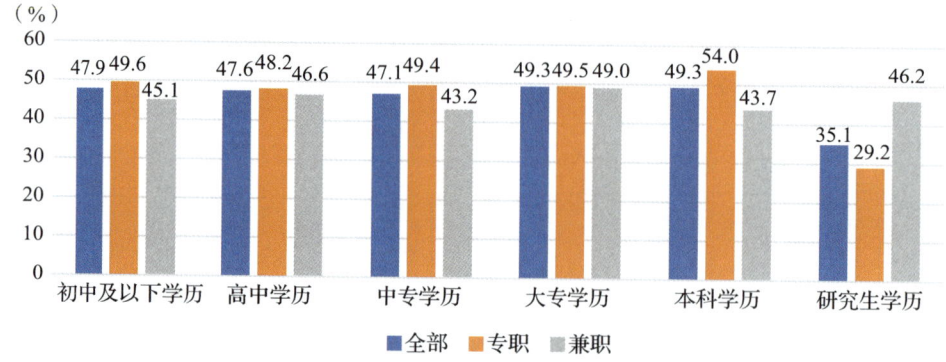

图 2-30　不同受教育程度外卖骑手未来长期从事平台工作的意愿

资料来源：2022 年新就业形态平台问卷调查统计结果。

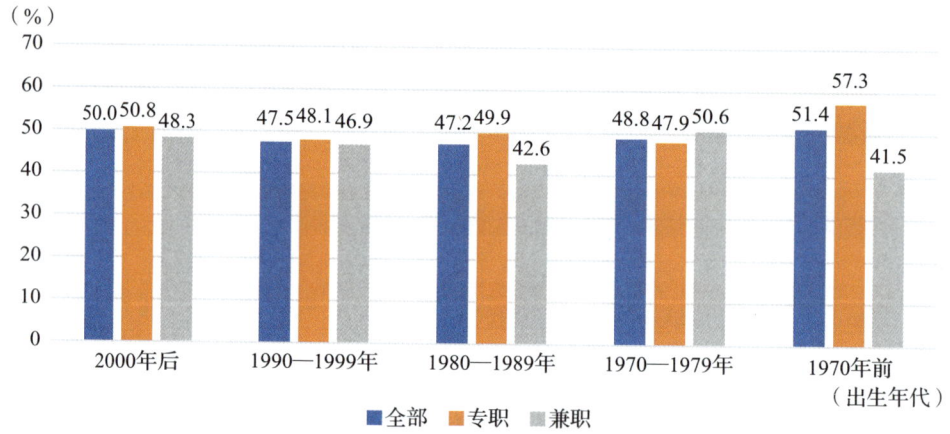

图 2-31　不同年龄外卖骑手未来长期从事平台工作的意愿

资料来源：2022 年新就业形态平台问卷调查统计结果。

2. 网约车司机的长期从业意愿

调查结果显示，整体上，五成的网约车司机具有长期从事平台工作的意愿。具体来说，14.4% 的网约车司机表示肯定会长期从事平台工作，36.4% 的网约车司机表示大概率会，42.2% 的网约车司机表示不能确定，5.9% 的网约车司机表示不太可能会，1.2% 的网约车司机表示肯定不会（见图 2-32）。其中，专职网约车司机的长期从业意愿显著高于兼职网约车司机，近六成的专职网约车司机有长期从事平台工作的意愿，而超过六成的兼职网约车司机处于不能确定状态，专职网约车司机从业稳定性明显高于兼职网约车司机。同时，62.7%的兼职网约车司机及32.4%的专职网约车司机对未来的从业意愿处于不能确定状态。

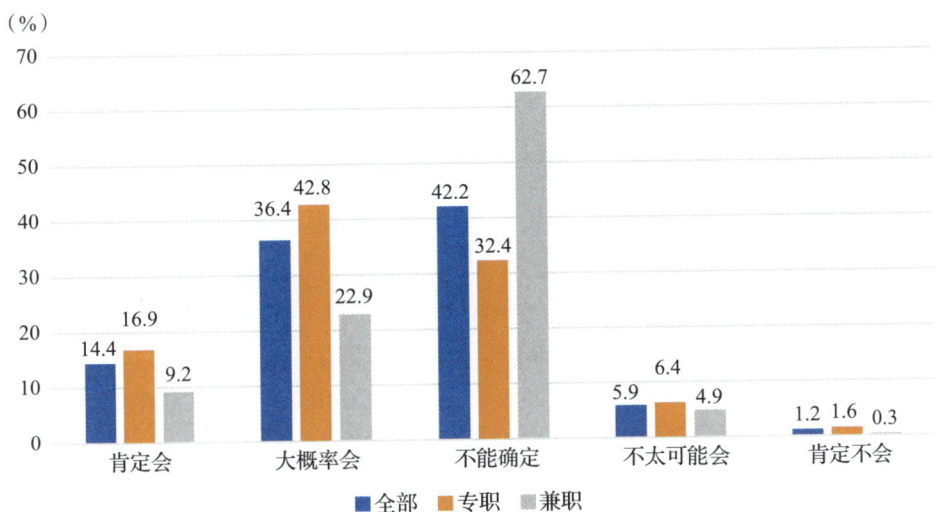

图 2-32　网约车司机未来长期从事平台工作的意愿

资料来源：2022年新就业形态平台问卷调查统计结果。

针对不同性别的网约车司机，女性的长期从业意愿显著高于男性，且同样表现出专职网约车司机的长期从业意愿高于兼职网约车司机的特点（见图2-33）。

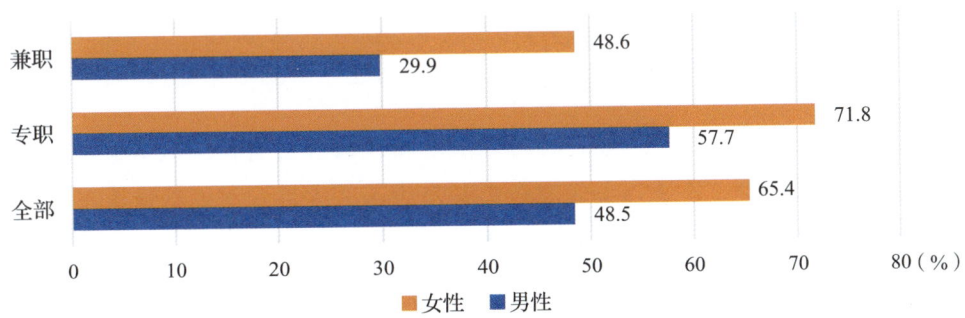

图 2-33　不同性别网约车司机未来长期从事平台工作的意愿

资料来源：2022年新就业形态平台问卷调查统计结果。

针对不同受教育程度的网约车司机，整体上，除具有研究生学历网约车司机的长期从业意愿偏低以外，其他学历网约车司机的长期从业意愿差异不大。比较专职和兼职网约车司机，专职网约车司机中，具有中专和大专学历网约车司机的长期从业意愿相对更高一些；兼职网约车司机中，具有本科学历网约车司机的长期从业意愿最高，具有中专和研究生学历网约车司机的长期从业意愿较低（见图 2-34）。

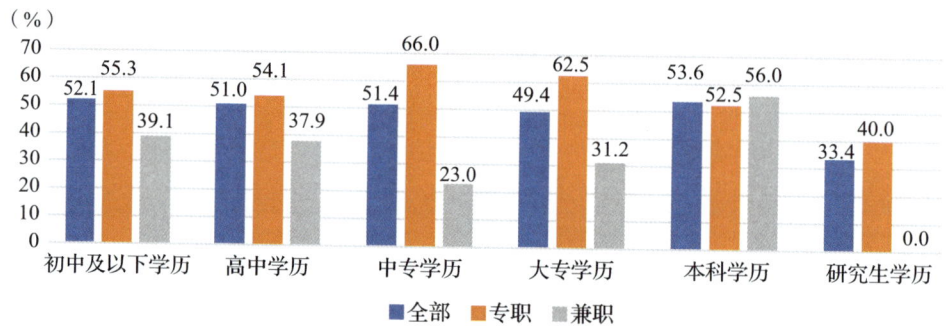

图 2-34　不同受教育程度网约车司机未来长期从事平台工作的意愿
资料来源：2022 年新就业形态平台问卷调查统计结果。

针对不同年龄的网约车司机，整体上，网约车司机的长期从业意愿没有明显的年龄差异，其中 1970—1979 年出生的网约车司机的长期从业意愿最高，1990—1999 年出生的从业意愿相对最低。比较专职和兼职网约车司机，专职网约车司机的长期从业意愿有明显的年龄差异，即年龄越大的网约车司机，其长期从业意愿越高；兼职网约车司机则正好相反，即年龄越大，长期从业意愿越低（见图 2-35）。

3. 家政服务员的长期从业意愿

从家政服务员全部样本看，超过六成的家政服务员有长期从事平台工作的意愿，具体来说，有 37.4% 的家政服务员表示未来肯定会继续从事平台工作，27.1% 的家政服务员表示大概率会，29.9% 的家政服务员表示不能确定，4.3% 的家政服务员表示不太可能会，1.2% 的家政服务员则表示会退出这一行业（见图 2-36）。

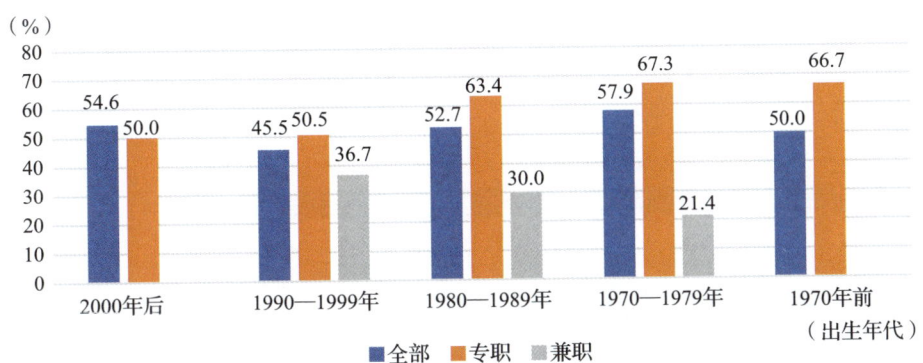

图 2-35 不同年龄网约车司机未来长期从事平台工作的意愿

注：样本中 2000 年后出生的与 1970 年前出生的兼职网约车司机的个体调查数量过低，故不统计其长期从业意愿的占比情况。

资料来源：2022 年新就业形态平台问卷调查统计结果。

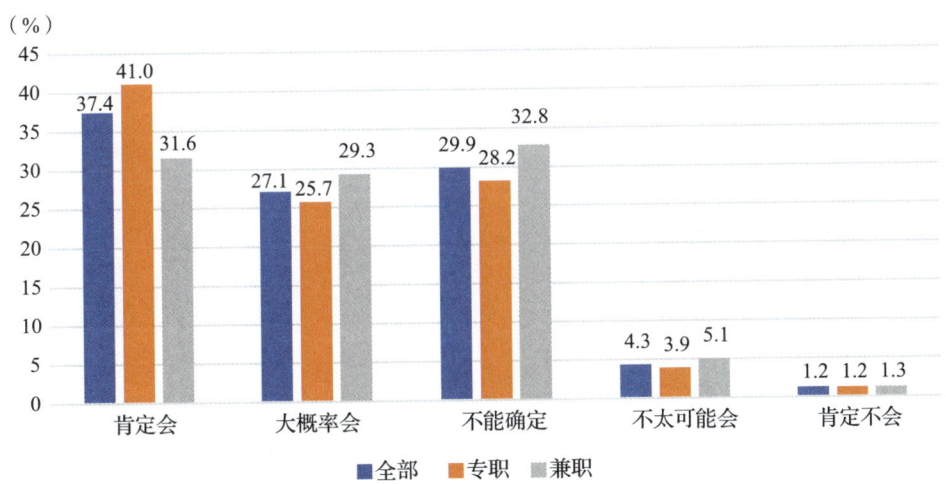

图 2-36 家政服务员未来长期从事平台工作的意愿

资料来源：2022 年新就业形态平台问卷调查统计结果。

针对不同性别的家政服务员，女性的长期从业意愿显著高于男性，其中专职女性家政服务员的长期工作意愿更高，更倾向稳定工作（见图 2-37）。

针对不同受教育程度的家政服务员，整体的长期从业意愿差异不大。比较专职和兼职家政服务员，专职家政服务员中，具有初中及以下学历的长期从业意愿最高，占比达到了72.4%；兼职家政服务员中，具有大专学历的长期从业意愿最高，占比达到了78.6%（见图2-38）。

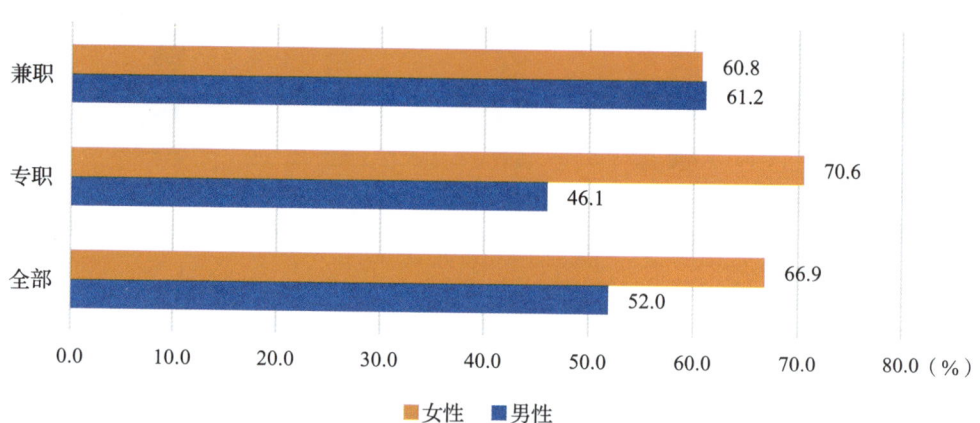

图2-37　不同性别家政服务员未来长期从事平台工作的意愿
资料来源：2022年新就业形态平台问卷调查统计结果。

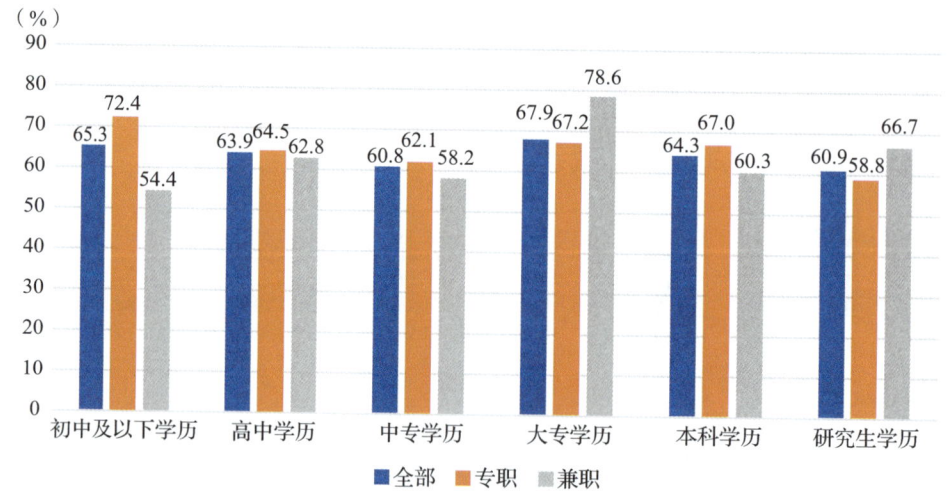

图2-38　不同受教育程度家政服务员未来长期从事平台工作的意愿
资料来源：2022年新就业形态平台问卷调查统计结果。

针对不同年龄的家政服务员，除了2000年后出生的家政服务员的长期从业意愿偏低以外，其他年龄段的家政服务员的长期从业意愿差异不大，其中1970年前出生的家政服务员的长期从业意愿最高，为67%。比较专职和兼职家政服务员，2000年后出生的兼职家政服务员的长期从业意愿显著高于专职家政服务员，其他年龄段两者之间差异不明显，1970—1979年出生的专职家政服务员的长期从业意愿最高，占比接近70%（见图2-39）。

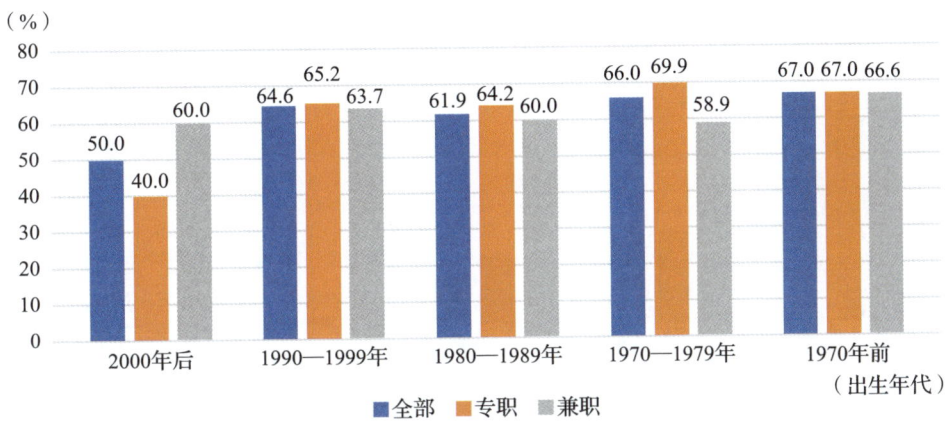

图2-39　不同年龄家政服务员未来长期从事平台工作的意愿

资料来源：2022年新就业形态平台问卷调查统计结果。

4. 网络主播的长期从业意愿

从网络主播整体样本看，近九成网络主播有长期从事平台工作的意愿，长期从业意愿较高。具体来说，有67.9%的网络主播表示未来肯定会继续从事这一行业，16.7%的网络主播表示大概率会，12.6%的网络主播表示不能确定，1.8%的网络主播表示不太可能会，还有0.9%的网络主播表示肯定不会继续从事这一行业。比较专职和兼职网络主播，专职主播的长期从业意愿更高一些，89.3%的专职网络主播有长期从业意愿，略高于兼职网络主播的82.5%（见图2-40）。

针对不同性别的网络主播，女性的长期从业意愿略高于男性，其中专职女性网络主播的长期工作意愿更高，表示会长期从事网络主播工作的比例超过了90%（见图2-41）。

针对不同受教育程度的网络主播，整体来说，除具有研究生学历网络主播的长期从业意愿略微偏低以外，其他学历网络主播的长期从业意愿差异不

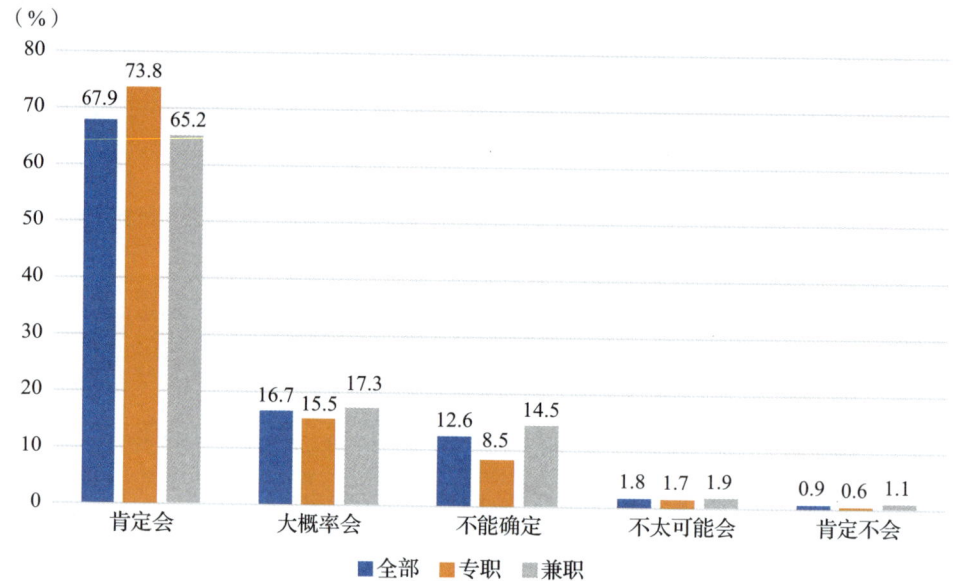

图 2-40　网络主播未来长期从事平台工作的意愿
资料来源：2022 年新就业形态平台问卷调查统计结果。

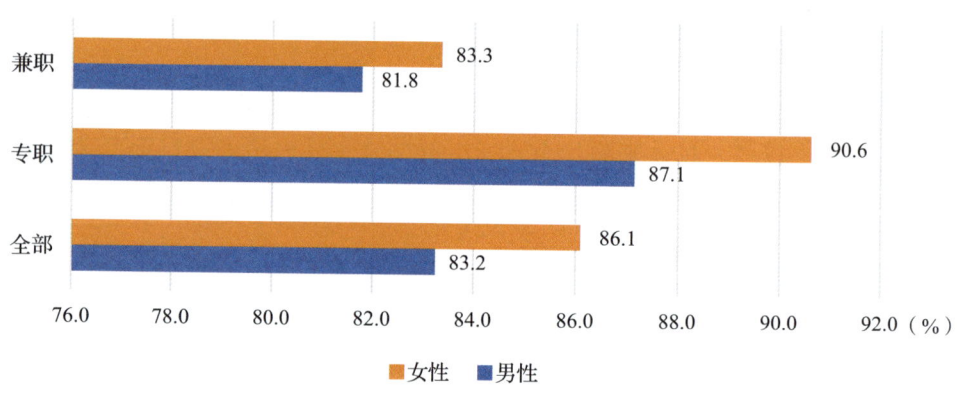

图 2-41　不同性别网络主播未来长期从事平台工作的意愿
资料来源：2022 年新就业形态平台问卷调查统计结果。

大。比较专职和兼职网络主播，专职网络主播中，具有初中及以下和高中学历网络主播的长期从业意愿最高，占比均超过了 90%；兼职网络主播中，除具有研究生学历网络主播的长期从业意愿偏低以外，其他学历网络主播的长期从业意愿大体相当，占比均在 80%~85%（见图 2-42）。

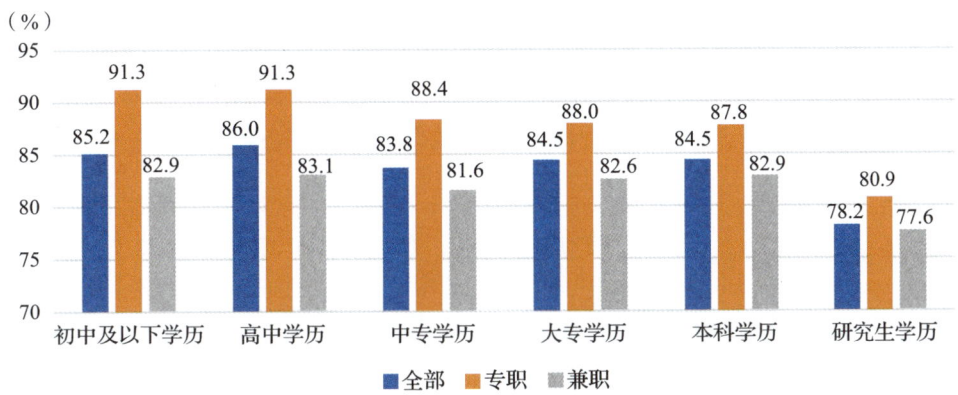

图 2-42　不同受教育程度网络主播未来长期从事平台工作的意愿

资料来源：2022 年新就业形态平台问卷调查统计结果。

针对不同年龄的网络主播，整体来看，除了 2000 年后出生的网络主播的长期从业意愿偏低以外，其他年龄段网络主播的长期从业意愿差异不大，具有长期从业意愿的网络主播比例均在 85% 左右。比较专职和兼职网络主播，专职网络主播中，1980—1989 年出生的网络主播的长期从业意愿最高，其次是 1970—1979 年、1990—1999 年出生的；兼职网络主播呈现出伴随年龄增大长期从业意愿逐渐增高的特点，1970 年前出生的兼职网络主播的长期工作意愿最高（见图 2-43）。

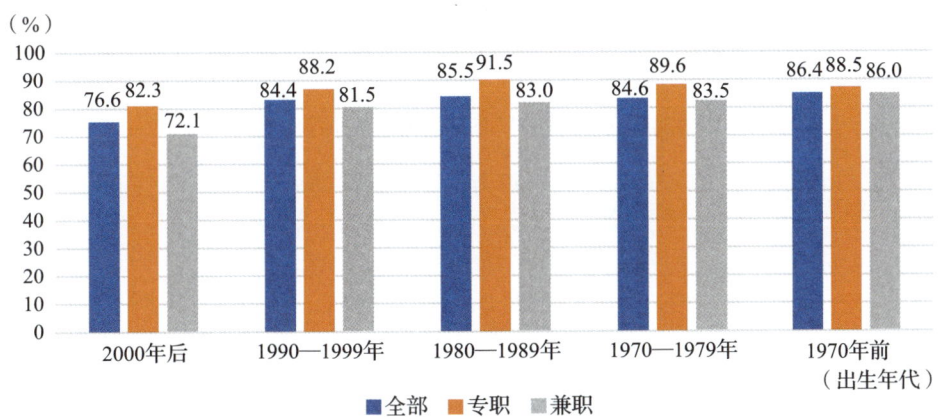

图 2-43　不同年龄网络主播未来长期从事平台工作的意愿

资料来源：2022 年新就业形态平台问卷调查统计结果。

（三）影响我国新就业形态劳动者从业意愿的主要因素

本书利用问卷调查获取的数据，运用二元逻辑回归分析影响劳动者长期从事新就业形态工作意愿的主要因素，具体的变量和回归结果见表 2-6 和表 2-7。

表 2-6　变量表

变量类别	变量名称	符号	取值
被解释变量	长期从业意愿	cyyy	1= 会从事；0= 不会从事
基本特征	性别	gender	1= 男性；2= 女性
	年龄	year	1=2000 年后出生；2=1990—1999 年出生；3=1980—1989 年出生；4=1970—1979 年出生；5=1970 年前出生
	受教育程度	edu	1= 初中及以下；2= 高中；3= 中专 / 职高 / 技校；4= 大专 / 高职 / 技师学院；5= 本科；6= 硕士研究生及以上
基本工作信息	平台工作月收入	income	1=1 000 元（含）以下；2=1 001~2 000 元；3=2 001~3 000 元；4=3 001~4 000 元；5=4 001~5 000 元；6=5 001~6 000 元；7=6 001~7 000 元；8=7 001~9 000 元；9=8 001~9 000 元；10=9 001~10 000 元；11=10 001~15 000 元；12=15 001~20 000 元；13=20 000 元以上
	每天工作时长	time	ln（每天实际工作时长）
	平台工作收入稳定性	in-sta	1= 不稳定；0= 稳定
	是否签订合同	ht	1= 有签订合同；0= 未签订任何合同
	是否参加保险	bx	1= 有参加过保险；0= 未参加任何保险
	平台是否有明确的职业发展通道	od	1= 完全没有；2= 基本没有；3= 说不清楚；4= 比较明确；5= 非常明确
态度变量	对平台规则负面影响的感知	gz	1= 影响大；0= 影响不大
	从事平台工作是否发挥个人才能	fhcn	1= 是；0= 否
	平台工作是否符合个人兴趣	grxq	1= 符合个人兴趣；0= 不符合个人兴趣
	平台工作对个人职业发展的帮助程度	odhd	1= 完全没有帮助；2= 基本没有帮助；3= 说不清楚；4= 有一定帮助；5= 很有帮助
	喜欢从事平台工作	xh	1= 完全不符合；2= 比较不符合；3= 一般；4= 比较符合；5= 完全符合

表 2-7　回归结果

	B（回归系数）	标准误差	瓦尔德	自由度	显著性	Exp（B）（风险比）
gender（1）	-0.221	0.233	0.896	1	0.344	0.802
year	0.102	0.086	1.422	1	0.233	1.108
edu	0.009	0.06	0.022	1	0.883	1.009
fhcn（1）	0.664	0.293	5.144	1	0.023	1.943
grxq（1）	-0.477	0.214	4.968	1	0.026	0.621
in-sta（1）	-0.322	0.167	3.73	1	0.053	0.724
gz（1）	-0.49	0.163	9.033	1	0.003	0.613
income	-0.08	0.029	7.451	1	0.006	0.923
ln（time）	0.144	0.088	2.672	1	0.102	1.155
odhd	0.374	0.083	20.33	1	0.000	1.453
od	0.247	0.087	7.975	1	0.005	1.28
xh	0.581	0.068	73.709	1	0.000	1.787
ht（1）	-0.006	0.178	0.001	1	0.975	0.994
bx（1）	-0.004	0.169	0	1	0.983	0.996
常量	-1.736	0.552	9.875	1	0.002	0.176
霍斯默-莱梅肖检验显著性 0.562	-2 对数似然	1 135.56	考克斯-斯奈尔 R^2	0.203	内戈尔科 R^2	0.349

针对影响长期从业意愿的二元逻辑回归分析结果显示，霍斯默-莱梅肖检验显著性为 0.562，远高于 0.05，-2 对数似然、考克斯-斯奈尔 R^2、内戈尔科 R^2 数值均在合理范围内，方程整体拟合度较好。从模型的预测性来看，二元逻辑回归模型对劳动者长期从业意愿预测的准确率为 86%，准确率较高，说明模型中通过显著性检验的变量能较好地预测劳动者长期的从业意愿。

从各变量的估计参数看，第一，劳动者对平台工作的喜欢程度、平台工作对个人职业发展的帮助程度、平台是否有明确的职业发展通道、劳动者对平台规则负面影响的感知，以及平台工作收入这几个方面的因素对劳动者长期从事平台工作意愿的影响最大，劳动者对平台工作的喜欢程度越高、平台工作对个人的职业发展越有帮助，劳动者就越倾向于长期从业；但是劳动者对平台负面影响的感知越明显、平台收入越高则越会降低劳动者的长期从业意愿。第二，平台工作对个人才能发挥、平台工作与个人兴趣的一致性、平台工作收入的稳定性对劳动者长期从业意愿也有较明显的影响，平台工作与劳动者的才能和兴趣爱好越一致，其长期从业意愿就越强，而平台工作收入的不稳定性越高，劳动者的长期从业意愿越低。第三，每天工作时长、是否签订合同、是否参保等对劳动者的长期从业意愿没有显著影响，且不同性别、年龄、受教育程度劳动者的从业意愿没有显著差异。

Chapter 3

第三章

我国新就业形态劳动者的特征与就业现状

第一节
我国新就业形态劳动者的主要人口统计学特征

近年来，伴随"互联网+"、共享经济、数字经济的发展，我国新就业形态不断涌现，成为当前及未来就业增长的重要来源。新就业形态是一种与传统就业模式显著不同的新型就业模式，是伴随着信息技术进步与大众消费升级产生的去雇主化、平台化的点对点就业模式。新就业形态的突出特点是互联网信息平台成为替代企业或市场进行劳动力要素组织的新方式。为了全面了解新就业形态劳动者的就业现状，中国劳动和社会保障科学研究院课题组设计了新就业形态劳动者就业情况问卷，主要针对外卖骑手、网约车司机、家政服务员、网络主播等典型平台劳动者开展调查。本次调查共回收有效问卷 11 665 份，其中，外卖骑手 5 757 份、网约车司机 799 份、家政服务员 853 份、网络主播 4 256 份。

一、性别结构

总体来看，新就业形态劳动者的男女比例是 7∶3（见表 3-1），男性占比约为 70%，约是女性的 2.3 倍。分职业来看，不同职业的新就业形态劳动者的性别结构存在明显区别。其中，男性占比最高的是外卖骑手，高达94.5%，约为女性劳动者的17.2倍；其次是网约车司机，男性占比为85.0%，约为女性劳动者的5.7倍；网络主播的男女比例接近，男性、女性的比例分别为48.2%、51.8%，女性劳动者略多于男性；而家政服务员则全部是女性劳动者。

表3-1 新就业形态劳动者性别结构   个，%

序号	性别	外卖骑手		网约车司机		家政服务员		网络主播		合计	占比
		样本量	占比	样本量	占比	样本量	占比	样本量	占比		
1	男性	5 440	94.5	679	85.0	0	0.0	2 051	48.2	8 170	70.0
2	女性	317	5.5	120	15.0	853	100.0	2 205	51.8	3 495	30.0
合计		5 757	100.0	799	100.0	853	100.0	4 256	100.0	11 665	100.0

资料来源：新就业形态劳动者就业情况问卷统计结果。

从性别结构可以看出，外卖骑手和网约车司机的户外工作时间比较长、工作条件比较艰苦、安全风险比较高、体力要求比较高，因此女性较少选择从事外卖骑手和网约车司机工作。家政服务员主要是提供居家类服务，对劳动者的耐心程度、家务技能、人际交往能力都有比较高的要求，更适合女性从事。而网络主播则没有明显的性别偏好，男性和女性参与程度相当。

二、年龄结构

总体来看，超九成的新就业形态劳动者年龄为20~50岁（见表3-2），平均约为35岁，最小年龄为19岁，最大年龄为79岁（见图3-1）。其中，30~40岁（不含）群体占比最高，达44.8%；其次是20~30岁（不含）、40~50岁（不含）群体，占比分别为25.5%、20.8%。另外有7.6%的新就业形态劳动者年龄为50~60岁（不含），还有0.8%的劳动者年龄超过60岁。

第三章　我国新就业形态劳动者的特征与就业现状

表3-2　新就业形态劳动者年龄结构　　　　　　　　　　　　　　　　　个，%

序号	年龄	外卖骑手		网约车司机		家政服务员		网络主播		合计	占比
		样本量	占比	样本量	占比	样本量	占比	样本量	占比		
1	20岁（不含）以下	40	0.7	0	0.0	0	0.0	13	0.3	53	0.5
2	20~30岁（不含）	1 680	29.2	88	11.0	116	13.6	1 093	25.7	2 977	25.5
3	30~40岁（不含）	2 581	44.8	569	71.2	194	22.7	1 887	44.3	5 231	44.8
4	40~50岁（不含）	1 124	19.5	142	17.8	297	34.8	869	20.4	2 432	20.8
5	50~60岁（不含）	291	5.1	0	0.0	239	28.0	359	8.4	889	7.6
6	60~70岁（不含）	41	0.7	0	0.0	6	0.7	32	0.8	79	0.7
7	70~80岁（不含）	0	0.0	0	0.0	1	0.1	3	0.1	4	0.1
	合计	5 757	100.0	799	100.0	853	100.0	4 256	100.0	11 665	100.0

注：因四舍五入原因，本书部分数据存在计算不绝对相等的情况。
资料来源：新就业形态劳动者就业情况问卷统计结果。

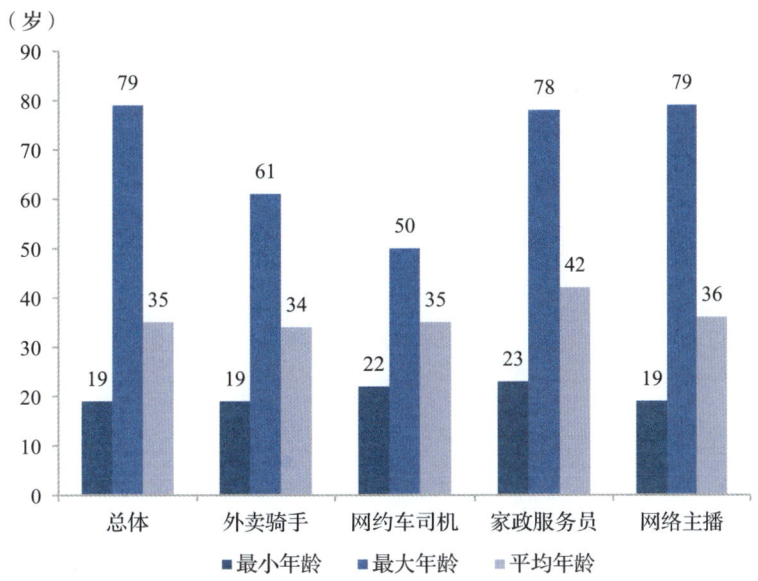

图3-1　新就业形态劳动者最小、最大及平均年龄情况
资料来源：新就业形态劳动者就业情况问卷统计结果。

分职业来看，不同职业的新就业形态劳动者的年龄分布有所区别。外卖骑手和网络主播的最小年龄均为19岁，最大年龄分别为61岁和79岁，平均年龄分别为 34 岁和 36 岁。其中，30~40 岁（不含）群体占比最高，分别为 44.8% 和 44.3%；其次是 20~30 岁（不含）群体，分别为 29.2% 和 25.7%；再次是 40~50 岁（不含）群体，分别为 19.5% 和 20.4%；最后是 50~60 岁（不含）群体，分别为 5.1% 和 8.4%。另外，外卖骑手和网络主播分别有 0.7% 和 0.9% 的老年群体（60 岁及以上）在从事劳动，其中网络主播甚至还有 3 名劳动者的年龄为 70~80 岁。

网约车司机没有 20 岁（不含）以下和 50 岁及以上的群体，最小年龄为 22 岁，最大年龄为 50 岁，平均年龄为 35 岁。其中，30~40 岁（不含）群体占比远高于其他三个职业，达 71.2%；其次是 40~50 岁（不含）群体，占比为 17.8%；最后是 20~30 岁（不含）群体，占比为 11.0%。家政服务员的最小年龄为 23 岁，最大年龄为 78 岁，平均年龄为 42 岁，超六成的家政服务员年龄分布在 40~60 岁。其中，40~50 岁（不含）群体占比最高，为 34.8%；其次是 50~60 岁（不含）群体，为 28.0%；再次是 30~40 岁（不含）群体，为 22.7%；最后是 20~30 岁（不含）群体，为 13.6%。另外，还有 0.8% 的 60 岁及以上老年家政服务员。

从年龄结构可以看出，外卖骑手和网络主播的年龄分布较广，几乎跨越所有年龄段，特别是网络主播的年龄跨度为 60 岁（最小 19 岁，最大 79 岁），可见网络主播是受年龄限制最小的职业之一。而网约车司机受机动车驾驶相关法律法规的限制，以及工作时间和强度对身体素质的要求，年龄集中在 22~50 岁，职业生命周期相对较短。家政服务员年龄分布的最大特点是从业年龄明显偏大，平均年龄为 42 岁，最大年龄为 78 岁，50 岁及以上群体占比高达近 29%，远超过外卖骑手的 5.8% 和网络主播的 9.3%。

三、户籍结构

总体来看，新就业形态劳动者中农业户口占比最高，为 61.4%；其次为非农业户口，占比为 16.6%；再次是居民户（之前是农业户），占比为 12.5%；最后是居民户（之前是非农户），占比为 9.5%（见图 3-2）。农业户口与居民户（之前是农业户）占比合计为73.9%，非农业户口与居民户（之前是非农户）占比合计为26.1%。

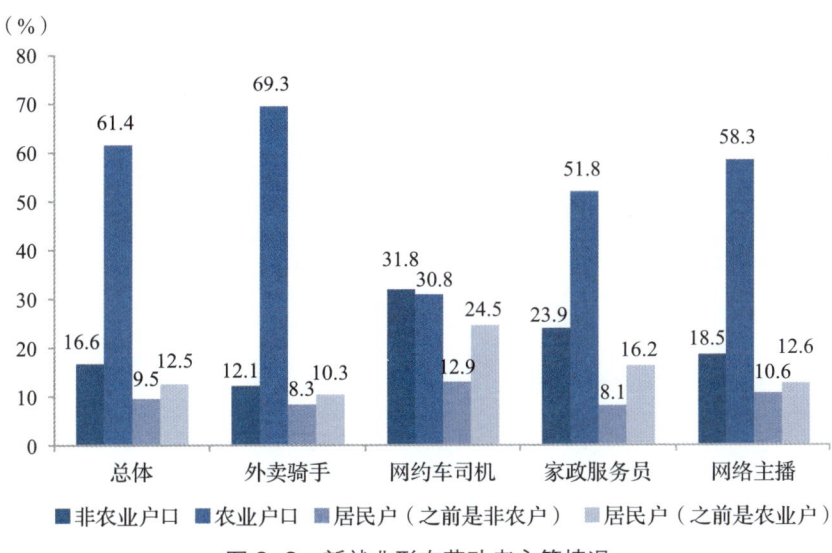

图3-2 新就业形态劳动者户籍情况
资料来源：新就业形态劳动者就业情况问卷统计结果。

分职业来看，外卖骑手、网络主播和家政服务员的户籍结构基本趋同，不同户口类型之间占比存在差异。如图3-2所示，外卖骑手、网络主播和家政服务员中比例最高的均为农业户口，占比分别为69.3%、58.3%和51.8%；其次均为非农业户口，占比分别为12.1%、18.5%和23.9%；再次均为居民户（之前是农业户），占比分别为10.3%、12.6%和16.2%；最后是居民户（之前是非农户），占比分别为8.3%、10.6%和8.1%。与其他三个职业相比，网约车司机的户籍结构有所不同，其比例最高的是非农业户口，占比为31.8%；其次是农业户口，占比为30.8%；再次是居民户（之前是农业户），占比为24.5%；最后是居民户（之前是非农户），占比为12.9%。

从户籍结构可以看出，新就业形态劳动者中超七成实际来自农业人口。近八成的外卖骑手来自农业人口，占比是四个职业中最高的；网络主播和家政服务员的农业人口占比相当，分别为70.9%和68.0%；网约车司机的农业人口占比最低，为55.3%。受行业主管部门对网约车牌照限制和网约车运营成本较高的影响，部分农业人口无法从事城市网约车业务，因此网约车司机的非农业人口占比明显高于其他三个职业。

四、学历结构

总体来看，新就业形态劳动者中受中等教育（包括高中、中专、职高、技校）占比最大，为39.0%；其次是初中及以下、受高等专科教育（包括大专、高职、技师学院），占比分别是28.0%、20.1%；受本科及以上教育占比12.9%，其中硕士研究生及以上教育占比最低，仅为1.6%（见表3-3）。

表3-3 新就业形态劳动者学历结构　　　　　　　　　　　　　　个，%

序号	学历	外卖骑手 样本量	占比	网约车司机 样本量	占比	家政服务员 样本量	占比	网络主播 样本量	占比	合计	占比
1	初中及以下	1 923	33.4	70	8.8	207	24.3	1 070	25.1	3 270	28.0
2	高中/中专/职高/技校	2 567	44.6	347	43.4	327	38.3	1 313	30.9	4 554	39.0
3	大专/高职/技师学院	953	16.6	303	37.9	155	18.2	931	21.9	2 342	20.1
4	本科	259	4.5	79	9.9	146	17.1	836	19.6	1 320	11.3
5	硕士研究生及以上	55	1.0	0	0.0	18	2.0	106	2.5	179	1.5
	合计	5 757	100.0	799	100.0	853	100.0	4 256	100.0	11 665	100.0

资料来源：新就业形态劳动者就业情况问卷统计结果。

分职业来看，外卖骑手的学历总体水平最低，初中及以下学历占比是四个职业中最高的，为33.4%；而专科及以上学历占比是四个职业中最低的，仅为22.0%。网约车司机的学历总体水平最高，初中及以下学历占比是四个职业中最低的，仅为8.8%；而专科及以上学历占比是四个职业中最高的，为47.8%。家政服务员和网络主播的总体学历水平介于外卖骑手和网约车司机之间，网络主播的初中及以下学历和专科及以上学历占比均略高于家政服务员，初中及以下学历占比分别为25.1%和24.3%，专科及以上学历占比分别为44.0%和37.3%。值得注意的是，网络主播和家政服务员的高学历（本科及以上）者占比分别是22.1%和19.1%，远高于网约车司机的9.9%和外卖骑手的5.5%。

从学历结构可以看出，新就业形态劳动者的总体学历水平不高，拥有专科及以上学历的仅占三成多，且高学历者数量偏少，本科、硕士研究生及以上学历者仅占11.3%和1.5%。外卖骑手中低学历者（初中及以下和中等教育）占比较大，为78.0%；网约车司机的学历主要集中在中等教育和高等专科教育层次，合计占比为81.3%；网络主播和家政服务员的学历分布更为均匀，既有约六成的中低学历者，也有四成左右的专科及以上学历者，其中包括近两成的本科学历者，还有2%左右的硕士研究生以上学历者。这也在一定程度上反映出，网络主播和家政服务员这两种职业对所有学历群体均有较高的吸引力和接纳度。

第二节
我国新就业形态劳动者的就业现状

一、平台从业前的基本工作情况

（一）就业状态

新就业形态劳动者在从事平台工作之前的就业状态主要有两大类，包括单位全日制用工和自主经营（做小生意），分别占到样本总量的 31.73% 和 26.10%。此外，有 10.50%、9.28%、7.80%、3.21% 的新就业形态劳动者在平台就业之前分别处于打零工/临时性工作、劳务派遣工、个体雇佣工、单位非全日制用工状态。剩余 11.38% 的新就业形态劳动者之前处于非就业状态，其中有近 2% 的找工作的高校毕业生和 0.90% 的退休人员（见图 3-3）。

分职业来看，超过八成的外卖骑手之前处于单位全日制用工、自主经营（做小生意）、劳务派遣工和打零工/临时性工作状态，占比依次是 41.48%、17.82%、11.90% 和 10.53%；近八成的网约车司机之前处于单位全日制用工、劳务派遣工、个体雇佣工和失业/下岗/没工作状态，占比依次是 22.90%、21.78%、16.27% 和 15.14%；超七成的家政服务员之前处于单位全日制用工、

第三章　我国新就业形态劳动者的特征与就业现状

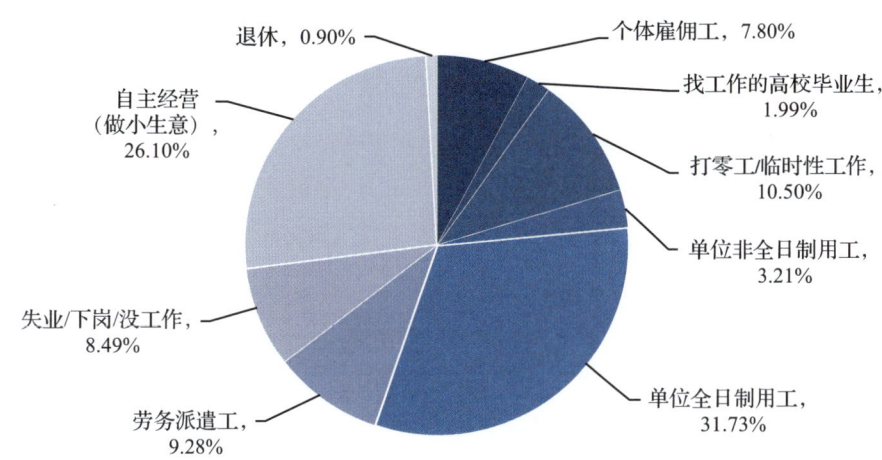

图 3-3　新就业形态劳动者平台从业前的就业状态情况
资料来源：新就业形态劳动者就业情况问卷统计结果。

打零工/临时性工作、自主经营（做小生意）和个体雇佣工状态，占比依次是 30.25%、16.65%、13.83% 和 12.43%；超八成的网络主播之前处于自主经营（做小生意）、单位全日制用工、失业/下岗/没工作和打零工/临时性工作状态，占比依次是 42.67%、20.49%、11.18% 和 9.26%（见表 3-4）。

表 3-4　分职业新就业形态劳动者平台从业前的就业状态情况　　　　个，%

序号	就业状态	外卖骑手 样本量	占比	网约车司机 样本量	占比	家政服务员 样本量	占比	网络主播 样本量	占比
1	个体雇佣工	492	8.55	130	16.27	106	12.43	182	4.28
2	找工作的高校毕业生	69	1.20	4	0.50	21	2.46	138	3.24
3	打零工/临时性工作	606	10.53	84	10.51	142	16.65	394	9.26
4	单位非全日制用工	127	2.21	19	2.38	79	9.26	149	3.50
5	单位全日制用工	2 388	41.48	183	22.90	258	30.25	872	20.49
6	劳务派遣工	685	11.90	174	21.78	61	7.15	163	3.83
7	失业/下岗/没工作	347	6.03	121	15.14	46	5.39	476	11.18
8	自主经营（做小生意）	1 026	17.82	84	10.51	118	13.83	1 816	42.67
9	退休	17	0.30	0	0.00	22	2.58	66	1.55
	合计	5 757	100.00	799	100.00	853	100.00	4 256	100.00

资料来源：新就业形态劳动者就业情况问卷统计结果。

可见，有超过三成的新就业形态劳动者来自传统单位就业，这是最主要的来源；有约三成来自传统灵活就业，也是重要的来源之一；另外还有两成多来自自主创业，有一成多之前处于非就业状态。平台从业前为单位全日制劳动者的，在外卖骑手中占比最高（超四成）；为自主经营（做小生意）的，在网络主播中占比最高（超四成）；为劳务派遣工的，在网约车司机中占比最高；高校毕业生较喜欢选择网络主播工作。

（二）就业收入

总体来看，新就业形态劳动者在从事平台工作之前的就业收入主要集中在每月8 000元及以下，占比为76.47%，其中，2 000元及以下占16.85%，2 001~5 000元占29.94%，5 001~8 000元占29.68%。另外，有两成多劳动者在平台就业前月收入超过8 000元，其中，8 001~10 000元占9.38%，10 001~15 000元占6.43%，15 000元以上占7.72%（见图3-4）。

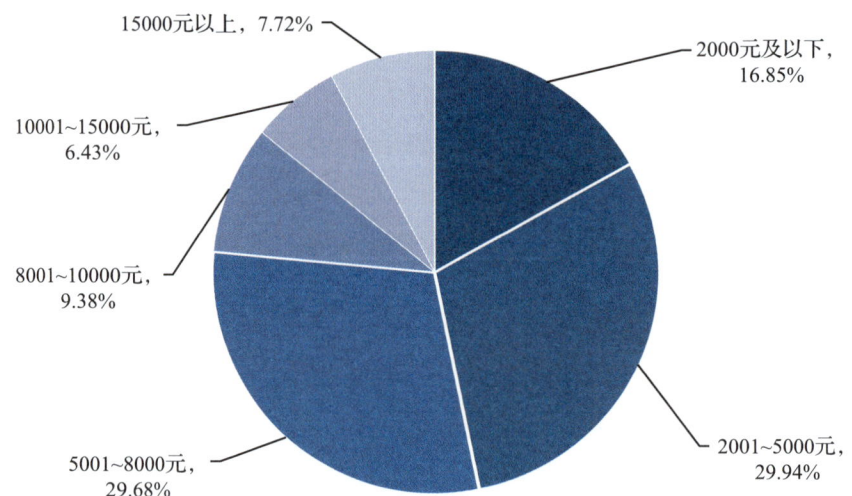

图3-4 新就业形态劳动者平台从业前的月收入情况
资料来源：新就业形态劳动者就业情况问卷统计结果。

分职业看，外卖骑手中，从事平台工作之前月收入5 001~8 000元的占比最高，为38.72%，其次是2 001~5 000元，为31.06%，2 000元及以下仅为11.38%，低于网约车司机的15.39%、家政服务员的16.06%和网络主播的24.67%。网约车司机中，月收入2 001~5 000元和5 001~8 000元两大区间占比的差别很小，分别为36.67%和38.05%。家政服务员中，从事平台工作之前占比最高的月收入区间是2 001~5 000元，高达50.53%，其次是5 001~8 000元，占比为21.92%。与前三个职业明显不同的是，网络主播的平台从业前月收入差异最大，2 000元及以下收入群体占比高达24.67%，但也有15.74%的网络主播在平台从业前的月收入达15 000元以上（见表3-5）。

表3-5 分职业新就业形态劳动者平台从业前的月收入情况　　　　　个，%

序号	工作月收入	外卖骑手		网约车司机		家政服务员		网络主播	
		样本量	占比	样本量	占比	样本量	占比	样本量	占比
1	2 000元及以下	655	11.38	123	15.39	137	16.06	1 050	24.67
2	2 001~5 000元	1 788	31.06	293	36.67	431	50.53	981	23.05
3	5 001~8 000元	2 229	38.72	304	38.05	187	21.92	742	17.43
4	8 001~10 000元	596	10.35	53	6.63	43	5.04	402	9.45
5	10 001~15 000元	282	4.90	26	3.25	31	3.63	411	9.66
6	15 000元以上	207	3.60	0	0.00	24	2.81	670	15.74
	合计	5 757	100.00	799	100.00	853	100.00	4 256	100.00

资料来源：新就业形态劳动者就业情况问卷统计结果。

可见，约六成新就业形态劳动者平台从业前的月收入在2 001~8 000元，其中，月收在2 001~5 000元与5 001~8 000元的群体占比相近；同时有16.85%的新就业形态劳动者平台从业前就业月收入在2 000元及以下。外卖骑手、网约车司机和家政服务员的平台从业前月收入主要集中在2 001~8 000元，但家政服务员的平台从业前月收入相对更低一些，2 000元及以下低收入者和 2 001~5 000 元中等收入者占比更高一些。网络主播的平台从业前月收入的最大特点是收入差异比较大，低收入群体和高收入群体占比都是四个职业中最高的。

二、平台从业时间与从业原因

（一）从业时间

总体来看，近五成的新就业形态劳动者的平台从业时间超过 1 年，其中 2 年以上占比最高，为 25.02%，1~2 年占比为 23.99%。另外有五成多的新就业形态劳动者的平台从业时间在 1 年以内，其中，7~12 个月的占比为 12.76%，4~6 个月为 13.09%，1~3 个月为 14.72%，不足 1 个月的为 10.42%（见图 3-5）。

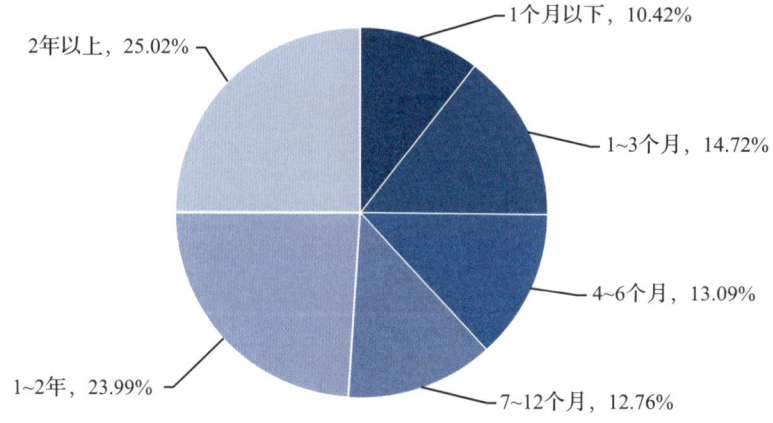

图 3-5　新就业形态劳动者平台从业时间分布
资料来源：新就业形态劳动者就业情况问卷统计结果。

分职业看，超七成网约车司机、超五成的家政服务员和网络主播、超四成的外卖骑手的从业时间在 1 年以上。从业时间在 2 年以上的，家政服务员占比最高，为 38.22%；其次是网约车司机，为 30.91%；再次是外卖骑手，为 27.10%；最后是网络主播，为 18.47%。外卖骑手从业时间 1 个月以下者占比是四个职业中最高的，为 15.41%；其次是家政服务员，为 11.72%；有 5.38%

的网络主播从业时间不足 1 个月，但网约车司机中没有从业时间不足 1 个月的群体，而且从业时间 1~3 个月者占比也仅有 1.63%（见图 3-6）。

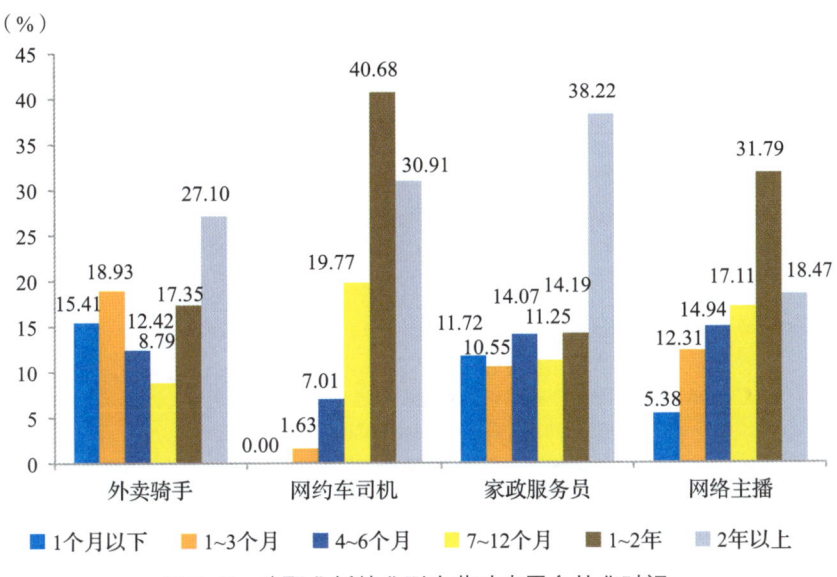

图 3-6　分职业新就业形态劳动者平台从业时间
资料来源：新就业形态劳动者就业情况问卷统计结果。

可见，新就业形态劳动者的平台从业时间总体不长，超五成的劳动者从业时间不足 1 年，且还有一成的劳动者从业时间不足 1 个月。网约车司机是四个职业中就业稳定性最好的，超七成网约车司机从业时间在 1 年以上，其中超三成在 2 年以上，而且没有从业时间在 1 个月以内的。家政服务员和网络主播均有超五成的劳动者从业时间在 1 年以上，不过家政服务员从业时间超过 2 年的比例是网络主播的两倍多，而网络主播从业时间不足 1 个月的比例只有家政服务员的一半。外卖骑手的流动性是四个职业中最高的，尽管有四成以上的外卖骑手从业时间在 1 年以上，且 2 年以上的占比为 27.10%，但 3 个月以内从业时间者占比高达 34.34%，是四个职业中最高的，分别是网约车司机、网络主播和家政服务员的 21.1 倍、1.9 倍和 1.5 倍。

（二）从业原因

总体来看，超六成被调查平台劳动者认为从事平台工作的原因是"工作时间灵活，比较自由"；其次是平台工作的兼职性，有近三成被调查平台劳动者选择"作为兼职，补贴收入"。另外，分别有24.90%和23.94%的被调查平台劳动者，因为"工作内容有意思，符合自己的兴趣爱好"和"更能发挥自己的专长和能力"，而选择平台就业；还有17.57%和16.04%的被调查者看重了平台工作"比其他工作收入高"和"收入有保障"的特性（见图3-7）。

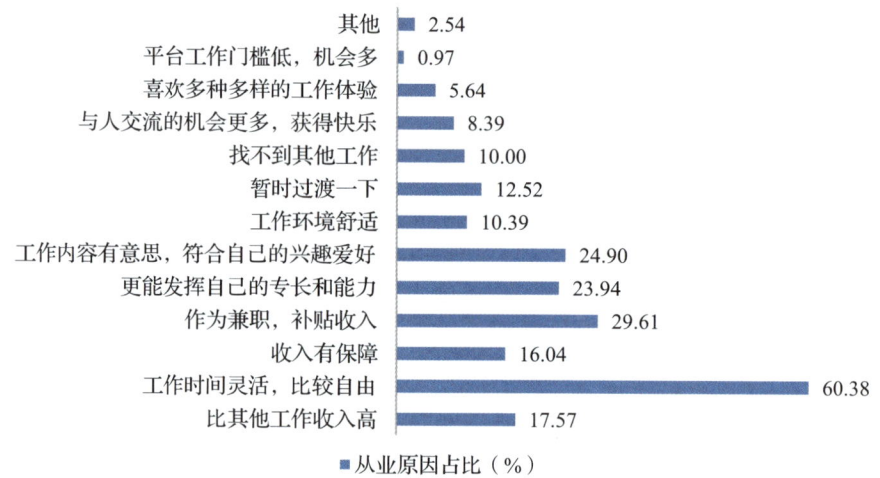

图3-7　新就业形态劳动者平台从业原因
资料来源：新就业形态劳动者就业情况问卷统计结果。

分职业看，在对前六项从业原因的比较分析中发现，外卖骑手更看重平台就业的"工作时间灵活，比较自由""作为兼职，补贴收入"和"比其他工作收入高"三大因素，其中"工作时间灵活，比较自由"因素占比超过七成，是四个职业中最高的。网约车司机更看重平台就业的"工作时间灵活，比较自由""收入有保障"和"比其他工作收入高"三大因素，其中"工作时间灵活，比较自由"因素占比为64.58%，远高于"收入有保障"（28.91%）和"比其他工作收入高"（28.41%）。家政服务员最看重的三项因素与网约车司机一致，但占比有所差别。对家政服务员而言，"工作时间灵活，比较自由"的重要性有所减少（45.84%），但"收入有保障"（38.45%）和"比其他工作收入高"（37.28%）的重要性明显增加。网络主播最看重的三项因素分别是"工作时间灵活，比较自由"（47.67%）、"更能发挥自己的专长和能力"（44.24%）和"工作内容有意思，符合自己的兴趣爱好"（38.58%）；而"比其他工作收入高"和"收入有保障"两项因素的占比是较低的，分别为3.99%、10.15%（见图3-8）。

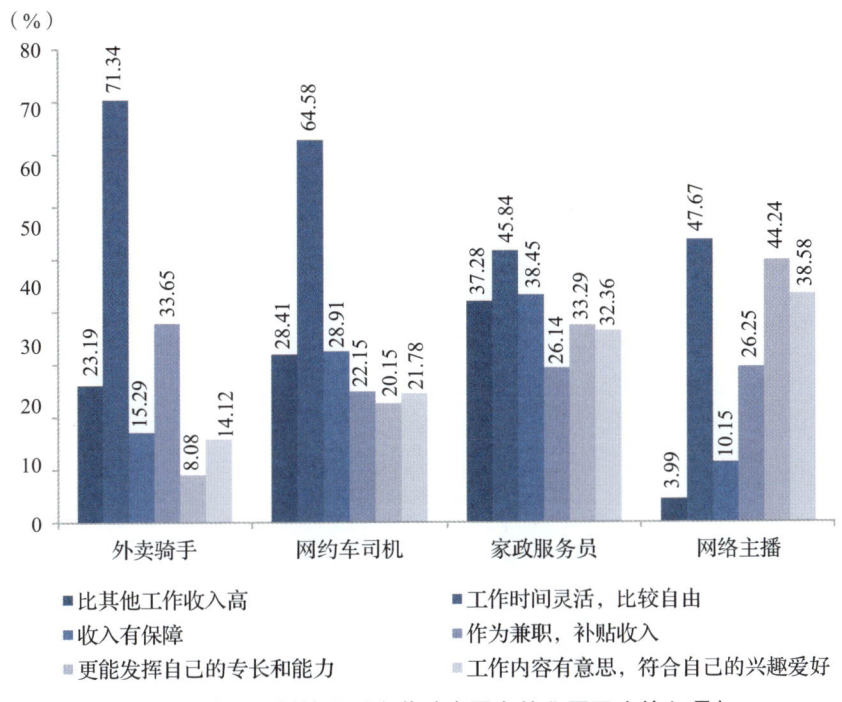

图 3-8　分职业新就业形态劳动者平台从业原因（前六项）

资料来源：新就业形态劳动者就业情况问卷统计结果。

可见，新就业形态劳动者平台从业的最主要原因是工作时间灵活自由，通过兼职增加收入、收入有保障、收入高于其他工作、发挥个人专长和能力、工作符合个人兴趣爱好也是平台从业的主要原因。这些主要原因的重要性在不同新就业形态中表现有所不同，但四个职业均最看重平台就业的灵活自由。此外，外卖骑手、网约车司机和家政服务员更看重收入因素，包括兼职增加收入、收入比其他的工作高、收入有保障,不太注重发挥个人专长和能力、工作符合个人兴趣爱好。但网络主播有所不同,除工作时间灵活自由外,更注重发挥个人专长和能力、工作符合个人兴趣爱好,对收入相关因素关注度较低。

三、平台工作时间与收入情况

(一) 工作时间

总体来看,新就业形态劳动者工作时间差异较大,从每周工作时间不足 20 小时到超过 120 小时均有分布,超半数(52.06%)的新就业形态劳动者每周工作时间在 40 小时以内,其中,工作时间在 20 小时(含)以内的占 27.78%,21~40 小时的占 24.28%;近半数(47.94%)的新就业形态劳动者每周工作时间超过 40 小时,其中,41~60 小时的占 24.96%,61~80 小时的占 14.79%,81~100 小时的占 6.65%,101~120 小时的占 1.22%,120 小时以上的占 0.32%(见图 3-9)。

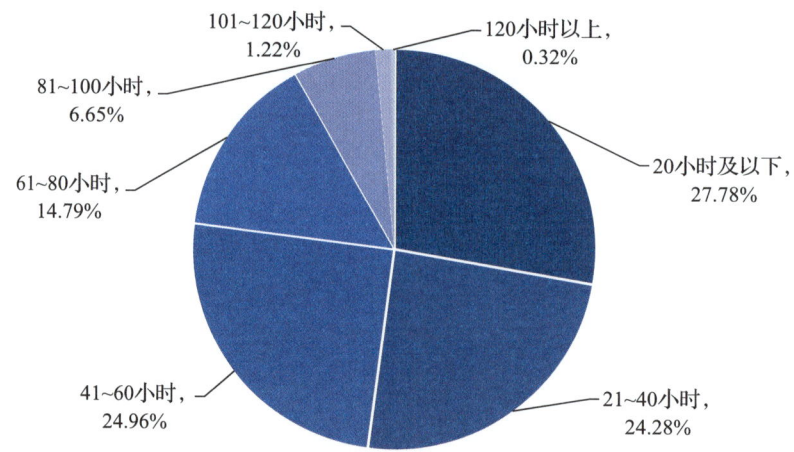

图 3-9 新就业形态劳动者周工作时间分布
资料来源:新就业形态劳动者就业情况问卷统计结果。

分职业看,暂不比较极少数周工作时间超过 100 小时的个别情况,外卖骑手、网约车司机、家政服务员、网络主播的周工作时间在 40 小时以上的占比分别为 68.12%、67.08%、42.32%、13.96%。外卖骑手的周工作时间主要集中在 41~80 小时，其中 41~60 小时的占比最高，为 31.47%，61~80 小时的占比为 25.17%。网约车司机的周工作时间主要集中在 21~60 小时，其中 41~60 小时的占比最高，为 42.93%，21~40 小时的占比为 18.65%。家政服务员的周工作时间主要集中在 21~60 小时，其中 21~40 小时的占比最高，为 39.51%，41~60 小时的占比为 31.89%。网络主播的周工作时间主要集中在 40 小时以内，其中 20 小时及以下的占比最高，为 56.09%，21~40 小时的占比为 29.37%（见图 3-10）。

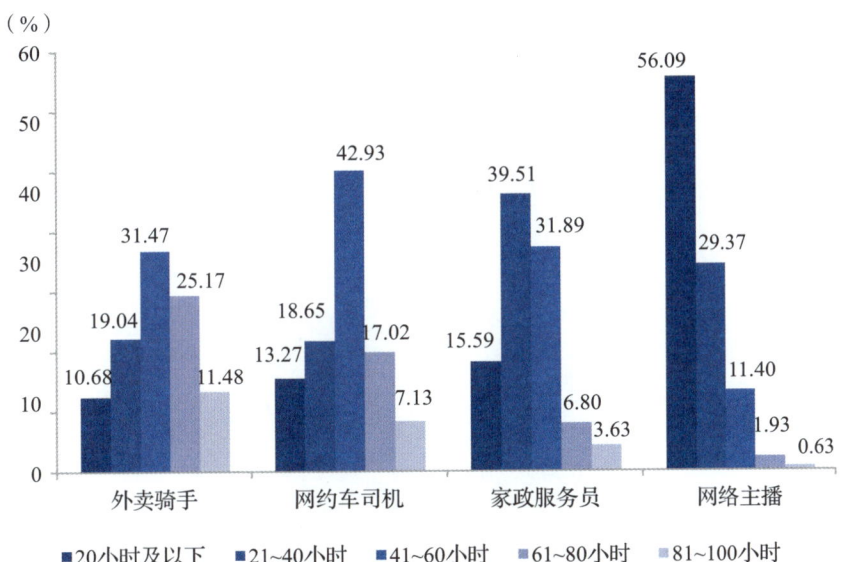

图 3-10 分职业新就业形态劳动者周工作时间
资料来源：新就业形态劳动者就业情况问卷统计结果。

可见，与标准工时制度下的 40 小时周工作时间相比，有近五成的新就业形态劳动者处于"加班"状态，其中有近四成新就业形态劳动者工作时长是标准工时的 1~2 倍，有近 8% 的劳动者工作时长是标准工时的 2~3 倍，还有个别劳动者工作时长超过标准工时的 3 倍。四类职业中超时工作最严重的是外卖骑手，不仅超时工作群体占比更高（68.12%），而且超时程度更严重，每周工作时间超过 60 小时的群体占比为 36.65%，远高于网约车司机（24.15%）、家政服务员（10.43%）和网络主播（2.56%）。网约车司机超时工作情况也比较普遍,超时工作群体占比(67.08%),略低于外卖骑手。家政服务员超时工作情况略好于网约车司机,超时工作群体占比约为四成,且周工作时长主要集中在 60 小时以内。网络主播超时工作占比是四类职业中最低的(13.96%),近六成网络主播的周工作时长不超过 20 小时。

(二)工作收入

总体来看,超五成(53.81%)的被调查平台劳动者的工作月收入在 5 000 元(含)以下,其中有近三成(27.60%)的劳动者工作月收入在 2 000 元及以下。有 32.94% 的劳动者工作月收入在 5 001~10 000 元,其中 5 001~8 000 元的占比为 24.11%,8 001~10 000 元的占比为 8.83%。工作月收入在 10 000 元以上的劳动者占比为 13.25%,主要集中在 15 000 元(含)以下(5.43%),极少部分(1.98%)劳动者工作月收入可达 50 000 元以上(见图 3-11)。

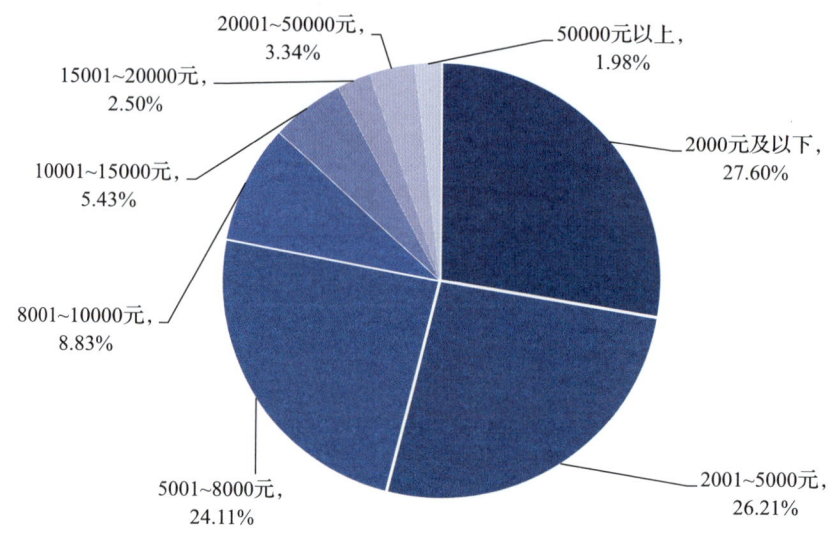

图 3-11 新就业形态劳动者工作月收入情况
资料来源:新就业形态劳动者就业情况问卷统计结果。

分职业看,近九成外卖骑手工作月收入在 8 000 元以内,其中六成以上集中在 2 001~8 000 元,占比高低依次为 2 001~5 000 元(33.06%)、5 001~8 000 元(32.52%)、2 000 元及以下(22.96%);约有一成外卖骑手的工作月收入在 8 001~20 000 元，占比高低依次为 8 001~10 000 元（8.37%）、10 001~15 000 元（2.34%）、15 001~20 000 元（0.19%）。此外，还有极少数外卖骑手的工作月收入可达 20 000 元以上（0.56%），本次调查的外卖骑手未出现工作月收入超过 50 000 元的情况。近六成网约车司机工作月收入在 8 000 元以内，占比高低依次为 5 001~8 000 元（32.54%）、2 001~5 000 元（24.91%）、2 000 元及以下（1.38%）；超四成网约车司机工作月收入在 8 001~20 000 元，占比高低依次为 10 001~15 000 元（19.52%）、8 001~10 000 元（19.15%）、15 001~20 000 元（2.50%），本次调查的网约车司机未出现工作月收入超过 20 000 元的情况。超八成家政服务员工作月收入在 8 000 元以内，占比高低依次为 2 001~5 000 元（35.87%）、5 001~8 000 元（34.82%）、2 000 元及以下（11.96%）；超 15% 的家政服务员工作月收入在 8 001~20 000 元，占比高低依次为 8 001~10 000 元（9.96%）、10 001~15 000 元（5.39%）、15 001~20 000 元（1.06%）。此外，还有极少数家政服务员的工作月收入达 20 000 元以上（0.94%），本次调查的家政服务员未出现工作月收入超过 50 000 元的情况。近七成网络主播工作月收入在 8 000 元以内，占比高低依次为 2 000 元及以下（41.94%）、2 001~5 000 元（15.25%）、5 001~8 000 元（9.02%）；约两成的网络主播工作月收入在 8 001~20 000 元，占比高低依次为 8 001~10 000 元（7.28%）、10 001~15 000 元（6.95%）、15 001~20 000 元（5.92%）。此外，超一成网络主播的工作月收入可达 20 000 元以上，其中 20 001~50 000 元的占比为 8.22%，50 000 元以上的占比为 5.40%（见表 3-6）。

表 3-6　分职业新就业形态劳动者工作月收入情况　　　　　　　　　个，%

序号	工作月收入	外卖骑手		网约车司机		家政服务员		网络主播	
		样本量	占比	样本量	占比	样本量	占比	样本量	占比
1	2 000 元及以下	1 322	22.96	11	1.38	102	11.96	1 785	41.94
2	2 001~5 000 元	1 903	33.06	199	24.91	306	35.87	649	15.25
3	5 001~8 000 元	1 872	32.52	260	32.54	297	34.82	384	9.02
4	8 001~10 000 元	482	8.37	153	19.15	85	9.96	310	7.28

续表

序号	工作月收入	外卖骑手 样本量	占比	网约车司机 样本量	占比	家政服务员 样本量	占比	网络主播 样本量	占比
5	10 001~15 000 元	135	2.34	156	19.52	46	5.39	296	6.95
6	15 001~20 000 元	11	0.19	20	2.50	9	1.06	252	5.92
7	20 001~50 000 元	32	0.56	0	0.00	8	0.94	350	8.22
8	50 000 元以上	0	0.00	0	0.00	0	0.00	230	5.40
	合计	5 757	100.00	799	100.00	853	100.00	4 256	100.00

资料来源：新就业形态劳动者就业情况问卷统计结果。

可见，超五成（53.81%）的新就业形态劳动者工作月收入在同期全国城镇私营单位就业人员平均工资水平[①]之下，其中有近三成（27.60%）的新就业形态劳动者工作月收入不超过 2 000 元，低于同期多省份最低工资标准[②]；超一成（13.25%）的新就业形态劳动者工作月收入在 10 000 元以上，高于同期全国城镇非私营单位就业人员平均工资水平[③]。四个职业中，外卖骑手的工作月收入是较低的，主要表现为 2 000 元及以下的低收入者占比偏高（22.96%），而 10 000 元以上的高收入者占比最低，仅为 3.09%；网约车司机的工作月收入均在 20 000 元以下，主要集中在 2 001~15 000 元（96.12%），2 000 元及以下的低收入者占比仅为 1.38%；家政服务员的工作月收入分布情况优于外卖骑手，低收入者占比约为外卖骑手的一半，高收入者占比是外卖骑手的约 2.4 倍。网络主播的工作月收入两极分化最为明显，2 000 元及以下的低收入者占比是四个职业中最高的（41.94%），而 10 000 元以上的高收入

---

① 国家统计局发布 2022 年全国城镇私营单位就业人员年平均工资为 65 237 元，月平均工资约为 5 436 元。

② 根据人力资源社会保障部公布的全国各地区最低工资标准情况，截至 2023 年 1 月 1 日，第一档月最低工资标准在 2 000 元及以上的省份共有 13 个，分别是上海（2 590 元）、北京（2 320 元）、广东（2 300 元）、江苏（2 280 元）、浙江（2 280 元）、河北（2 200 元）、天津（2 180 元）、山东（2 100 元）、四川（2 100 元）、重庆（2 100 元）、福建（2 030 元）、湖北（2 010 元）、河南（2 000 元）。

③ 国家统计局发布 2022 年全国城镇非私营单位就业人员年平均工资为 114 029 元，月平均工资约为 9 502 元。

者占比也是最高的（26.49%），且 50 000 元以上的高收入者占比达 5.40%。

四、劳动权益保障

（一）从业合同签订情况

总体来看，超五成的新就业形态劳动者签订了从业合同，其中，签订劳动合同的占比为 27.16%，签订劳务合同的占比为 13.56%，签订商务合作协议的占比为 14.08%。另外有 45.20% 的新就业形态劳动者没有签订任何合同或协议（见图 3-12）。

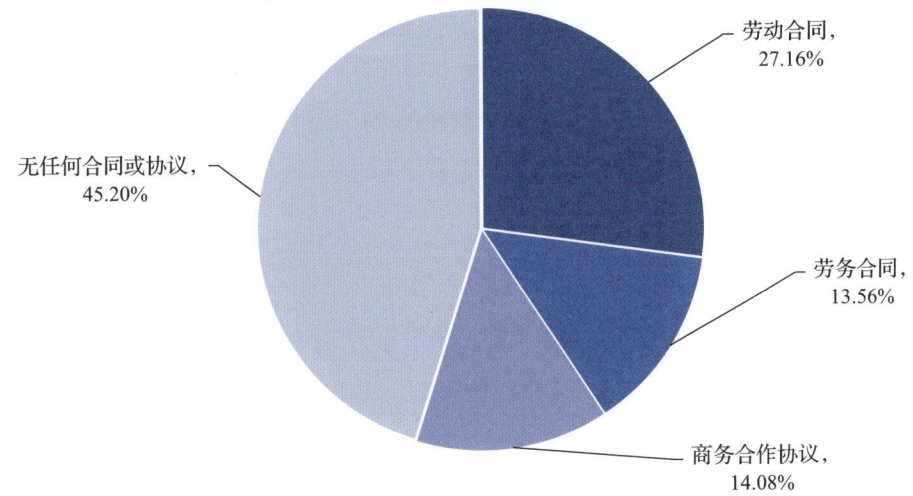

图 3-12　新就业形态劳动者从业合同签订情况
资料来源：新就业形态劳动者就业情况问卷统计结果。

分职业看，超七成的家政服务员、超四成的外卖骑手、近三成的网约车司机签订了劳动合同；近六成的网约车司机、近两成的外卖骑手签订了劳务合同；有 30.36% 的网络主播、5.80% 的外卖骑手、1.13% 的网约车司机、0.82% 的家政服务员签订了商务合作协议；有近七成的网络主播、超三成的外卖骑手、一成多的网约车司机和家政服务员没有签订任何合同或协议（见图 3-13）。

我国新就业形态发展、规范与对策研究

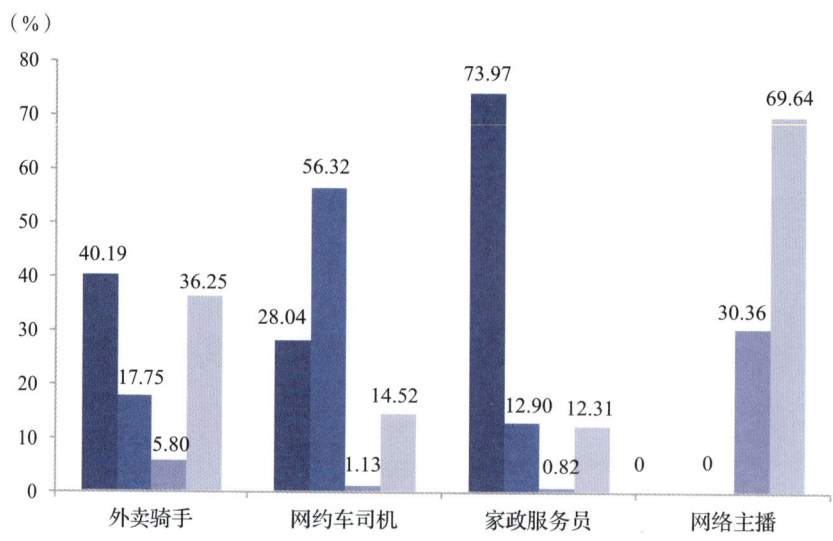

图 3-13　分职业新就业形态劳动者从业合同签订情况
资料来源：新就业形态劳动者就业情况问卷统计结果。

可见，只有一半的新就业形态劳动者签订了从业合同，有 45.20% 的新就业形态劳动者没有签订任何合同或协议。分职业看，家政服务员合同签订率（87.69%）和劳动合同签订率（73.97%）均是最高，是四个职业中劳动者权益最有保障的；网约车司机合同签订率（85.49%）略低于家政服务员，劳务合同签订率是劳动合同的两倍，其劳动者权益也得到较好保障；外卖骑手合同签订率低于家政服务员和网约车司机，有近四成的外卖骑手的劳动者权益无法得到保障；网络主播是四个职业中获得劳动者权益保障最少的，近七成的网络主播没有签订任何形式的合同或协议，签订了合同的网络主播均签订的是商务合作协议。

（二）社会保险参保情况

总体来看，有三成的新就业形态劳动者没有参加任何保险，有 17.46% 的新就业形态劳动者参加了商业保险。在社会保险方面，城乡居民基本医疗保险的参保率最高（30.67%），其余依次是城镇职工基本养老保险（21.39%）、城乡居民基本养老保险（18.43%）、工伤保险（17.37%）、城镇职工基本医疗保险（含生育保险，17.21%）和失业保险（12.86%）（见图3-14）。

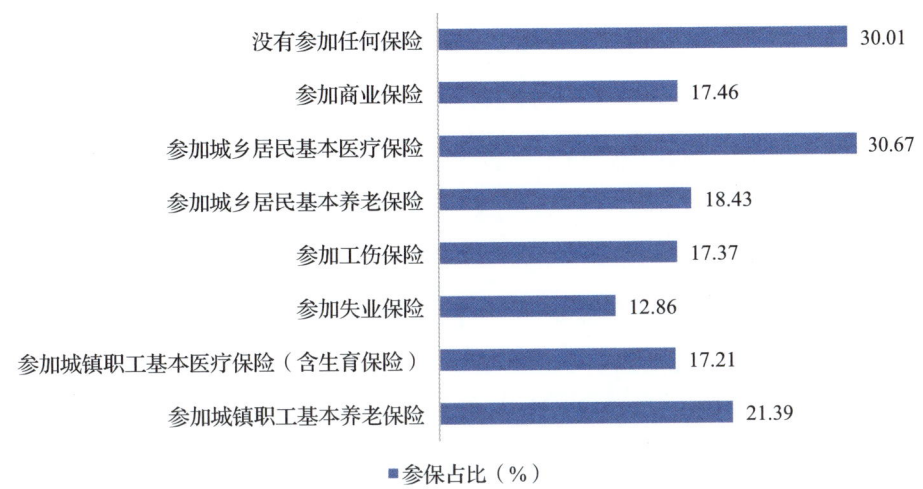

图3-14 新就业形态劳动者参加各类保险情况
资料来源：新就业形态劳动者就业情况问卷统计结果。

分职业看，外卖骑手没有参加任何保险的比例最高（37.99%），其次是网络主播（28.22%），家政服务员和网约车司机没有参加任何保险的比例均较低，分别为8.79%和4.76%。参加商业保险方面，网约车司机的参保率（32.79%）最高，其次是家政服务员（22.86%）和网络主播（17.58%），外卖骑手的商业保险参保率最低，为14.45%。在外卖骑手参加的各类社会保险中，城乡居民基本医疗保险参保率（24.41%）最高，其余依次是工伤保险（20.74%）、城镇职工基本养老保险（18.33%）、城镇职工基本医疗保险（含生育保险，14.70%）、城乡居民基本养老保险（13.57%）和失业保险（12.85%）。在网约车司机参加的各类社会保险中，城乡居民基本医疗保险参保率（54.82%）最高，其余依次是城乡居民基本养老保险（25.78%）、城镇职工基本医疗保险（含生育保险，25.41%）、工伤保险（24.91%）、城镇职工基本养老保险（24.03%）和失业保险（11.39%）。在家政服务员参加的各类社会保险中，城镇职工基本养老保险参保率（32.94%）最高，其余依次是城乡居民基本医疗保险（32.36%）、城乡居民基本养老保险（32.00%）、工伤保险（27.43%）、城镇职工基本医疗保险（含生育保险，26.73%）和失业保险（25.32%）。在网络主播参加的各类社会保险中，城乡居民基本医疗保险参保率（34.28%）最高，其余依次是城镇职工基本养老保险（22.72%）、城乡居民基本养老保险（20.91%）、城镇职工基本医疗保险（含生育保险，17.15%）、失业保险（10.64%）和工伤保险（9.38%）（见图3-15）。

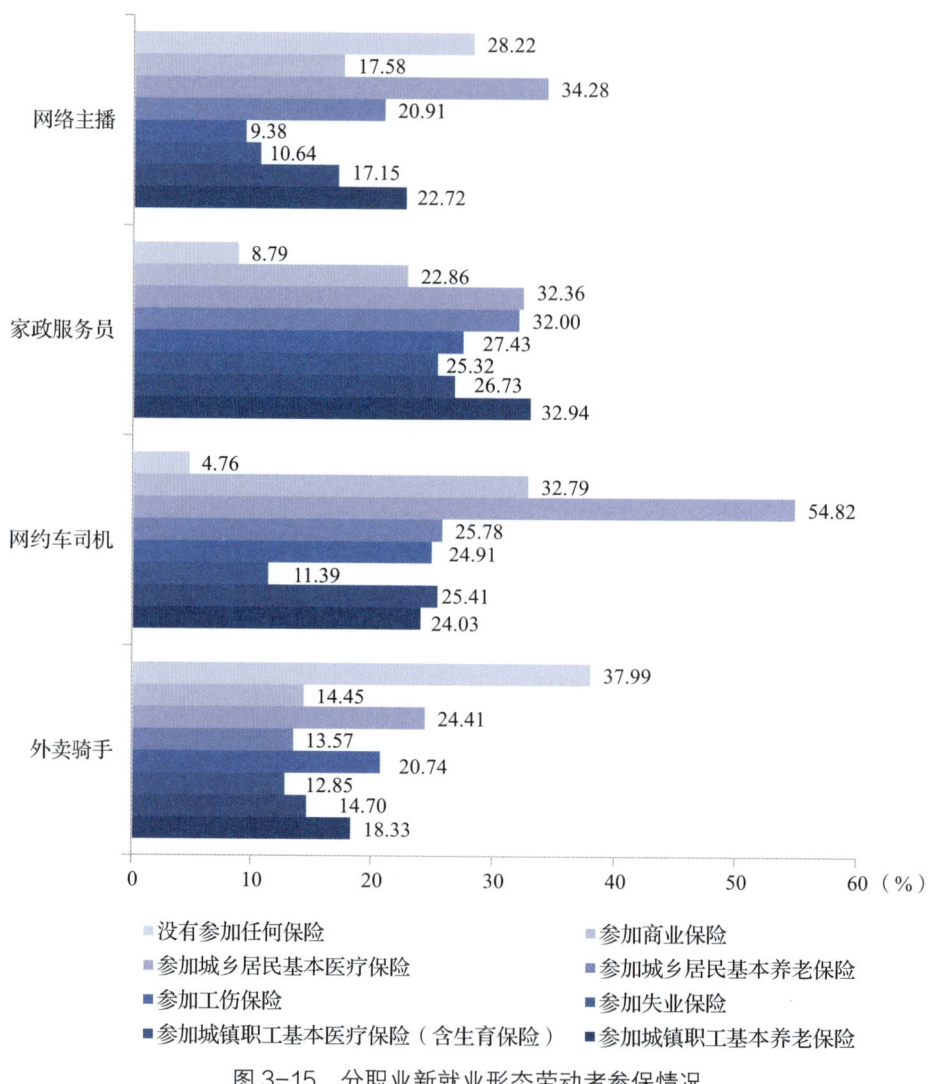

图3-15　分职业新就业形态劳动者参保情况
资料来源：新就业形态劳动者就业情况问卷统计结果。

可见，新就业形态劳动者有三成没有参加任何保险。四个职业中，家政服务员和网约车司机的参保情况相对较好，优于网络主播和外卖骑手；家政服务员的参保情况略好于网约车司机，主要表现为家政服务员的平均参保率更高且各项保险参保率更加均衡；网络主播可能受职业特点的影响，工伤保险参保率是四个职业中最低的，家政服务员的工伤保险参保率接近30%；外卖骑手的参保情况是四个职业中最差的，没有参加任何保险的比例最高（37.99%），而且各项保险的平均参保率最低。

五、职业培训

总体来看，超六成的新就业形态劳动者参加过培训，约四成劳动者没有参加过任何培训。分职业看，外卖骑手参加过培训的比例最高（82.62%），其余依次是网约车司机（68.96%）、家政服务员（65.06%）、网络主播（28.18%）（见图3-16）。

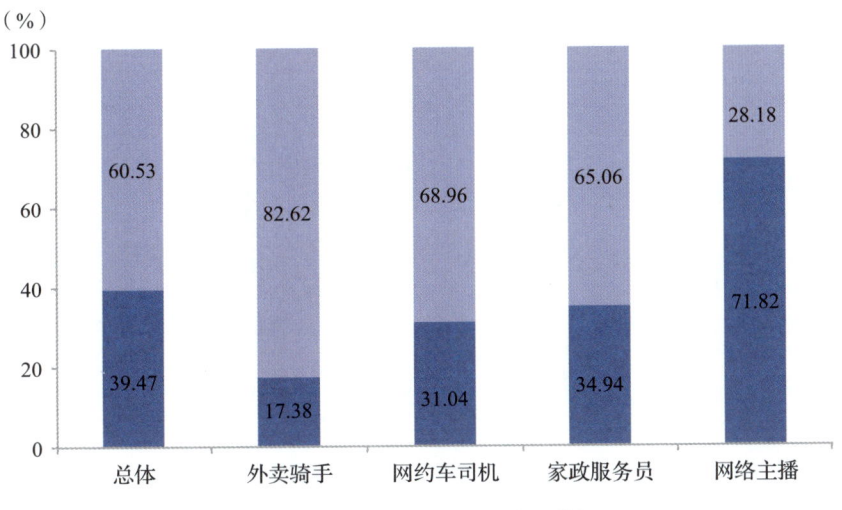

图3-16 新就业形态劳动者参加培训情况
资料来源：新就业形态劳动者就业情况问卷统计结果。

从参加平台培训角度总体来看，有超两成（22.78%）的新就业形态劳动者认为所在平台未提供培训，平台提供培训但未参加的劳动者占比为16.69%，部分参加平台提供培训的劳动者占比为30.25%，全部参加平台提供培训的劳动者占比为30.28%。分职业看，认为所在平台提供培训的劳动者占比最高的是网约车司机（92.74%），其次是外卖骑手（89.45%），再次是家政服务员（86.76%），最后是网络主播（55.86%）；平台提供培训但未参加的劳动者占比最高的是网络主播（27.68%），其余依次是网约车司机（23.78%）、家政服务员（21.69%）和外卖骑手（6.84%）；部分参加平台提供培训的劳动者占比最高的是家政服务员（39.98%），其余依次是网约车司机（33.67%）、外卖骑手（33.44%）和网络主播（23.36%）；全部参加平台提供培训的劳动者占比最高的是外卖骑手（49.17%），其余依次是网约车司机（35.29%）、家政服务员（25.09%）和网络主播（4.82%）（见图3-17）。

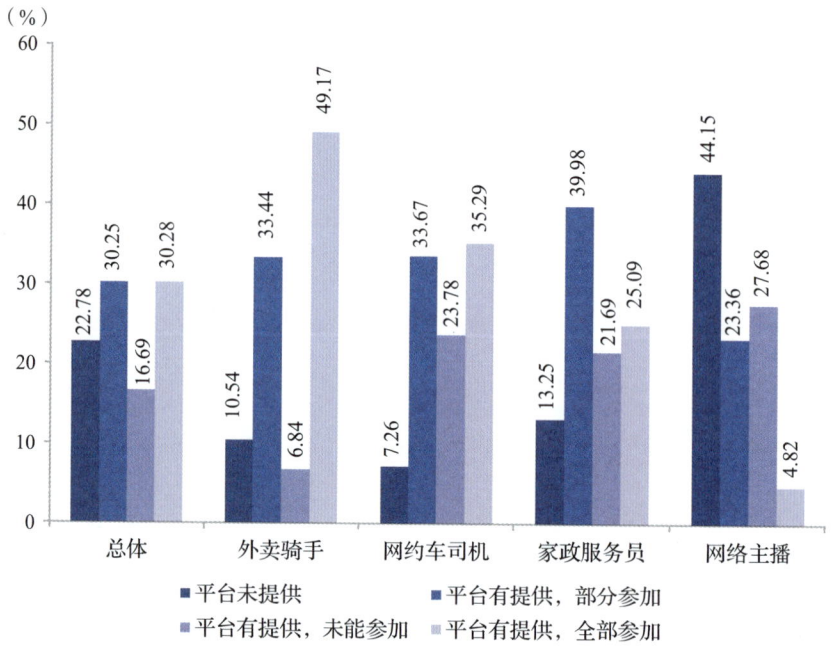

图3-17 新就业形态劳动者参加平台培训情况

资料来源：新就业形态劳动者就业情况问卷统计结果。

从培训效果角度总体来看，近九成（88.32%）的新就业形态劳动者认为培训对工作有帮助，其中，认为非常有帮助的占比为 22.33%，认为比较有帮助的占比为 19.06%，认为有一定帮助的占比为 46.93%。另外，有 7.42%的新就业形态劳动者认为培训对工作基本没帮助，还有 4.26% 的劳动者认为完全没帮助。分职业看，网约车司机认为培训对工作有帮助的比例最高（98.73%），其余依次是家政服务员（95.31%）、网络主播（89.75%）和外卖骑手（85.95%）。家政服务员认为培训非常有帮助的比例最高（40.18%），其余三种职业认为培训非常有帮助的比例均在 20% 左右（见图 3-18）。

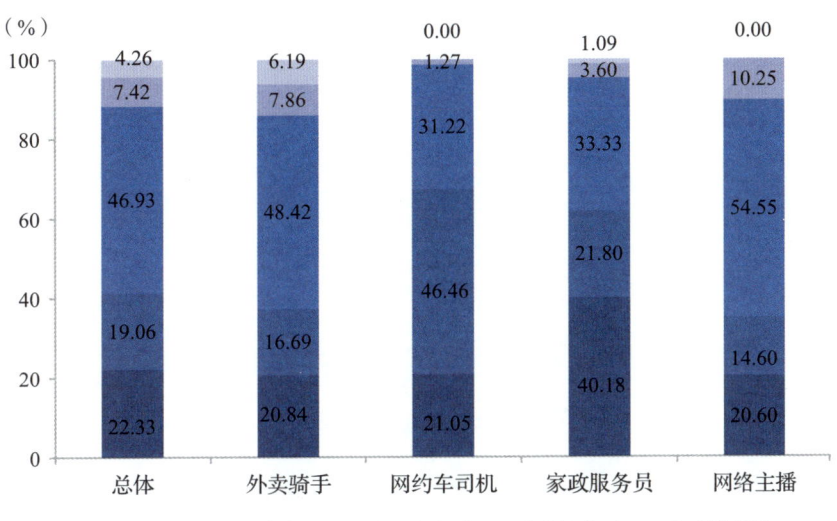

图 3-18　新就业形态劳动者培训效果自评情况
资料来源：新就业形态劳动者就业情况问卷统计结果。

可见，新就业形态劳动者有六成接受过培训，其中外卖骑手接受培训占比最高，网络主播最低。新就业形态劳动者所在平台提供培训机会总体较多，为近八成的劳动者提供了培训机会；但不同职业存在较大差异，认为所在平台提供培训的劳动者占比最高的是网约车司机，最低的是网络主播，前者的比例是后者的 1.66 倍。外卖骑手参加培训的积极性最高，网络主播参加培训的积极性最低，网络主播培训缺勤率是外卖骑手的 4 倍。对参加过培训的新就业形态劳动者而言，家政服务员对培训效果最为肯定，不仅有超九成的家政服务员认为培训对工作有帮助,还有超四成的家政服务员给出了"非常有帮助"的答案。外卖骑手对培训效果的肯定程度是四个职业中最低的,有14.05%的外卖骑手认为培训对工作没帮助,其中6.19%的外卖骑手对培训效果持最负面评价。

六、职业满意度

(一)就业满意度

总体来看,超四成(44.05%)新就业形态劳动者对平台就业表示满意,其中非常满意占13.61%、比较满意占30.45%;近两成(17.29%)劳动者对平台就业表示不满意,其中非常不满意占7.92%、不太满意占9.37%。另外,近四成(38.65%)劳动者对平台就业总体满意度为一般(见图3-19)。

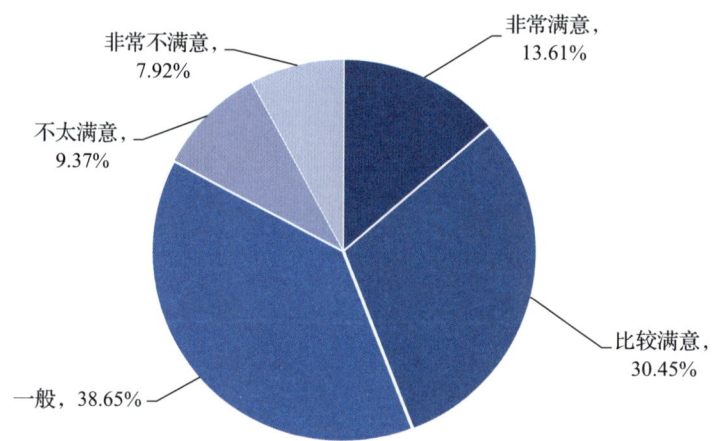

图3-19 新就业形态劳动者就业满意度
资料来源:新就业形态劳动者就业情况问卷统计结果。

分职业看,网约车司机的就业满意度最高,非常满意和比较满意者合计占82.60%;其次是家政服务员,非常满意和比较满意者合计占69.99%;再次是网络主播,非常满意和比较满意者合计占47.77%;最后是外卖骑手,非常满意和比较满意者合计占比仅为32.12%,其中非常满意者占比为8.86%,远低于家政服务员(27.43%)、网约车司机(18.65%)和网络主播(16.31%)

（见图 3-20）。

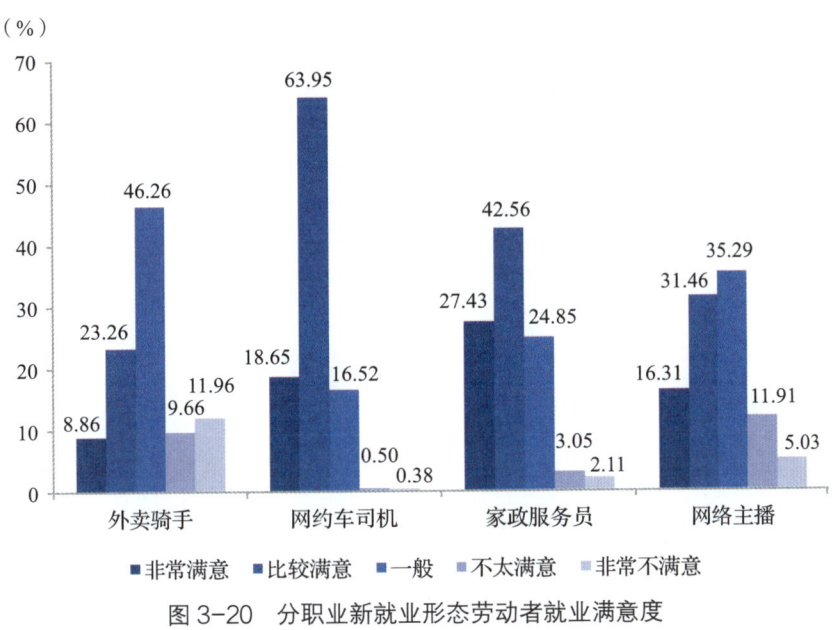

图 3-20 分职业新就业形态劳动者就业满意度
资料来源：新就业形态劳动者就业情况问卷统计结果。

可见，新就业形态劳动者的就业总体满意度较高，表示满意的比例达 44.05%。不同职业的劳动者的就业满意度差异较大，八成以上网约车司机、近七成的家政服务员和近五成的网络主播对就业状态表示满意；但只有约三成的外卖骑手对就业状态表示满意，而且就业不满意比例也是四个职业中最高的，超两成的外卖骑手对就业表示不满意。

（二）就业意愿

总体来看，近七成（66.02%）新就业形态劳动者愿意继续从事现有职业，其中非常肯定会的占 42.99%，比较肯定会的占 23.03%；有 6.82% 的劳动者不愿意继续从事现有职业，其中肯定不会的占 2.53%，可能不会的占 4.29%。另外，近三成（27.16%）劳动者对是否继续从事现有职业表示不确定（见图 3-21）。

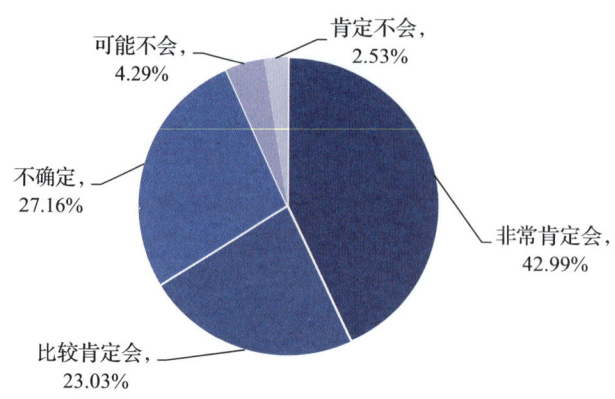

图 3-21 新就业形态劳动者的就业意愿
资料来源：新就业形态劳动者就业情况问卷统计结果。

分职业看，网约车司机继续从事现有职业的意愿最高，非常肯定会和比较肯定会者合计占比为 91.49%；其次是网络主播，非常肯定会和比较肯定会者合计占比为 85.41%；再次是家政服务员，非常肯定会和比较肯定会者合计占比为 67.05%；最后是外卖骑手，非常肯定会和比较肯定会者合计占比为 48.01%，其中非常肯定会者占比为 25.38%，远低于网络主播的 68.70%、家政服务员的 40.09% 和网约车司机的 36.05%。另外，外卖骑手对继续从事现有职业表示不确定的占比最高（40.89%），而网约车司机的不确定者占比最低，仅为 8.26%（见图 3-22）。

可见，近七成新就业形态劳动者愿意继续从事现有职业。不同职业的劳动者的就业意愿差异较大，九成以上的网约车司机、八成以上的网络主播和近七成的家政服务员愿意继续从事现有职业；但只有不到五成的外卖骑手愿意继续从事现有职业，而且就业意愿的不确定性也是四个职业中最高的，有四成的外卖骑手不确定是否继续从事现有职业，这可能会导致更高的离职率。另外，尽管网络主播对现有职业的满意度不高，但就业意愿却很强，说明这一群体对自身职业更充满信心和期待。

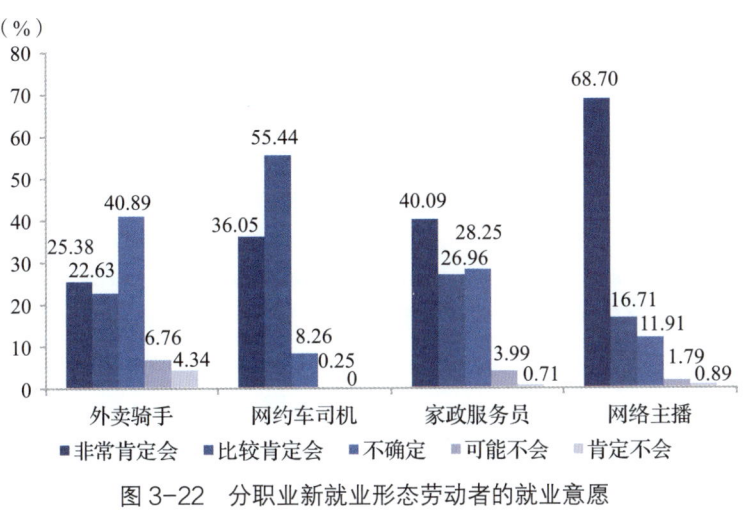

图 3-22 分职业新就业形态劳动者的就业意愿
资料来源：新就业形态劳动者就业情况问卷统计结果。

七、政策诉求

总体来看，新就业形态劳动者的政策诉求由高到低依次是保障劳动报酬支付（48.87%）、完善工伤保险制度（48.61%）、为劳动者参加社会保险和保险转移接续提供便利（43.98%）、解读相关就业政策和服务（38.18%）、提供就业信息（34.93%）、提供创业服务（34.30%）、提供职业培训（33.12%）、提供失业保障（失业生活补助等）（32.46%）、提供法律援助（31.65%）、提供失业登记和就业援助（29.96%）、提供职业指导（28.82%）（见图3-23）。

分职业看，外卖骑手排名前三的政策诉求依次是完善工伤保险制度（63.99%）、保障劳动报酬支付（61.20%）、为劳动者参加社会保险和保险转移接续提供便利（54.99%），且三项诉求比例远高于总体水平。网约车司机排名前三的政策诉求依次是提供就业信息（47.31%）、保障劳动报酬支付（37.80%）、完善工伤保险制度（33.54%）和提供职业培训（33.54%）。家政服务员排名前三的政策诉求依次是完善工伤保险制度（49.24%）、保障劳动报酬支付（47.95%）、为劳动者参加社会保险和保险转移接续提供便利（46.31%），与总体水平大致相当。网络主播排名前三的政策诉求依次是提供

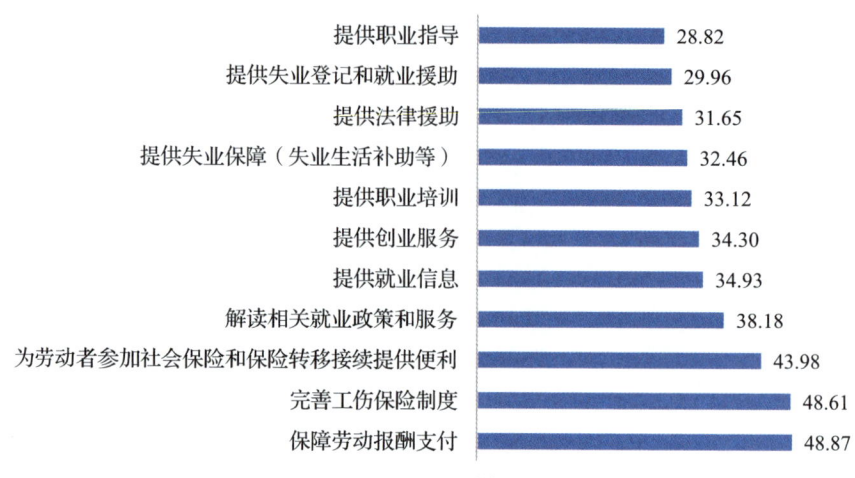

图 3-23 新就业形态劳动者的政策诉求

资料来源：新就业形态劳动者就业情况问卷统计结果。

创业服务（38.65%）、解读相关就业政策和服务（36.42%）、保障劳动报酬支付（34.47%）（见表 3-7）。

表 3-7 分职业新就业形态劳动者的政策诉求   %

政策诉求	外卖骑手	网约车司机	家政服务员	网络主播
解读相关就业政策和服务	40.49	22.78	45.84	36.42
保障劳动报酬支付	61.20	37.80	47.95	34.47
完善工伤保险制度	63.99	33.54	49.24	30.50
为劳动者参加社会保险和保险转移接续提供便利	54.99	20.90	46.31	32.94
提供就业信息	37.29	47.31	42.56	27.89
提供失业登记和就业援助	36.98	27.41	29.07	21.12
提供职业指导	30.90	32.67	33.53	24.34
提供职业培训	33.35	33.54	37.87	31.79
提供失业保障（失业生活补助等）	40.25	16.65	26.73	26.06
提供创业服务	34.17	22.65	24.38	38.65
提供法律援助	38.58	12.52	25.67	27.07

资料来源：新就业形态劳动者就业情况问卷统计结果。

可见，新就业形态劳动者总体上最关心保障劳动报酬支付、劳动保护与职业伤害风险分担、社会保险参保与转移接续问题，这三个方面的政策诉求较高；其次关心的是就业创业服务与职业培训方面的问题，如解读相关就业政策和服务、提供就业信息、提供创业服务、提供职业培训等。不同职业的劳动者政策诉求有所差异，外卖骑手对劳动保护与职业伤害风险分担的政策诉求特别强烈；网约车司机最关注的是就业信息，同时还比较关注职业培训机会；家政服务员与外卖骑手的政策诉求点趋同，只是诉求意愿没有外卖骑手强烈，基本与总体水平保持一致；网络主播的政策诉求有所不同，最关注创业服务方面的问题，同时关注就业服务与报酬支付问题，这与许多网络主播实际上更是创业者有较为密切的联系。

第四章

我国新就业形态劳动者的社会保障

第一节
我国新就业形态劳动者的养老保险

我国基本养老保险经过多年的发展，从制度上基本实现了全覆盖。但由于新就业形态劳动者劳动关系不明确，灵活就业人员参加城镇职工基本养老保险和城乡居民基本养老保险均非强制性，在具体执行中离基本养老保险应保尽保还有一定差距。

一、新就业形态劳动者养老保险政策现状

（一）国家层面的制度安排

我国现行养老保险体系由基本养老保险、企业补充养老保险、个人储蓄性养老保险和商业养老保险等制度构成。其中基本养老保险制度包括城镇职工基本养老保险和城乡居民基本养老保险两项制度。我国基本养老保险制度经过多年的发展，基本上实现了制度全覆盖。

城镇职工基本养老保险覆盖范围包括城镇企业职工、机关事业单位职工、个体工商户和灵活就业人员。就灵活就业人员而言，2005年《国务院关于完

善企业职工基本养老保险制度的决定》（国发〔2005〕38号）确定，基本养老保险制度扩大到非公有制企业、城镇个体工商户和灵活就业人员，统一各地灵活就业人员参保政策。2010年《中华人民共和国社会保险法》则以法律形式规定了灵活就业人员有参加养老保险的基本权利。城乡居民基本养老保险于2014年由原来的新型农村社会养老保险和城镇居民社会养老保险制度合并而成，覆盖城乡年满16周岁（不含在校学生），非国家机关和事业单位工作人员及不属于职工基本养老保险制度覆盖范围的城乡居民。

根据现行制度，新就业形态劳动者参加基本养老保险主要有三种方式：一是作为用人单位职工参加城镇职工基本养老保险，这部分劳动者与用人单位签订劳动合同，以职工身份强制参保，职工个人和用人单位共同缴费，主要是拥有正规工作，以平台工作作为兼职的劳动者、退休或下岗职工以及少部分与平台确立劳动关系的平台工作人员；二是作为灵活就业人员自愿参加城镇职工基本养老保险；三是自愿参加城乡居民基本养老保险（见表4-1）。

表4-1 新就业形态劳动者基本养老保险参保渠道

	城镇职工基本养老保险		城乡居民基本养老保险
参保身份	城镇职工	灵活就业人员	城乡居民
强制/自愿参保	强制参保	自愿参保	自愿参保
参保地	单位所在地	就业地/户籍所在地	户籍所在地
筹资来源	用人单位和职工个人共同缴费	个人缴费	个人缴费+集体补助+财政补贴
最低缴费年限	15年	15年	15年
费率	用人单位16%+个人8%	个人20%	个人按档次定额缴费，集体和财政给予相应补助
养老金领取年龄	男性60周岁，女干部55周岁，女工人50周岁	男性60周岁，女性50周岁	60周岁
养老金待遇	基础养老金+个人账户养老金	基础养老金+个人账户养老金	基础养老金+个人账户养老金

注：城乡居民基础养老金与城镇职工基础养老金的计发办法不同，城乡居民基础养老金是绝对额，由中央政府规定最低标准，地方政府可根据实际情况适当提高标准。

资料来源：作者根据相关制度整理。

近几年，随着新就业形态劳动者规模的不断扩大，国家也出台了一系列政策来推动新就业形态劳动者和灵活就业劳动者参加社会保险，维护其劳动保障权益。2019年，国务院办公厅印发《降低社会保险费率综合方案》（国办发〔2019〕13号），要求完善灵活就业人员缴费基数政策。2020年，针对新冠肺炎疫情影响，国务院办公厅印发《关于支持多渠道灵活就业的意见》（国办发〔2020〕27号），加大对困难灵活就业人员帮扶力度，对于2020年缴纳基本养老保险费确有困难的灵活就业人员，可按规定自愿暂缓缴费。2021年，人力资源社会保障部等八部门联合印发《关于维护新就业形态劳动者劳动保障权益的指导意见》（人社部发〔2021〕56号），提出切实做好新就业形态劳动者权益保障各项工作，指出各地要放开灵活就业人员在就业地参加基本养老保险的户籍限制，组织未参加城镇职工基本养老保险的灵活就业人员按规定参加城乡居民基本养老保险，做到应保尽保。

（二）地方层面的政策安排

从新就业形态劳动者参加基本养老保险的三个渠道看，城镇职工基本养老保险制度完善，地方政府主要从经办和执行层面推动新就业形态劳动者以职工身份参加城镇职工基本养老保险。政策层面主要在国家基本养老保险政策框架下推动灵活就业人员参加城镇职工基本养老保险和城乡居民基本养老保险。

1. 推动新就业形态劳动者以灵活就业人员身份参加城镇职工基本养老保险

一些地方出台了灵活就业人员参加企业职工基本养老保险的办法，全面拓宽参保渠道，取消外省籍和本省跨市流动的灵活就业人员在就业地参加企业职工基本养老保险的参保年限等限制条件，为异地户籍灵活就业人员参保提供方便。例如，广东省2021年修订出台《广东省灵活就业人员参加企业职工基本养老保险办法》（粤人社规〔2021〕5号），明确灵活就业人员包括依托电子商务、网络约车、网络送餐、快递物流等新业态平台实现就业，且未与新业态平台企业建立劳动关系的新型就业形态从业人员，确定无论是省内户籍灵活就业人员，还是外省户籍或香港澳门台湾籍灵活就业人员，都可在广东省内就业地参加企业职工基本养老保险。截至 2021 年年底，广东全省参加企业职工基本养老保险的灵活就业人员 351 万人（按可比口径计算同比增加 60 万人），其中外省户籍者 66 万人。2022 年 6 月，广东省人力资源社会保障厅联合八部门印发广东省《关于维护新就业形态劳动者劳动保障权益的实施意见》（粤人社规〔2022〕14 号），从明确用工关系和主体责任、保障新就业形态劳动者基本权益、强化新就业形态劳动者权益服务保障、完善新就业形态劳动者权益保障工作机制四个方面提出 21 条政策措施。其中，针对不同形式的新业态用工关系，划分了 3 种用工类型，首次提出"新业者"概念，并相应提出"新型用工关系"，明确了 3 个认定要件。在保障社会保险权益方面，提出要构建适应新型用工关系的社会保险制度，落实放开户籍限制政策，推动新业者以灵活就业人员身份在就业地参加职工养老保险等。同时优化社保经办服务，探索适合新就业形态的社会保险经办模式。山东省完善灵活就业人员参加养老保险政策，2020 年发布《山东省人民政府办公厅关于支持多渠道灵活就业二十条措施的通知》（鲁政办发〔2020〕19 号），允许参加企业职工基本养老保险的灵活就业人员按月、季、半年或年进行缴费，缴费基数可在当地个人缴费基数上下范围内自主确定。为助力灵活就业人员减少资金负担，提升参保能力，山东省陆续出台基本养老保险补贴政策，对符合条件的就业困难人员，按照国家和山东省的有关规定给予养老保险补贴。同时允许各地市根据实际情况制定专属的补贴方式和标准。2021 年以来，包括广东省在内，浙江省、云南省等省份以及深圳市等地方政府都印发了《维护新就业形态劳动者劳动保障权益实施办法》，推动新就业形态劳动者参加社会保险。

2. 增设缴费档次，加大财政补贴力度，推动新就业形态劳动者参加城乡居民基本养老保险

近年来，一些省份通过增设居民缴费档次，提升养老保险保障水平。例如，江西省于 2022 年 4 月印发《关于调整全省城乡居民基本养老保险缴费档次及补贴标准的通知》（赣人社发〔2022〕5 号），将城乡居民基本养老保险增设 4 000 元、5 000 元、6 000 元 3 个缴费档次，增设后缴费档次达到 14 档，参保人可自主选择档次缴费，多缴多得。同时加大财政补贴力度，对于缴费 4 000 元、5 000 元和 6 000 元的分别补贴 150 元、190 元和 230 元。并鼓励地方根据本地财力等因素，自行提高缴费补贴标准。甘肃省发文增加 4 000 元和 5 000 元两个档次。云南省在 2023 年发文对城乡居民基本养老保险的缴费档次在原来 12 个档次的基础上新增 6 个缴费档次，最高档次增加到 9 000 元。并提出此后城乡居民基本养老保险的最高缴费档次根据灵活就业人员参加企业职工基本养老保险的最低年缴费额同步调整，以满足不同收入水平的城乡居民群体缴费需求。

二、新就业形态劳动者参加养老保险存在的问题和挑战

由于大多数新就业形态劳动者游离于"正规劳动关系"及其法定保障之外，新就业形态劳动者参加养老保险存在不少问题和挑战。根据《2022 年度人力资源和社会保障事业发展统计公报》，2022 年年末全国参加城镇职工基本养老保险的人数为 50 355 万人，比上年末增加 2 281 万人，其中参保职工 36 711 万人；2022 年年末全国参加企业职工基本养老保险人数 44 402 万人，比上年末增加 2 174 万人，参加城乡居民基本养老保险人数 54 952 万人，比上年末增加 155 万人。由于对新就业形态劳动者参加养老保险缺乏统计，不能准确描述参保率及参保情况，但一些调查研究发现，新就业形态劳动者参加养老保险的比例不高。根据《2021 年度人力资源和社会保障事业发展统计公报》，2021 年，我国城镇就业人口 46 773 万人，城镇职工基本养老保险参保职工 34 917 万人，有 11 856 万人并没有参加城镇职工基本养老保险，其中绝大多数是灵活就业人员。目前我国灵活就业人员接近 2 亿人，由此大致推断有接近六成的城镇灵活就业人员并没有以灵活就业身份参加城镇职工基本养老保险。本书第三章关于新就业形态劳动者参加养老保险的调查也显示，新就业形态劳动者参加基本养老保险的比例非常低，尤其是专职从事平台就业的劳动者，参加基本养老保险的比例更低。推动新就业形态劳动者参加基本养老保险，实现应保尽保还面临着许多挑战。

（一）政策层面

1. 劳动者参保存在政策性障碍

新就业形态劳动者以灵活就业人员身份参加城镇职工基本养老保险，按照制度设计，可以在户籍地或者就业地参保，之前各地的基本养老保险政策多要求在户籍地参保。新就业形态劳动者就业变化频繁，像家政服务员、外卖骑手等，往往就业地与户籍地并不一致，为参加城镇职工基本养老保险还要返回家乡办理，手续麻烦，异地参保不便利。2021年7月，人力资源社会保障部等八部门联合印发的《关于维护新就业形态劳动者劳动保障权益的指导意见》（人社部发〔2021〕56号）明确要求，各省份放开灵活就业人员在就业地参加基本养老保险的户籍限制，各地虽然按照指导意见要求正在设法放开户籍限制，但仍有一些地方遵循辖区参保的基本原则，主要是社保待遇较高的劳动力流入省份。上海市经过努力，于2023年5月起放宽灵活就业人员参保的户籍限制，年满16周岁且男性未满60周岁、女性未满55周岁，在上海市灵活就业人员，不论是本市，还是外省（区、市）或港澳台地区居民，均可以在上海市以灵活就业人员身份参加城镇职工基本养老保险。北京市则还未放开户籍限制。

2. 灵活就业人员缴费负担较重

新就业形态劳动者以灵活就业人员身份参加基本养老保险，按照政策规定，灵活就业人员参加基本养老保险须按缴费基数的20%进行缴费，其中8%计入个人账户，12%计入社会统筹账户。而以企业职工身份缴纳基本养老保险费则由企业分担大部分，个人只需缴纳8%，全部计入个人账户。从缴费比例上看，以灵活就业人员身份缴费需要比以企业职工身份多缴纳12%，灵活就业人员的缴费负担较重。

3. 城乡居民基本养老保险待遇保障水平低

按照我国城乡居民基本养老保险制度的设计，城乡居民基本养老保险待遇由基础养老金和个人账户养老金组成。其中基础养老金全部由政府承担，但金额不高。例如，广东省城乡居民基础养老金最低标准为每人每月190元，参保人累计缴费年限超过15年的，超过年份每增加1年，每月加发不少于3元的基础养老金。个人账户养老金资金来自个人缴费、集体补助和政府补贴及其积累。2019年12月印发的《广东省城乡居民基本养老保险实施办法》（粤府〔2019〕105号）规定，个人缴费档次分九档，最低每人每年180元，最高每人每年4 800元，地方可依据本地经济条件增设档次，但最高档次要以本地灵活就业人员参加企业职工基本养老保险按缴费工资基数下限计算的年缴费额为限度。集体补助非强制，有条件的村（居）集体经济组织应当对参保人给予缴费补助。地方政府对居民缴费按照缴费档次提供相应标准的补贴。由于城乡居民基本养老保险的缴费标准比较低，尽管有政府补贴和集体补助，整体待遇水平仍比较低。

（二）执行层面

碎片化管理难以满足人口流动需求。新就业形态劳动者多为外来务工人员，工作流动性较大，职业转变的情况发生较为频繁。之前灵活就业人员需要在户籍地参加城镇职工基本养老保险，现在多数省份允许灵活就业人员在就业地参保。但由于新就业形态劳动者工作地点不稳定，其原在户籍所在地缴纳养老保险费，后流入工作所在地继续缴纳，或者原在就业地缴纳，后跨省份流入其他地方工作的，都需要办理本人的社会保险转移接续。目前办理保险关系同城接续需要15个工作日，跨省转移流程更加复杂。虽然我国始终强调尽快实现基本养老保险全国统筹，以加强养老保险的转移接续能力，但在实际操作中，各地养老保险仍处于独立运行状态，缴费的具体政策和实施的具体条件各不相同，较为复杂的手续材料以及转保步骤使灵活就业人员望而却步。这种状况已经开始改变，国家正在推进企业职工基本养老保险全国统筹。

（三）个人层面

1. 收入水平普遍较低且不稳定，缴费能力有限

新就业形态劳动者多数收入较低或者不稳定，连续参保缴费能力不足。

对新就业形态劳动者来说，以灵活就业人员身份参加城镇职工基本养老保险面临较大的经济压力。一方面，我国灵活就业人员缴纳企业职工基本养老保险费所依据的缴费基数主要参照上年度在职职工月平均工资。虽然国家也考虑到了灵活就业人员养老保险缴费基数偏高的问题，确定了相应的缴费基数区间，灵活就业人员可在上年度当地职工月平均工资60%~300%的区间内自主选择缴费基数，但是考虑到新就业形态劳动者的实际收入水平以及当地的物价指数和生活消费水平，对于大多数新就业形态劳动者来说这仍然是一笔不小的支出。从第三章的调查结果可以看出，超过一半的被调查平台劳动者月收入在5 000元及以下，其中约有三成劳动者月收入不超过2 000元。其中专职新就业形态劳动者的整体收入水平低于其之前的工作收入水平，兼职新就业形态劳动者月收入低于3 000元的超过57%。部分行业内部两极分化愈加严重。以直播行业为例，少数头部网络主播通过公司化团队运作，占据了大量资源和流量，收入颇丰，但是超过四成的网络主播月收入在2 000元及以下。另一方面，新就业形态劳动者工作变动比较频繁，收入不稳定，影响连续缴纳保险费的能力。

2. 部分劳动者对养老保险政策认识不充分

养老保险不同于医疗保险、工伤保险等险种，它需要更长时间才能得到收益和回报，因此更易出现市场失灵和个体短视行为。调研发现，较之医疗保险、工伤保险，新就业形态劳动者对于养老保险的关注度不高。一方面，部分劳动者从未考虑过自身的养老问题。究其原因，主要是由于新就业形态劳动者中中青年群体占多数，他们身体素质较好，对于养老的需求并不迫切；同时中青年劳动者承受养老抚小的生活压力，更需要将收入用于满足各种日常开支；加之政策宣传不到位，因此养老风险在中青年新就业形态劳动者的职业风险排序中偏后，参保意识相对薄弱。另一方面，劳动者未能充分理解养老保险的托底保障概念和公共服务性质，进一步降低了参保缴费意愿。

第二节
我国新就业形态劳动者的医疗保险

基本医疗保险是减轻群众就医负担、增进民生福祉、维护社会和谐稳定的重要民生制度安排。根据国家医保局发布的《2021年医疗保障事业发展统计快报》，截至2021年年底，基本医疗保险参保人数达136 424万人，参保覆盖面稳定在95%以上。我国已经构建起全球最大的医疗保障网。

我国已进入"全民医保"时代，根据现有法律法规和政策规定，新就业形态劳动者在参加基本医疗保险方面已不存在制度缺失，但由于制度分割、统筹层次不高等原因，现有制度安排与流动就业方式存在不适应，新就业形态劳动者在参加基本医疗保险方面仍存在部分政策障碍，基本医疗保障权益保护存在不足。同时，从长远发展来看，基本医疗保险制度公平和质量有待进一步提高，新就业形态对基本医疗保险制度可持续性的挑战需要重视。

一、新就业形态劳动者医疗保险政策现状

（一）国家层面的制度安排

我国现行医疗保障体系由医疗救助、基本医疗保险、补充医疗保险和商业健康保险等制度构成，其中基本医疗保险是整个医疗保障体系的主体[1]，包括职工基本医疗保险（以下简称职工医保）和城乡居民基本医疗保险（以下简称居民医保）两项制度。一般来说，职工医保覆盖就业人口，居民医保覆盖农村人口和城镇非就业人口。各类人群均按规定缴费参保，职工医保由用人单位和职工共同缴费，居民医保由政府补助与个人缴费相结合进行筹资。在筹资水平上，根据1998年《国务院关于建立城镇职工基本医疗保险制度的决定》（国发〔1998〕44号），职工医保单位缴费率控制在职工工资总额的6%左右，个人缴费率为个人工资收入的2%，且随着经济发展，用人单位和职工缴费率可作相应调整。根据国家医保局等三部门印发的《关于做好2021年城乡居民基本医疗保障工作的通知》（医保发〔2021〕32号）要求，2021年居民医保个人缴费标准为每人每年320元，财政补助每人每年不低于580元。

职工医保制度以传统劳动关系作为参保的重要前提，与用人单位建立劳动关系的职工强制参保，对于其他就业人员则采取自愿参保方式。2003年，劳动和社会保障部办公厅印发《关于城镇灵活就业人员参加基本医疗保险的指导意见》（劳社厅发〔2003〕10号），正式将非全日制、临时性和弹性工作等灵活形式就业称为灵活就业，要求将灵活就业人员纳入基本医疗保险制度范围，并要求与用人单位建立明确劳动关系的灵活就业人员按照用人单位参加基本医疗保险的方式缴费参保；其他灵活就业人员则以个人身份缴费参保。2009年，国务院印发的《医药卫生体制改革近期重点实施方案（2009—2011年）》（国发〔2009〕12号）明确指出，灵活就业人员可以自愿参加城镇职工医保或城镇居民医保，如有困难无法参加城镇职工医保的，可以自愿选择参

---

[1] 根据国家医保局发布的《2020年全国医疗保障事业发展统计公报》，2020年，全国医疗救助基金支出546.84亿元，全国基本医疗保险基金（含生育保险）总支出21 032亿元。根据银保监会数据，2020年，全国健康险赔付支出2 921亿元。

加城镇居民医保或户籍所在地的新型农村合作医疗。根据《中华人民共和国社会保险法》（2018年修正）的规定，职工应当参加职工基本医疗保险，由用人单位和职工按照国家规定共同缴纳基本医疗保险费。无雇工的个体工商户、未在用人单位参加职工基本医疗保险的非全日制从业人员以及其他灵活就业人员可以参加职工基本医疗保险，由个人按照国家规定缴纳基本医疗保险费。

目前，国家没有针对新就业形态劳动者出台专门的医疗保险政策，其医疗保障权益仍在现有的医疗保险政策框架下解决。由于新就业形态劳动者构成复杂，其医疗保障权益需要具体问题具体分析。根据2021年人力资源社会保障部等八部门联合印发的《关于维护新就业形态劳动者劳动保障权益的指导意见》，新就业形态劳动者分为符合确立劳动关系情形、不完全符合确立劳动关系情形以及民事法律关系三种。从现有制度安排角度，新就业形态劳动者参加基本医疗保险不存在制度障碍。如果新就业形态劳动者与企业存在劳动关系，则强制参加职工医保；否则，新就业形态劳动者可以个人缴费，自愿选择参加职工医保或居民医保。目前不完全符合确立劳动关系情形以及存在民事法律关系的新就业形态劳动者，从医疗保险角度，一般归入灵活就业人员范畴，存在政策障碍的也是这个群体。因此，如果没有特殊说明，本部分讨论的新就业形态劳动者专指这个群体。

（二）地方层面的政策安排

在国家总体医疗保险政策框架下，中央和地方政府在职工医保和居民医保上的财政责任有所差异。职工医保筹资来源主要是用人单位和个人缴费，兜底责任是统筹层次所在的同级财政。居民医保筹资来源主要是政府补贴和个人，其中政府补贴占比较大，不同地区政府补贴在来源上存在差异，中西部地区由中央财政给予大部分补贴，东部地区则主要由地方财政负责。因此，对于灵活就业人员参加居民医保，有比较明确的户籍限制，同时与非就业居民参保总体差别不大，但在缴费水平上有一定差异。比如，北京市居民医保缴费水平分为学生儿童、老年人和劳动年龄内居民三个群体，筹资水平有所差异。对于灵活就业人员参加职工医保,在户籍限制上各地存在不同,同时与职工群体相比,在筹资来源、缴费基数等方面有较多差异。

有关医疗保险政策具体规定由各地制定,由于不同地区经济发展水平不同,各地医疗保险政策存在一定差异,尤其是在灵活就业人员参加职工医保上。主要体现在以下三个方面。一是在参保缴费上,各地普遍都出台了灵活就业人员参加职工医保的政策规定,参保对象以本地户籍灵活就业人员为主,部分地方在吸引人才政策下逐步有序放开户籍限制,一些地方明确规定灵活就业人员职工医保和企业职工基本养老保险捆绑参保。二是在缴费水平上,各地规定的缴费基数、缴费费率、缴费时间都存在着较大差异。多地制定的缴费基数由统筹地区的社会平均工资向职工平均工资转变;缴费费率为4%~11%,有比较大的差异,个别地区设置了双费率的标准;在缴费年限上,各地大多对缴费总时长和累计缴费时长进行了规定(一般为10年)。大部分地区都根据灵活就业人员收入不稳定的特点,明确了中断缴费的认定和处理办法。三是在待遇保障上,大多数地区的灵活就业人员没有医疗保险个人账户,相对于在职职工,灵活就业人员自付比例较高。

二、新就业形态劳动者参加医疗保险存在的问题和挑战

由于我国医疗保险统筹层次较低,目前多数是地市级统筹,实行属地管理,新就业形态劳动者以灵活就业人员身份或者居民身份参加医疗保险制度,均受到户籍限制,与流动就业方式不相适应,因此新就业形态劳动者在应保尽保、待遇公平、医疗服务可及性等方面存在问题。同时,从制度层面来考虑,新就业形态导致就业方式的改变,产生了不完全符合确立劳动关系情形的劳动者,这将对传统医疗保险制度基础带来冲击和挑战,制度可持续性需要引起重视。

(一)部分人群仍游离在基本医疗保险制度外

2020年,我国职工医保参保人数为34 455万人,企业、机关事业单位、灵活就业等其他人员三类参保人(包括在职职工和退休人员)分别为23 317

万人、6 387 万人、4 751 万人，其中灵活就业人员参保占比为 13.8%。相比 2017 年，灵活就业人员参保人数增加了 1 000 万人左右。虽然灵活就业人员参加职工医保人数呈现增长趋势，但根据人力资源社会保障部公布的数据，全国灵活就业人员总数为 2 亿人，因此，灵活就业人员参加职工医保的比例较低（见表 4-2）。

表 4-2　2017—2020 年职工医保参保人员情况　　　　　　　　　万人

年份	企业	机关事业单位	灵活就业等其他人员
2017	20 633	5 960	3 730
2018	21 520	6 119	4 042
2019	22 267	6 232	4 426
2020	23 317	6 387	4 751

资料来源：根据国家医保局历年统计公报整理。

此外，灵活就业人员还存在未参加基本医疗保险的情况。除了有劳动关系的职工外，其他人群无论是参加职工医保还是居民医保均是自愿的，因此，虽然政策宣传力度大、政府补贴多，在一定程度上提高了个人参保缴费的积极性，但仍有部分人群未参加基本医疗保险。2020 年，全国基本医疗保险参保人数为 136 131 万人，参保率稳定在 95% 以上。根据第七次全国人口普查数据，2020 年全国人口数量达 141 178 万人，说明全国还约有 5 000 万人没有参加任何一项基本医疗保险。考虑到重复参保等问题，即便剔除中央和国家机关等工作人员，仍有绝对数量不低的人群没有参加基本医疗保险，这其中就包括了流动性相对较大的新就业形态劳动者，他们发生"漏保""断保"情况的可能性较大。

（二）自愿参保存在户籍限制

虽然灵活就业人员可以自主选择参加职工医保或者居民医保，但由于我国医疗保险统筹层次以地市一级为主，无论参加何种医保，都存在户籍限制的问题。

一是以灵活就业人员身份参加职工医保，不少地方存在户籍限制。由于部分地区的其他政策如购房限制与社保政策捆绑，以及发达地区政府对社保各种显性或隐性补贴，外地户籍人员往往不能以灵活就业人员身份参加本地职工医保。尤其是新就业形态劳动者主要集中在北上广深等经济发达地区，但户籍来源多数是中西部经济欠发达地区，因此新就业形态劳动者无法以灵活就业人员身份参加当地的职工医保，只能在原籍参保。

二是以居民身份参保一般也只能在户籍地参保。由于居民医保筹资来源有大量财政补贴，尤其是经济发达地区地方财政补贴标准较高，对居民医保参保对象户籍有较严格限制。根据国家医保局等三部门印发的《关于做好2021年城乡居民基本医疗保障工作的通知》，2021年居民医保人均财政补助标准每人每年不低于580元，个人缴费标准达到每人每年320元。中央财政按规定对地方实行分档补助，对西部、中部地区分别按照80%、60%的比例进行补助，对东部地区分别按照一定比例进行补助。以北京市为例，其筹资标准和财政补贴标准远高于国家标准，2021年居民医保筹资标准为：城乡老年人每人每年4 600元，其中财政补助每人每年4 260元，个人缴费每人每年340元；学生儿童每人每年1 970元，其中财政补助每人每年1 645元，个人缴费每人每年325元；劳动年龄内居民每人每年2 790元，其中财政补助每人每年2 210元，个人缴费每人每年580元。相比之下，同年河南省居民医保人均筹资标准完全按照国家最低标准执行。

在户籍限制下，灵活就业人员参保面临户籍地与就业地分离而导致待遇享受和转移接续的困难。新就业形态劳动者工作方式灵活，工作时间不固定，工作和地点变换较快。而医疗保险实行属地化管理，统筹层次一般在地市级层面。虽然当前国家医保局正在推进住院跨省异地就医直接结算和门诊跨省异地就医直接结算试点，但如果新就业形态劳动者户籍地与就业地分离，在就业地就医时一般无法享受门诊统筹待遇，同时异地就医的住院报销比例较低。

如果新就业形态劳动者存在跨区域、跨制度的流动，制度转移接续也面临一些困难和不便。虽然国家医保局已经出台了基本医疗保险关系转移接续的暂行办法,但各地在异地缴费年限折算等政策方面规定不一致,以及劳动者对业务办理流程不熟悉,容易导致"断保""漏保"等情况发生。

(三)个人逆向选择导致的利益损失

新就业形态劳动者可以自由选择职工医保或者居民医保,但由于职工医保缴费相对较高、新就业形态劳动者普遍较为年轻,他们可能不参加职工医保,而参加居民医保。职工医保一是缴费比例较高。与企业职工相比,新就业形态劳动者需要同时承担用人单位和个人缴费部分。二是缴费基数较高。新就业形态劳动者收入不固定,经办机构一般以社会平均工资的一定比例作为缴费基数,多数新就业形态劳动者的收入水平在社会平均工资之下。三是有些地方养老保险和医疗保险捆绑缴费。新就业形态劳动者参加职工医保,还需要同时参加企业职工基本养老保险。

以北京市为例,根据《北京市基本医疗保险规定》和《北京市灵活就业人员参加职工基本医疗保险办法》的规定,职工个人在医疗保险上的缴费比例是2%加3元的大额医疗费用互助资金,用人单位缴费比例是9%加上1%的大额医疗费用互助资金。而灵活就业人员以上年度本市职工月平均工资的70%为缴费基数,按7%的比例缴纳基本医疗保险费。

但职工医保和居民医保在待遇上存在差距,新就业形态劳动者作为职业人群,参加居民医保将面临医保待遇上的一定损失。职工医保比居民医保有更高的门诊待遇政策,职工医保住院待遇基金支付比例要高于居民医保。此外,职工医保和居民医保在药品目录等方面也存在差异,职工医保药品目录范围要更大。职工医保基金支付的起付线、封顶线也均比居民医保更加宽松。根据2021年国家医保局、财政部印发的《关于建立医疗保障待遇清单制度的意见》(医保发〔2021〕5号),在住院待遇政策上,对于起付标准以上、最高支付限额以下的政策范围内的费用,基本医保总体支付比例为75%左右,职工医保和居民医保保持合理差距,不同级别医疗机构适当拉开差距。在支付限额上，职工医保叠加职工大额医疗费用补助、居民医保叠加大病保险的最高支付限额原则上达到当地职工年平均工资和居民人均可支配收入的6倍左右。根据2020年实际数据，全国职工医保政策范围内住院费用基金支付比例为85.2%，高于居民医保政策范围内住院费用基金支付比例70.0%（见表4-3）。以保障水平高的北京市2023年情况为例，若灵活就业人员选择参加居民医保，住院费用一级、二级、三级医院的报销比例分别为80%、78%和75%~78%，且封顶线为25万元，而相对应的职工医保，各级医院的平均报销比例在职职工均在85%以上，退休人员均在95%以上，且封顶线为50万元。①

表4-3　2020年职工医保和居民医保政策内住院费用基金支付比例对比　　　　%

	职工医保政策内支付比例	居民医保政策内支付比例
全国平均	85.2	70.0
三级	84.3	65.1
二级	86.9	73.0
一级及以下	88.7	79.8

资料来源：《国家医保局2020年全国医疗保障事业发展统计公报》。

除此之外，职工医保有权益累计的功能。从长远来看，职工医保缴费虽然较高，但是根据现行规定，满足连续缴费年限等条件，职工退休后不需要缴费就能享受职工医保待遇，居民医保则需要每年缴费才能享受待遇，达到退休年龄后也是如此。疾病风险的发生与年龄一般呈现正相关关系，老年人医疗费用支出较多，新就业形态劳动者的个人短视行为会导致，虽然年轻时的当期缴费负担有所降低，但是增加了未来的保险费支出，以及无法享受到更高的待遇水平。

---

① https://www.beijing.gov.cn/fuwu/bmfw/sy/jrts/202309/t20230920_3262675.html.

（四）参保的逆向选择影响医疗保险制度的公平性和可持续性

灵活就业人员尤其是新就业形态劳动者作为职业人群，理论上应当参加职工医保，但部分青年人群自认为健康状况良好而不愿参保，部分低收入者由于收入低而无力参保，部分流动人口因户籍限制而无法在就业地参保，再加上灵活就业人员遵循自愿参保原则，在政策执行上缺乏强有力的参保推进手段，个体参保意识不强，导致灵活就业人员参加职工医保比例较低，大量人员参加的是居民医保。

新就业形态劳动者尤其是外卖、同城货运、即时派送等平台劳动者多数是农民工群体。根据国家卫生健康委发布的中国流动人口动态监测调查数据（China Migrants Dynamic Survey，CMDS），从参保率上看，农民工参保率大体呈现逐渐递增趋势，2013—2017年农民工参加社会医疗保险的比例从82.88%逐渐上升至92.51%（见图4-1）。但从参保类型上看（见表4-4），新型农村合作医疗一直是农民工的主要参保制度类型，参保比例基本维持在75%左右，但参加职工医保的比例不高（2017年为15.61%）。

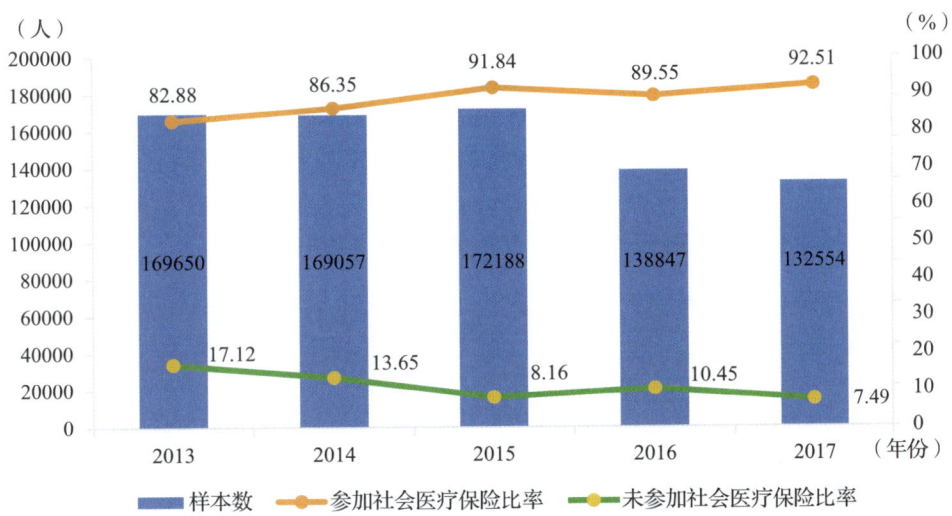

图4-1　2013—2017年我国农民工群体社会医疗保险参保情况

资料来源：中国流动人口动态监测调查数据。

表 4-4　农民工社会医疗保险参保类型变化趋势（2013—2017 年）　　　　　%

年份	新型农村合作医疗	职工医保	城镇居民医保	居民医保	公费医疗
2013	75.64	11.58	3.59	—	—
2014	76.62	12.44	3.55	1.50	0.09
2015	77.36	13.45	2.51	3.04	0.04
2016	73.50	12.01	2.72	3.62	0.31
2017	75.40	15.61	3.59	3.32	1.23

注：2017 年各地开始推进新型农村合作医疗和城镇居民医保整合；2018 年成立国家医保局以后，缺少对农民工参保类型的数据统计。

资料来源：中国流动人口动态监测调查数据。

在现行制度安排下，灵活就业人员参加职工医保可能存在逆向选择问题，随着就业形态日趋多样化，这将加剧基金运行的不平衡。封进等人的实证研究表明，自愿选择参加职工医保的人群，医疗费用支出明显高于强制参保群体，大约高 78%；而选择参加职工医保的人群，医疗费用支出比选择参加居民医保的高约 45%。[①] 这一研究结果表明，由于灵活就业人员可以自愿选择是否参加职工医保，导致灵活就业人群中健康状况较差的中老年人参保较多，而健康状况较好的年轻人参保相对不足，这一参保结构违背了基本医疗保险"让健康的人养有病的人，让年轻人养老年人"的初衷，其结果就是职工医保基金可持续性受到冲击。

（五）平台企业责任冲击职工医保制度基础

新就业形态的兴起对包括职工医保制度在内的社会保障制度产生了新挑战。现行职工医保制度以劳动关系为前提，有劳动关系的实行强制参保，没有劳动关系的自愿参保。对于新就业形态劳动者尤其是平台劳动者，平台与自由接单的劳动者之间不存在传统的劳动关系。新就业形态劳动者不同于传统职工，但也不同于传统的灵活就业人员。新就业形态劳动者虽然不具有传

---

① 封进，王贞，宋弘. 中国医疗保险体系中的自选择与医疗费用——基于灵活就业人员参保费用的研究[J]. 金融研究，2018（8）：85-101.

统意义上的劳动关系,但许多从业人员比如网约车司机、外卖骑手等仍然在很大程度上需要依赖平台获取收入,平台在规则制定上有绝对话语权,对劳动者也有形或无形地施加影响,平台也从劳动者的劳动过程中获益。部分新就业形态劳动者的工作稳定性和收入稳定性均要强于传统灵活就业人员。部分劳动者从事的不再是纯粹的体力劳动,包括信息技术、金融、媒体等中高端行业,收入水平也要远高于传统灵活就业人员。尤其是随着互联网技术发展,同时受新冠肺炎疫情影响,我国就业方式将更加灵活,预计新就业形态劳动者数量将保持较大规模,长远来看将对职工医保制度基础产生影响。因此,对于不完全符合确立劳动关系情形的,平台企业在劳动者的医保权益保障方面应当承担何种责任,需要进一步探讨,进而对职工医保制度进行改革。

但即便赋予平台企业传统用人单位的缴费责任,平台工作方式的独特性也将使得现行医保制度难以实施。在平台经济下,劳动者可以自主选择是否上线接单,自由选择工作时间、工作强度进而影响工作收入,具有很大的工作自主性。劳动者既可以在一个平台接单,也可以自由转换到另一个平台接单,甚至在多个平台同时接单,支付劳动者报酬的可以是多个平台企业。另外,平台企业作为信息技术企业,以总部经济、跨区域运营、线上管理为特点,并不一定具备地方注册实体。这些均与传统制度下用人单位和个人共同缴费、按月以本人工资为基数缴费、医保属地管理等特征不相适应。

第三节
我国新就业形态劳动者的职业伤害保障

我国工伤保险制度以劳动关系为参保前提,并奉行雇主责任制原则,由用人单位缴费,个人不缴费。目前新就业形态劳动者职业伤害保障[①]正在进行试点,还没有进入规模推广阶段。

一、新就业形态劳动者职业伤害保障政策现状

(一)政策规定

新就业形态劳动者来源复杂,具有劳动关系、不具有劳动关系或者不完全符合确立劳动关系情形的劳动者,在目前制度框架下一般被统称为灵活就业人员。不同灵活就业人员在享受工伤保障方面存在差异。总体而言,按照

---

① 从字面意义上来理解,工伤保险和职业伤害保障不存在区别,可以相互替代。但从法律意义上来讲,工伤保险是《中华人民共和国社会保险法》《工伤保险条例》等法律法规所明确使用的概念,有专门的含义,一般与劳动关系相绑定。新就业形态劳动者作为职业劳动者,同样面临职业伤害风险或者工作伤害风险,但又不存在传统意义上的劳动关系,无法强制纳入工伤保险,因此为了有所区分,在描述新就业形态劳动者时使用职业伤害保障。

目前的政策规定，有劳动关系的灵活就业人员，主要是非全日制劳动者，可以享受工伤保障，其他灵活就业人员难以享受工伤保障。

非全日制用工是劳动用工制度的一种重要形式，是灵活就业的一种主要方式。根据现有法律规定，用人单位使用非全日制用工形成劳动关系的，必须缴纳工伤保险费，但可以不用缴纳养老、医疗等其他社会保险费用。如果用人单位没有及时足额缴纳工伤保险费，一旦发生工伤，工伤待遇全部由用人单位承担。

相关政策已经由劳动保障行政部门明确。比如，为规范用人单位非全日制用工行为，保障劳动者的合法权益，促进非全日制就业健康发展，2003年劳动和社会保障部制定了《关于非全日制用工若干问题的意见》（劳社部发〔2003〕12号），其中第十二条规定，用人单位应当按照国家有关规定为建立劳动关系的非全日制劳动者缴纳工伤保险费。从事非全日制工作的劳动者发生工伤，依法享受工伤保险待遇；被鉴定为伤残5~10级的，经劳动者与用人单位协商一致，可以一次性结算伤残待遇及有关费用。

对于现实中比较常见的多重务工问题，2011年人力资源社会保障部印发的《实施〈中华人民共和国社会保险法〉若干规定》（人力资源社会保障部令第13号）第九条规定，职工（包括非全日制从业人员）在两个或者两个以上用人单位同时就业的，各用人单位应当分别为职工缴纳工伤保险费。职工发生工伤，由职工受到伤害时工作的单位依法承担工伤保险责任。

因此，按照现有法律规定，工伤保险是国家唯一强制用人单位为非全日制劳动者缴纳保险费的社会保险，且是唯一一项多重劳动关系（包括全日制职工和非全日制职工）可以多重缴纳保险费的社会保险，目的就是最大限度地分散用人单位的用工风险，保护劳动者工伤权益。在灵活就业群体中，从事非全日制劳动，形成劳动关系的，目前是有工伤政策保障的。但是在实践过程中，从主观上来看，由于用人单位和灵活就业群体劳动法律意识淡薄，实际上也有部分劳动者并没有参加工伤保险。从客观上来看，非全日制用工参保程序与灵活就业形式不协调，造成申报缴费有一定难度。

根据现有法律规定，工伤保险必须以存在劳动关系为参保前提，但多数灵活就业人员没有劳动关系，因此无法参加工伤保险。尤其是近年来，新就业形态发展迅猛，部分新就业形态劳动者与平台具有传统劳动关系，可以参加工伤保险，但多数新就业形态劳动者现实中以一种灵活、弹性或自我雇佣的就业形式存在，不具有法定意义上的劳动关系，由于新就业形态劳动者只是通过"互联网+"企业提供的商务平台从第三方获取收入，并没有直接从"互联网+"企业获取薪酬，因此是否存在事实劳动关系还没有定论，一般情况下作为灵活就业看待。

与养老保险和医疗保险不一样，灵活就业人员无法以个人身份参加工伤保险。因此，无劳动关系的灵活就业人员参加工伤保险，目前存在制度缺失，需要畅通参保渠道。

2021年，经国务院同意，人力资源社会保障部等十部门印发《关于开展新就业形态就业人员职业伤害保障试点工作的通知》（人社部发〔2021〕110号），在全国范围内选择7个省市（北京、江苏、上海、广东、海南、四川和重庆），4个行业（外卖、即时配送、出行、同城货运），7家平台企业（美团、饿了么、闪送、达达、曹操出行、货拉拉、快狗）开展试点工作。

（二）保障现状

部分新就业形态劳动者在参加工伤保险方面存在制度缺失，但商业保险发挥了一定保障作用。多数平台企业出于企业社会责任、降低经营风险和提高市场竞争力等方面的考虑，选择一些保险公司进行合作，为平台劳动者购买了商业保险，或者统一要求劳动者必须购买商业保险。商业保险一般是按照每单的方式来收取保险费，且一般是综合险，既包含了意外险，对劳动者的人身伤害进行保障，也包括其他保障，尤其是包含了第三者责任险，对平台劳动者因个人责任造成的第三者损失进行保障。

应当说，商业保险具有灵活、效率高的优势，同时满足平台企业个性化需要。尤其是部分大型平台企业，因为参保量大，在与商业保险公司谈判时，具有谈判优势,可以让商业保险公司为其量身定制保险方案,并在保险情形发生后,提供高效的服务。但从意外人身保障角度,商业保险的保障力度是不足的。商业保险公司作为市场竞争主体,以盈利为目标,由其提供保障也必然存在缴费高、范围窄、保障低、理赔难等问题。尤其是与作为社会保险制度的工伤保险相比,商业保险没有长期待遇,难以真正替代工伤保险的作用。长期待遇是保障伤残人员或遗属的最有效手段,一次性待遇仅能满足一时之需,一旦用完一次性待遇,伤残人员或遗属的保障仍将重新成为社会问题。

以某平台众包骑手商业保险产品为例,可以发现,一是商业保险是综合险(见表4-5),既包括意外险,也包括第三者责任险,这是有别于工伤保险的地方,工伤保险仅对劳动者自身的人身伤害进行保障。二是商业保险的人身保障水平较低,意外身故/伤残(含猝死)最大保额60万元,医疗费用封顶5万元,而工伤保险的保障内容非常全面,包含了医疗待遇、伤残待遇和工亡待遇,且保障水平较高。

表4-5 某平台众包骑手意外保险保障内容

保障内容	保障水平
意外身故/伤残(含猝死)	60万元
医疗费用	5万元
第三者责任险人伤赔偿(死亡、伤残、医疗)	20万元
第三者责任险误工费赔偿	单次最长不超过90天
第三者责任险物损赔偿	5万元

资料来源:企业实地调研。

(三)各地自行试点情况

针对灵活就业人员工伤保险制度缺失问题,在近年来平台就业、零工经济、新就业形态等大量兴起的背景下,一些地方先行自发开展了职业伤害保障政策试点。目前自行开展试点的地区有:①江苏省,包括南通市、苏州太仓市、苏州吴江区、常州市、泰州市;②山东省潍坊市;③江西省九江市;

④浙江省，包括湖州、衢州和金华等地。此外，2019年四川省成都市出台了规范新经济新业态从业人员社保相关政策文件；2020年广东省出台了单位从业的非劳动关系特定人员参加工伤保险的办法。各地政策文件归纳总结见表4-6。

表4-6 各地灵活就业人员职业伤害保障相关政策情况

地区		政策文件名称及印发年份
江苏省	南通市	《关于灵活就业人员参加工伤保险的通知》（2006）、《灵活就业人员工作伤害保险暂行办法》（2015）
	苏州太仓市	《关于推行灵活就业人员工伤保险的实施意见（试行）》（2010）、《灵活就业人员职业伤害保险暂行办法》（2014）
	苏州吴江区	《灵活就业人员职业伤害保险办法（试行）》（2018）
	常州市	《常州市市本级新业态从业人员优先参加工伤保险试行办法》（2019）
	泰州市	《关于印发泰州市补充工伤保险办法（试行）的通知》（2020）
山东省	潍坊市	《关于灵活就业人员参加工伤保险的通知》（2009）
江西省	九江市	《九江市灵活就业人员职业伤害保险办法（试行）》（2019）
浙江省		《关于优化新业态劳动用工服务的指导意见》（2019）
四川省	成都市	《促进新经济新业态从业人员参加社会保险的试行实施意见》（2019）
广东省		《关于单位从业的非劳动关系特定人员参加工伤保险的办法（试行）》（2020）

试点地区职业伤害保障主要包括以下四种制度模式。①将职业伤害保障纳入工伤保险制度统筹管理，如南通市、潍坊市。②自愿或优先参加工伤保险。浙江省和广东省的政策是允许新业态企业自愿参加工伤保险。江苏省常州市的政策是允许符合条件的新业态企业优先参加工伤保险。③建立政府主导的商业保险。比如，苏州吴江区建立政府主导政策制定、商业保险公司具体经办的职业伤害保险。江西省九江市建立政府主导、商业保险公司经办的职业伤害保险，所有《工伤保险条例》覆盖以外人群均可参保。江苏省泰州

市建立补充工伤保险制度,将灵活就业人员、超龄人员、技工院校实习生等纳入补充工伤保险范围,已正常参加工伤保险的职工也可以参加补充工伤保险。④建立福利制度。苏州太仓市针对已经参加养老保险和医疗保险的本地户籍灵活就业人员,由就业专项资金出资,建立福利性质的职业伤害补偿制度。

从现有实践来看,四种试点模式均存在一定困难和问题。

一是将职业伤害保障纳入工伤保险制度。潍坊市与南通市早期政策有相似性,均是基本采用现有工伤保险制度。灵活就业人员工伤认定情形与一般职工完全一致,存在工伤认定调查取证困难的问题,尤其是我国工伤保险待遇水平较高,容易引发矛盾和争议。对于灵活就业人员的工伤认定申请,虽然规定了需要提交的证明材料,但上下班交通事故、因工外出、突发疾病死亡这些情形,实际上社会保险经办机构很难去调查其真实性。南通市已经停止试点。

二是自愿或优先参加工伤保险。浙江省和广东省政策仅针对在用人单位就业的新就业形态劳动者,并非所有灵活就业人员。参保的主动权在用人单位手中,新就业形态劳动者无法以个人身份参保。因此,关键是看新业态企业主动参加工伤保险的积极性。目前,多数平台企业均已购买商业意外险,平台企业主动为劳动者参加工伤保险的积极性不高。而且,对于外卖等行业来说,平台和劳动者之间并无直接关系,相关协议均是通过人力资源服务商与劳动者达成。按照浙江省和广东省的政策,应当由人力资源服务商为劳动者参加工伤保险,实际操作会比较困难,难以有效保障劳动者权益。

三是建立政府主导的商业保险,其中以苏州吴江区为典型代表。吴江模式开放程度高,只要是在吴江区域内的灵活就业人员均可参保,不捆绑养老保险和医疗保险,可以单独参保。缴费水平为每人每年180元,这与工伤保险年平均缴费水平相比不算高。在职业伤害保障情形上比较严格地界定为与工作直接相关的情形,有效减轻了调查取证的难度。具体经办采取商业保险公司运作方式,弥补了社会保险经办机构的人手不足。保障水平为现行工伤保险的一半左右。吴江模式最大的不足是,制度模式是商业保险,仅提供一次性待遇,没有长期待遇,而且职业伤害的医疗待遇与医疗保险相捆绑(医疗费首先由医疗保险报销,余额部分以3万元为限由职业伤害保险基金继续报销)。

四是建立福利制度,以苏州太仓市为典型代表。太仓模式推广复制的难度较大。参保范围限定为本地户籍,筹资来源由就业专项资金列支,个人不缴费,这实际上是福利制度。待遇项目上保"伤"不保"亡",不符合工伤保险制度理念。但在职业伤害保障情形上的创新以及坚持长期保障的理念,值得肯定。不过,根据太仓模式,职业伤害的医疗待遇由医疗保险基金支付,在医疗保险职能划转背景下,这一制度安排已不可持续,试点面临中断风险。

二、新就业形态劳动者纳入工伤保险制度的难点

我国工伤保险制度建立在传统固定用工基础上,并且是从国企职工起步,有作为国企改革配套措施的色彩。随着经济社会发展,工伤保险覆盖范围逐步向其他人群扩展。工伤保险制度应对新就业形态的难点,关键在于工伤保险制度设计与新就业形态的就业方式存在不匹配。新就业形态劳动者参加工伤保险主要有以下四个难题。

(一)参保缴费

工伤保险奉行雇主责任制原则,由用人单位承担缴费,个人不缴费。对于应当参加工伤保险而未参加的用人单位,发生工伤事故后由用人单位按照《工伤保险条例》规定的标准承担全部费用。工伤保险缴费基数为月工资总额。工伤保险费率采取行业基准费率基础上的浮动费率机制。各行业工伤风险类别对应的全国工伤保险行业基准费率为,一类至八类分别控制在该行业用人单位职工工资总额的0.2%、0.4%、0.7%、0.9%、1.1%、1.3%、1.6%、1.9%左右。根据用人单位工伤保险费使用、工伤发生率、职业病危害程度等因素,确定用人单位的工伤保险费率并进行浮动。一类行业分为三个档次,即在基准费率的基础上,可向上浮动至120%、150%,二类至八类行业分为

五个档次,即在基准费率的基础上,可分别向上浮动至120%、150%或向下浮动至80%、50%。工伤保险参保缴费一般在用人单位注册地完成。对于跨地区、生产流动性较大的行业,可以采取相对集中的方式异地参加统筹地区的工伤保险,具体办法由国务院社会保险行政部门会同有关行业的主管部门制定。

对于新就业形态劳动者来说,首先需要明确缴费责任,是由企业承担还是由个人承担。明确缴费责任的同时,实际上也明确了未承担缴费责任的后果。如果应由企业承担缴费责任而未承担的,企业应当全额承担事故发生后的补偿责任。其次,需要明确参保缴费方式。平台劳动者工作方式灵活,可以跨平台接单,可以自由安排工作时间,不存在稳定的月工资总额,无法以此确定缴费基数。在缴费基数无法确定的情况下,现行的工伤保险费率政策也无法实行,尤其是新业态企业多数属于信息技术行业,提供信息技术服务是其主业,但在平台上接单的则是其他行业,不同行业职业伤害风险等级是不一样的。比如滴滴和美团属于信息技术行业,但平台上接单的司机属于交通运输业,骑手属于外卖行业。最后,我国工伤保险基金统筹层次是省级统筹,且多数还是调剂金模式。基金统筹层次会影响后续的业务环节办理。新业态企业多数属于总部经济,采取线上管理、跨区域运营,不会在每个省设置注册的实体机构,这与工伤保险参保缴费需要有地方实体相冲突。如果平台劳动者均在企业总部所在地参保缴费,则对企业总部所在地工伤保险部门产生巨大业务压力,尤其是异地的工伤认定调查取证、工伤认定争议纠纷等。对参保人员的待遇享受也存在诸多不便,尤其是工伤医疗、康复待遇等。因此,新就业形态劳动者参加现行工伤保险制度,在参保缴费多个方面均需要有创新性规定。

(二)工伤认定

工作时间、工作地点和工作原因是判断是否为工伤的一般性三要素,在传统就业方式下,这三个要素的判定相对而言较为简单,而且在制度设计上给予保证。首先,我国工伤认定采取列举法,共包含七种认定工伤情形和三种视同工伤情形，以及三种排除情形。工伤认定严格按照现有的"7+3"情形进行认定，可操作性较强。其次，工伤认定有用人单位的配合。享受工伤保险待遇的前提是工伤认定，在有用人单位的情况下，工伤认定的调查取证有用人单位的配合，能够在更大程度上保证工伤事故的真实性。在现有制度下，用人单位承担了重要的举证责任。《工伤保险条例》规定，职工或者其近亲属认为是工伤，用人单位不认为是工伤的，由用人单位承担举证责任。最后，在工伤保险浮动费率机制和工伤发生后待遇承担机制设计上，也突出了用人单位的经济责任，能够在一定程度上保证用人单位实事求是地配合工伤认定调查。总体而言，在用人单位、职工、工伤保险部门三方情况下，相对能保证工伤认定的准确性和真实性。

但即便如此，由于部分工伤认定情形规定不够合理，人社部门和司法部门在具体条款的理解上存在差异，导致工伤认定领域争议纠纷矛盾较为突出，部分案件引发社会广泛关注，特别是突发疾病死亡或48小时之内经抢救无效死亡的情形。

根据有关数据，在认定工伤的七种情形中，按占比排序，"'三工'原因""上下班交通事故""因工外出"三种情形始终排在前三位，三者占比合计数值基本稳定，且"三工"原因一直占主体并有小幅下降（从2011年的89.01%下降到2020年的83.89%），上下班交通事故和因工外出占比呈上升趋势，二者合计占比从2011年的7.95%上升到2020年的13.32%（见表4-7）。随着工作方式日益灵活、多样化，工伤事故发生情形和场所也日益多样，不再局限于传统工作场所。这对于如何精准界定"三工"原因，准确理解把握工作原因和工作岗位（场所）提出了更高要求。在传统工作场所外的事故调查取证更加困难，争议更多，这对工伤认定工作提出了更大的挑战。

表4-7 2011—2020年三种主要认定工伤情形占比　　　　　　　　　　%

年份	"三工"原因	上下班交通事故	因工外出	合计
2011	89.01	5.21	2.74	96.96
2012	88.48	5.52	2.88	96.88

续表

年份	"三工"原因	上下班交通事故	因工外出	合计
2013	87.44	5.74	3.14	96.32
2014	86.20	6.30	3.50	96.00
2015	84.80	7.30	3.90	96.00
2016	83.80	7.70	4.30	95.80
2017	83.40	8.10	4.60	96.10
2018	82.31	8.04	5.12	95.47
2019	83.59	7.89	5.30	96.78
2020	83.89	8.12	5.20	97.21

资料来源：根据《中国劳动统计年鉴》数据整理计算。

在视同工伤的三种情形中，"见义勇为"和"复员军人旧伤复发"两种情形人数基本稳定，每年一般在100~300人，但2011—2020年10年来，"突发疾病死亡"数量增长较快，占比逐年升高（见表4-8）。2011年以来的10年数据表明，突发疾病死亡占工亡人数比重逐年上升，是工亡首要原因，高于"三工"原因导致的死亡，这在一定程度上已经背离了工伤保险制度的初衷。在一次性工亡补助金逐年上涨情况下（从2011年的38.2万元增加到2020年的84.7万元，增长121.7%），随着我国居民物质生活日益丰富，疾病谱发生变化，心血管疾病成为居民死亡的第一杀手，以及受到某些导向的影响，突发疾病死亡占比预计将进一步上升，矛盾也将不断积累。

表4-8　2011—2020年全国突发疾病死亡情况　　　　　　　　　　人，%

年份	突发疾病死亡人数	工亡人数	占比
2011	5 750	20 586	27.9
2012	6 295	22 313	28.2
2013	7 182	23 107	31.1
2014	7 344	23 508	31.2
2015	8 192	22 060	37.1
2016	8 387	22 436	37.4

续表

年份	突发疾病死亡人数	工亡人数	占比
2017	9 205	22 842	40.3
2018	10 071	25 069	40.2
2019	10 537	25 092	42.0
2020	11 718	26 250	44.6

资料来源：根据《中国劳动统计年鉴》数据整理计算。

对于平台劳动者来说，因为工作过程需要运用信息技术手段，同时多数工作场所是在公共场合，一般性的事故伤害在性质认定上不存在太大困难。但现有的工伤认定实际上是在"三工"因素上适当外延，工作预备和收尾阶段、上下班途中和因工外出的事故伤害，以及突发疾病死亡的情形，都对工伤认定造成更大困难。尤其与传统职工相比，平台劳动者工作中具有很大自主性，可以自由决定上线接单时间，平台对其具备约束的主要是接单过程，事故发生后能否认定为工伤，重要依据是是否在接单过程中，但接单行为可以发生在任何地方，大大增加了工伤认定的难度。比如，外卖骑手在家意外受伤，可以马上接单以便认定工伤。平台劳动者接单完成后多长时间段内算收尾阶段也不容易确定，设置任何具体时间均会引发冲突。尤其是在工伤待遇水平较高的情况下，工伤认定的道德风险将进一步提高，引发认定上的争议纠纷。

（三）待遇政策

我国现行工伤保险制度脱胎于传统工伤保障制度，制度建立初期以国企为主要参保群体，许多制度设计沿用了原有的《劳动保险条例》，制度规定也主要以国企职工为对象来进行考虑，部分制度理念难免遗留计划经济色彩，导致我国工伤保险待遇项目较多，保障水平总体较高。按项目来分，工伤保险待遇分为医疗待遇、伤残待遇和工亡待遇。其中，医疗待遇是为抢救治疗工伤职工或对其进行必要的康复所提供的医疗服务和相关待遇保障，主要包括工伤医疗费用、住院伙食补助费及到统筹地以外就医的交通、食宿费等。

按待遇支付责任分,分为用人单位支付待遇和工伤保险基金支付待遇。工伤保险待遇结构和项目见表4-9。

表4-9 工伤保险待遇结构和项目

项目	工伤保险基金支付	用人单位支付
医疗待遇	1. 工伤医疗费用	1. 停工留薪期内的工资福利及陪护 2. 一级至四级工伤职工保留劳动关系,退出工作岗位,用人单位缴纳基本医疗保险费等 3. 对五级、六级伤残职工,且企业难以安排工作的,按月支付伤残津贴 4. 五级至十级工伤职工解除或终止劳动关系的,支付一次性工伤医疗补助金和伤残就业补助金
医疗待遇	2. 住院伙食补助费	
医疗待遇	3. 到统筹地以外就医的交通、食宿费	
医疗待遇	4. 康复性治疗费用	
医疗待遇	5. 辅助器具配置费用	
伤残待遇	6. 一次性伤残补助金	
伤残待遇	7. 伤残津贴	
伤残待遇	8. 生活护理费	
伤残待遇	9. 一次性工伤医疗补助金	
工亡待遇	10. 一次性工亡补助金	
工亡待遇	11. 丧葬补助金	
工亡待遇	12. 供养亲属抚恤金	

无论是从国际比较来看,还是从国内与其他社会保险制度保障水平比较来看,我国工伤保险保障水平都相对较高。

从国际比较来看,我国工伤认定规定了三种视同工伤的情形,包括突发疾病死亡、见义勇为、复员军人旧伤复发,实际上突破了工伤认定对工作原因的强调,在国外一般无此类规定。我国工伤保险待遇项目较多,长期待遇项目和一次性待遇项目可以兼得,而国际上一般是互相替代关系。从待遇标准来看,国外工伤保险待遇确定和调整标准比较单一,我国考虑因素则相对较多,部分项目待遇水平较高,比如一次性工亡补助金在全球居于高水平行列。

从国内比较来看,工伤职工的医疗待遇有完善保障,医疗费用等在目录范围内由工伤保险基金实报实销。相比之下,基本医疗保险仅有医疗费用报销的待遇，且在保障水平上采用的是"两线一段"（即起付线、共付段和封顶线）式支付方式和标准，个人要分担一定比例的医疗费用。工伤保险医疗目录与基本医疗保险目录相比更宽，工伤保险除了医疗待遇，还有各项康复待遇。在医疗待遇部分，无论是报销目录、报销水平等，工伤保险待遇远高于医疗保险。就工伤伤残津贴与养老金比较，伤残津贴水平是作为一级至四级工伤职工保底的养老金水平。《工伤保险条例》规定，一级至四级伤残工伤职工达到退休年龄并办理退休手续后，停发伤残津贴，享受基本养老保险待遇。基本养老保险待遇低于伤残津贴的，由工伤保险基金补足差额。

但同时，我国工伤保险待遇的责任承担转型不够彻底，工伤事故发生后的待遇责任由工伤保险基金和用人单位共同承担。工伤保险基金承担12项待遇项目发放，用人单位需要承担的责任包括：停工留薪期的工资福利及陪护；一级至四级工伤职工保留劳动关系，退出工作岗位，用人单位需要缴纳基本医疗保险费等；五级、六级伤残职工，企业难以安排工作的，按月支付伤残津贴；五级至十级工伤职工解除或终止劳动关系的，由用人单位支付一次性工伤医疗补助金和伤残就业补助金。

新就业形态劳动者参加工伤保险，在待遇方面主要会面临两个问题。一是由于工伤保险待遇水平较高，会引发更多矛盾。现有职工人群在工伤认定上已经存在较多矛盾，新就业形态劳动者纳入后，由于能否认定为工伤，所享受的待遇水平差距悬殊，因此工伤认定压力将更大，工伤认定引发的争议和纠纷将更多。工伤认定争议过多将侵蚀工伤保险制度的立法初衷，对制度保障职业伤害的本意会有不利影响。二是用人单位承担的这部分待遇如何处理。如果让平台企业承担与传统企业完全相同的责任，将大大增加平台企业的负担。如果基金或平台企业完全不承担这部分待遇责任，则平台劳动者的权益保障会存在缺失。对于工伤事故来说，绝大多数都属于轻微伤，如果缺失了用人单位承担的这部分责任，特别是停工留薪期的工资福利，那么制度优势发挥仍存在不足，因为基金主要解决了医疗费问题，而没有解决停工期间的生活费保障问题。

（四）经办服务

现行工伤保险制度管理、经办均是以用人单位为主体，包括参保、缴费、工伤认定、劳动能力鉴定、待遇支付等一系列流程，主要通过用人单位提出申请办理，需要用人单位的大力配合。虽然为了保障工伤职工权益，部分环节允许工伤职工本人、近亲属或者工会组织提出申请，但主体仍然是用人单位。从服务效率来看，采取公对公的方式，大量节省了管理经办部门的时间和精力。但也毋庸讳言，工伤保险管理服务环节较多，信息化程度不高，不同环节之间协同不够，工伤保险业务办理时限相对较长，用人单位和工伤职工体验感有待进一步提升。

对于新就业形态来说，一方面，工伤保险需要实行属地化参保和管理，需要明确平台企业在当地的参保缴费主体以及后续的对接机构，以便为平台劳动者发生事故伤害后开展相应服务。另一方面，对于新业态企业和劳动者来说，信息技术和服务的提升是新业态发展的重要基础，因此对工伤保险服务效率也会有更高的期待。这对于工伤保险经办工作流程、信息系统、经办效率、监管手段等都提出了新的要求——工伤保险经办管理模式需要有根本性的转变，但同时又要避免经办管理模式转变引发基金风险。

三、新就业形态就业人员职业伤害保障试点

2021 年，经国务院同意，人力资源社会保障部等十部门印发了《关于开展新就业形态就业人员职业伤害保障试点工作的通知》。参与试点的七省市按照统一部署，扎实做好制定细化配套政策文件、健全工作机制、完善信息系统、推进委托承办、加强宣传培训等筹备工作，确保试点工作准时启动。2022 年 7 月 1 日试点工作正式启动以来，各方通力合作，落实国家试点办法的指导思想和基本原则，优化业务办理流程，试点实施工作总体平稳，试点任务有条不紊推进，试点目标正在逐步实现。

部省市业务流程顺畅，部省市三级业务协作高效。在信息系统方面，成功建立全国信息平台，与平台企业总部对接，同时通过省级职业伤害保障系

统与全国信息平台对接，实现平台企业、订单，以及接单人员信息在平台企业、全国信息平台、省级职业伤害保障系统间上传下达。试点省市通过召开试点行政指导会、业务培训会、专题调研座谈等线上线下相结合的方式，进行政策解答，回应平台业务办理等问题，并建立"业务工作调度机制"和"重大事项报告机制"，日常业务指导和问题反馈渠道通畅。

不同职能部门之间沟通协调顺畅。试点省市普遍反映不同职能部门大力支持职业伤害保障试点工作，前期共同制定出台落地的配套政策，通力合作研究业务问题。省级人力资源社会保障部门与财政等部门建立资金协同管理机制，明确了试点期间各部门对于资金筹集、使用、管理的相关职责，并完成与税务系统信息对接，实现参保信息、订单量及实收保费数据在社保平台与税务平台实时传递。

通过上下联动、各方协同，以政策创新和信息化为手段，实现了职业伤害保障试点办法的顺利落地，同时适应了平台企业跨区域运营、线上管理的特点。实现了参保人数持续增加，基金按时征缴，相关环节逐步打通，事故备案人员的职业伤害确认进程加快，一部分已确认职业伤害人员已经开始享受到较高水平的职业伤害保障待遇，试点工作整体平稳。

Chapter 5

第五章

我国新就业形态就业服务及纠纷预防

第一节
我国新就业形态就业服务

一、新就业形态就业服务工作状况

(一)出台支持新就业形态有序发展的政策

自2015年党的十八届五中全会提出"新就业形态"这一概念以来,国家高度关注新就业形态等灵活就业形式对提高城镇新增就业、降低失业率所产生的效果。作为诞生于积极就业政策不断完善阶段,发展于就业优先政策实施阶段的新就业形态,在拓宽就业渠道、增强就业弹性、增加劳动者收入等方面,发挥了独特作用,达到了较好的助推效果,成为不少劳动者就业的新选择。国务院每年印发的《关于落实〈政府工作报告〉重点工作分工的意见》中,对灵活就业、新就业形态的支持工作均由人力资源社会保障部牵头负责。为鼓励和支持新就业形态发展,国家出台了一系列政策,这些支持新就业形态有序发展的政策具有以下三个特征。

一是扩大覆盖范围。从最初的扶持灵活就业、新就业形态的宏观要求,到支持数字经济发展、规范平台企业运营、提升公共服务能力、维护劳动保障权益等，政策的覆盖范围持续扩大。

二是聚焦发展重点。新就业形态长远有序发展的重点和难点是维持平台企业与劳动者间的利益平衡，让新就业形态由重便捷、高风险、轻保障向重便捷、稳风险、强保障并重方向发展，有关算法控制、权益保障等增强新就业形态劳动者获得感、幸福感、安全感的相关政策陆续出台。

三是推进试点先行。人力资源社会保障部积极践行服务职能，在多个地方开展新就业形态技能提升和就业促进项目试点工作，探寻适合新就业形态发展的新模式，提升新就业形态就业服务质量。

（二）推进技能提升和就业促进项目试点工作

为支持和规范发展新就业形态，2020年4月底，人力资源社会保障部启动职业技能提升行动，把职业技能提升行动优惠政策惠及拟在或正在新就业形态就业的重点群体，提供岗前培训和技能提升培训，促进其就业或稳定就业。首批试点地区包括：湖北省、广东省、陕西省；浙江省绍兴市，福建省福州市，四川省成都市、德阳市、雅安市、南充市顺庆区，山东省青岛市、淄博市、烟台市、聊城市、德州市乐陵市和齐河县。首批试点企业及工作岗位包括：美团（网约配送员）、滴滴（网约车司机）、京东（快递员）。从各地提供的材料看，试点地区积极落实新就业形态技能提升和就业促进项目试点工作要求，及时印发配套文件、制定培训标准、夯实服务基础、完善服务模式，取得有效进展。

一是制定培训标准。第一，明确培训对象。湖北省、山东省青岛市、福建省福州市将培训对象设定为：通过企业平台提供服务获取收入的城镇登记失业人员、农村转移就业劳动者（湖北省将失地农民和退捕渔民包括在内）、城乡未继续升学应届初高中毕业生、贫困家庭（包括低保家庭）子女、建档立卡贫困劳动力、离校2年内未就业高校毕业生（含技工院校）、退役军人、残疾人等各类重点群体。浙江省绍兴市将培训对象设定为：在绍兴地区开展服务且已经在平台注册的骑手（网约配送员）。第二，统一培训时长。明确规定培训时长不少于20课时，每课时不少于45分钟。第三，设定补贴标准。给予组织新就业形态劳动者开展岗前培训和技能提升培训并考核合格的企业培训补贴，山东省青岛市、福建省福州市的补贴标准为200元/人，湖北省将此标准由2020年设定的300元/人提升至2021年的500元/人，所需资金从职业技能提升行动专账资金列支。浙江省绍兴市将此标准定为400元/人，平台方申请补贴时，需向人力资源社会保障部门提供补贴申请表、申请补贴学员名册、授课记录证明材料、答疑测试记录、补贴发票、开户银行账户信息等材料。

二是夯实服务基础。第一，加强组织领导。广东省人力资源社会保障厅成立由厅领导担任组长，就业促进处、失业保险处、职业能力建设处等多部门组成的工作小组，共同开展工作。第二，做好政策宣传。山东省青岛市充分做好新就业形态岗位技能培训宣传和发动工作，鼓励就业重点群体积极参加培训，提高技能水平和稳定就业能力。第三，掌握行业需求。四川省组织专门力量对平台企业进行专题调研，与平台劳动者进行面对面交流，全面了解平台企业和平台劳动者现状、困难和诉求。

三是完善服务模式。第一，现场式服务。湖北省武汉市人力资源社会保障局主动与三家试点企业对接，提供上门服务，对三家企业提交的新就业形态培训申报计划及补贴申领材料进行现场审核。对通过审核的，先行拨付一定比例的资金。第二，网络式服务。山东省青岛市对培训人员的资格身份条件认定、培训补贴申领采取"全程网办""零跑腿"。第三，合作式服务。四川省南充市顺庆区就业局邀请滴滴、京东企业管理人员和一线劳动者共同编写《网约车从业人员读本》《快递从业人员读本》及视频课件。第四，延伸式服务。浙江省杭州市鼓励平台企业开展网约配送员职业技能等级评价，并将评价证书与积分落户和个人所得税专项抵扣挂钩。

截至2021年7月底，共有5.06万名新就业形态劳动者参加技能培训，2.67万人完成培训（部分人员正在培训中），0.69万人获得培训补贴（部分人员正在申请补贴过程中）。其中，湖北省培训18 450人（美团4 500人、滴滴

10 000 人、京东 3 950 人）,广东省培训 9 390 人（滴滴）,陕西省培训 2 583 人（京东）,四川省培训 10 266 人（滴滴 360 人、京东 9 906 人）,山东省青岛市培训 6 956 人（美团 3 643 人、滴滴 2 200 人、京东 1 113 人）,浙江省绍兴市培训 2 970 人（美团）。从效果上看,试点地区把职业技能提升行动延伸到新就业形态,达到了扩大和稳定重点群体就业的目的。

（三）为平台企业和劳动者提供就业服务

从收集到的试点地区提供的新就业形态就业服务开展情况,以及 231 家县级公共就业服务机构调查问卷来看,公共就业服务机构落实文件要求,优化就业服务,强化监督管理,为平台企业和劳动者提供服务保障。

一是加大政策落实力度。各地鼓励和支持多渠道灵活就业,全力支持网络零售、移动出行、线上教育培训、互联网医疗、在线娱乐等新就业形态发展。2021 年上半年,湖北省为包括新就业形态在内的 13.4 万人落实灵活就业社保补贴 2.38 亿元。四川省积极推进试点行动,及时出台新的《四川省就业和失业登记办法》和《四川省就业创业证管理办法》,将从事"互联网+"等新就业形态的劳动者细分为网络销售、移动出行、生活服务、技术服务、在线教育、互联网医疗、在线娱乐、其他等八个类别,并将其全部纳入就业失业登记范围,为精准开展就业服务奠定基础。截至 2021 年 1 月,四川省试点地区共有 10 266 人完成培训,已获取补贴 1 032 人。山东省菏泽市出台了一系列政策支持灵活就业和新就业形态发展,积极开展新就业形态技能提升培训,截至 2021 年 7 月,全市共培训新就业形态劳动者 7 万多人次,培训专业有抖音、快手、直播平台的平台运营、粉丝经营、拍摄剪辑、直播带货等,带动 40 多万人就业创业。2020 年,所调查公共就业服务机构累计为平台企业提供服务 42.6 万次,为新就业形态劳动者提供服务 69.8 万人次。较之 2020 年,2021 年上半年,助力平台企业开展培训服务的机构数量增长了 3%。

二是拓展服务渠道宽度。湖北省借助招聘网站、微信公众号、广场大屏幕、公交车载电视、快速公交系统站台屏等渠道,免费发布电商、快递、美工、家政等新就业形态岗位信息，举办街道、社区等各类小型专场招聘会，帮助新业态企业和劳动者在家门口对接岗位。四川省持续加强跟踪服务。德阳市先后8次为京东物流西南智能运营结算中心召开专场招聘会，对拣货员、打包员等9个岗位拟上岗人员开展岗前培训5期，培训530余人。南充市顺庆区通过信息系统＋大数据比对，更加精准识别培训对象，匹配岗位信息，使企业有人可用、学员有工可做。

三是增强职业培训精度。山东省坚持需求引导培训，为提高新就业形态劳动者培训的精准性，对开展新就业形态技能提升和就业促进项目的试点企业推行"一企一策"，根据试点企业业务范围、用工特点、发展趋势等，帮助企业合理规划培训方案，帮助企业稳岗扩岗。湖北省根据劳动者意愿，充分调动各级公共培训中心及社会平台力量，开展电商、家政等新业态行业职业培训。截至2021年第二季度，养老护理培训14 317人，农村电商培训4 561人，妇女特色手工技能专项培训2 092人。四川省将培训对象适度扩大到互联网营销师、全媒体运营师、在线学习服务师等新职业，依托网络培训平台开展线上培训，如成都市依托"成都职业培训网络学院"，开发线上物流、新媒体运营、网络营销、在线教育等35个专业培训包及课件资源，3 000余人进行了在线学习。

四是确保跟踪督导密度。湖北省人力资源社会保障厅职业能力建设部门会同就业部门先后多次召集试点企业，开展政策宣传解读，讲授培训组织方法和流程，跟进推动试点工作实施。要求各市州人力资源社会保障部门主动对接试点企业，做好服务企业工作。为确保试点工作落到实处，湖北省人力资源社会保障厅采取每月督导形式，跟踪了解试点企业在市州培训进展情况。山东省菏泽市督导试点企业进一步完善培训方案和培训信息登记工作，规范培训管理，确保培训效果。指导企业做好培训相关档案材料的管理，确保培训信息可查询、过程有管理、质量可追溯。

二、我国新就业形态就业服务存在的困难和问题

提升就业服务质量既是国务院重要决策部署，也是人力资源社会保障部门做好民生保障工作的本职。调研过程中，研究团队发现针对新就业形态，公共就业服务机构、平台企业、新就业形态劳动者三者间未能实现基于培训服务与需求的协同联动，成为新就业形态有序发展的一大掣肘。

（一）政策体系有待完善

现阶段新就业形态处于迅猛发展期，需要全方位的政策保驾护航，但是现实中公共就业服务政策的制定远落后于新就业形态发展速度，最基本的保障性政策有所欠缺，多数政策属于在刺激式被动反应情况下制定的，还谈不上主动应对转变或超前预期制定政策。梳理有关新就业形态相关政策，可以总结为"三多三少"。一是综合性政策多，专项性政策少。与中央政策相衔接的配套措施空缺严重，尚未形成"1+N"的政策规模效应，政策精细化程度欠佳，针对性不强，没有精准指向市场主体、劳动者的真正痛点。二是引导性政策多，指令性政策少。依据行业生命周期理论，当前新就业形态正处于急速成长期，急需各类政策的规范与扶持，但是现阶段出台的政策主要停留在引导并促进其发展层面，针对该行业的规范指令性政策较少，导致平台企业恶性竞争、用工不够规范、劳动者权益保障不到位等问题频繁暴露。三是短期性政策多，长期性政策少。新就业形态作为实现更充分就业的新突破口，其在化解就业风险中扮演着重要角色，政府部门对其重视程度逐渐提高，但是现阶段的政策主要着眼于解决当前新就业形态发展所面临的问题，尚未能从长远角度考虑该如何促进新就业形态的长期稳定发展。

新就业形态平台企业及劳动者对相关政策普遍知晓度不够，使得本来就供给乏力的政策更是大打折扣，这主要归因于政策宣传不到位。一是政策宣传方式单一，新就业形态相关政策的宣传主要以网站、报纸、宣传手册等传统渠道为载体对政策原文进行科普式宣传，解读式的政策宣传不够。二是政策宣传针对性差，现有的政策宣传以面向大众的社会化宣传为主，针对新就业形态平台企业及劳动者的"点对点"式的宣传少，平台企业及劳动者需要

自己去政府官网、微信公众号等"淘"政策，一直以来倡导的"政策找人"式宣传方式探索不足，仍停留在传统的"人找政策"阶段。

（二）平台企业未能充分享受政策红利

一是服务延续性不足。平台企业相关负责人反映，公共就业服务机构在与企业沟通是否有招聘服务需求后，对有招聘需求企业的持续服务不够。二是补贴申领条件受限。囿于工作性质和业务场景，线下集中开展技能培训的操作难度较大，给培训补贴申领带来障碍。新就业形态劳动者身份认证资料收集困难，也降低了补贴申领效率。三是政策受益者异位。个别平台企业在新就业形态劳动者技能培训方面承担了"奉献者"的角色，所得培训补贴均返给参训员工，平台企业参训意愿不足。

（三）新就业形态劳动者接受就业服务存在障碍

1. 身份界定难

虽然新就业形态的名称已被社会各界广泛接受，但是具体的定义和边界依然不清晰，导致管理主体不清晰、政策制定碎片化、政策执行有偏差。实践中存在混淆个体工商户等创业人员、传统灵活就业人员和新就业形态从业人员身份边界的情况，导致对真正的新就业形态用工数据掌握不足、底数不清、情况不明。加之新就业形态劳动者大多未进行就业登记和失业登记，限制了公共就业服务机构开展后续的就业服务。在尚未建立有效的组织管理体系，以及基层公共就业服务力量薄弱的情况下，很难将分散的、变动较大的新就业形态劳动者组织起来开展针对性的就业服务。

2. 关系确定难

目前的劳动法律以是否建立劳动关系为核心，但新就业形态很难用传统劳动关系来界定。很多劳动者依赖平台开展工作且流动性很大，平台对劳动者的工作时间、地点和方式等要素的介入和管理程度较低，这种典型的自我雇佣行为或经济合作行为对组织的依附性和从属性较弱，很难按照现行法律确定劳动关系，客观上造成了权责不清、维权困难等问题。比如"三通一达"

等快递企业，一般通过层层加盟方式分包业务，各承包主体也都不与一线快递员签订劳动合同。由于劳动关系不明确，劳动者被剥离于劳动法保护之外，导致后续的公共服务保障难度较大，也难以通过劳动争议仲裁、劳动保障监察等以劳动关系为前提的渠道维护权益，只能通过调解或者诉讼维权，成本较高。另外，由于新就业形态复杂化和多元化的雇佣方式，加上平台组织所具有的分散化、隐蔽化以及劳动者相对不固定的工作场所和时间等因素，政府部门开展劳动用工的管理服务有较大难度。

3. 技能培训难

一是培训服务供需不匹配。问卷调查新就业形态劳动者相关数据显示，近五成受访者认为培训内容简单，基础类综合类培训居多，缺乏高阶的学习科目。四成受访者认为培训针对性不强，不能满足劳动者的多样化需求。二是培训时长有冲突。技能提升和就业促进项目试点工作培训对象主要为就业重点群体，该类人员可支配时间普遍较为零散，难以长时间集中学习。且由于劳动者的工资为计件工资，劳动强度大，工作时间长，劳动者不愿拿出时间参加培训，不少于20课时且每课时不少于45分钟的规定在一定程度上影响其学习热情。

4. 社会保障难

新就业形态劳动者由于劳动关系复杂导致社会保险参保率较低，政府部门监管难度较大。平台企业在管理上多"以罚代管"，造成劳动者抢时间、求准点而导致交通事故等意外伤害频发，劳动权益保障受限的问题突出。有部分平台企业担心，一旦参加工伤保险就会被认定为事实劳动关系，从而不愿单险种参加工伤保险。大部分平台企业从降低用工成本角度出发，仅为劳动者购买人身意外伤害保险，但在意外事故发生后，新就业形态劳动者常因理赔条件多、操作复杂、赔付标准低而放弃索赔，未能充分享受到人身意外伤害保险的保障作用。

（四）公共就业服务机构就业服务供给不足

1. 主观方面

（1）主动服务意识不强

从1 551份新就业形态劳动者接受服务与培训的问卷调查情况看，近七成未接受过公共就业服务，反映的主要原因是对相关政策不了解，侧面反映出政策宣讲有待加强。公共就业服务机构"重管理轻服务"，对平台企业及劳动者需求内容与变化趋势不够敏感，工作开展多本着"如何方便管理、如何完成服务"的角度，对服务对象真正的诉求不了解、不关心。以网约配送员为例，问卷调查发现，23.6%的公共就业服务机构工作人员不了解、25.3%未调查过平台企业的服务需求，24.5%不了解、26.2%未调查过新就业形态劳动者的服务需求，影响公共就业服务的针对性、精准性。

（2）服务信息化相对滞后

公共就业服务信息化是打通就业服务"最后一公里"的关键所在。调研中了解到，公共就业服务部门根本无从掌握全省新就业形态平台企业数量规模、发展现状及劳动者总体规模、流向等基础信息，面向新就业形态的服务手段主要是延续传统就业服务模式，新就业形态领域滞后的信息化平台建设直接制约了公共就业服务手段的创新，势必直接影响到公共就业服务质量。

一是信息化服务平台缺乏统一规划。部分省份虽然已经出台政策，要求市、县级公共就业服务机构建立灵活就业岗位信息库、人员信息库和线上求职招聘平台，即"两库一平台"，但是未明确建设的规范标准、时间限度、信息储备等具体内容，因此各级政府各自为政，该项工作的建设标准与进度各异，未能达到省域范围内就业信息的共建共享，尚未建立起集中统一的"互联网＋新就业形态"的公共就业服务平台。而现有的公共就业服务信息化平台并未顺应形势突出对新就业形态就业信息化端口的建设，现有公共就业服务平台中无法筛选出平台企业及劳动者，人工摸排工作量过大，导致无法主动推送相关政策。在新就业形态信息资源的开发利用过程中，原始的信息多，加工整理的信息少；孤立分散的信息多，交流共享的信息少；行政开发的信息多，市场化开发的信息少；静态的信息多，动态的信息少。[①] 因而平台企业和劳动者仍以"有形市场"为主要阵地完成匹配，信息化的"无形市场"功能发挥有限。以求职招聘为例，公共就业服务机构为新就业形态提供的招聘方式仍是以现场招聘为主，难以适应新就业形态多元化、个性化、智能化的发展需求。此外，公共就业服务机构主要着眼于业务经办流程的智能化，忽视了现有就业数据的整合与分析，难以为就业政策的制定提供精准专业的数据支撑，进而影响到新就业形态相关政策制定的科学性与连续性。

二是信息化服务平台信息共享较差。信息壁垒妨碍共享，各级就业服务部门以及平台企业都在建设自身的信息化平台，客观上直接导致了"数据烟囱"，人为地制造了难以跨越的"信息壁垒"。标准问题阻碍共享，各级服务管理部门以及平台企业自建的信息化平台采集的数据格式不统一、标准不一致，采取的处理技术、应用平台各异，数据库接口不易互通衔接，导致现有信息管理平台难以整合，数据导引、获取、交互存在困难。体制障碍拖延共享，有关新就业形态信息化平台的管理边界以及责任归属不够明晰，相关管理规定尚处于"空白状态"，经费支持来源不充足，对数据资源的归属、采集、开发等重要性认识不充分，直接增加了数据共享的难度。

三是信息化服务方式比重偏低。问卷数据显示，为新就业形态劳动者提供服务的方式中，现场服务（94.9%）和电话咨询（92%）远多于微信服务（64.8%）和应用（App）服务（42%），信息化服务手段使用不足，不能充分满足新就业形态劳动者的需要。

（3）服务内容缺乏针对性

新就业形态以"新"为特色，势必对公共就业服务提出更加多元化的新要求。但是在实际运行过程中，公共就业服务机构服务理念更新不及时，服务内容不够个性化、规范化；服务流程烦琐，标准不统一；服务过程不连续，

[①] 李青. 公共就业服务信息化建设之我见 [J]. 改革与开放, 2014（15）: 72-73.

缺少后续跟踪服务等问题层出不穷，直接降低了服务效能。具体到业务角度可以归纳为以下三个层面。

一是职业指导模式待革新。职业指导是服务于劳动者就业、职业发展和用人单位合理用人，提供咨询、指导及帮助的系列化过程，是就业工作的前置端口，但是在具体服务过程中被严重忽视。第一，职业指导理念出发点偏颇。调查数据显示，部分新就业形态劳动者从事此项工作之前处于自由职业或失业下岗状态，而公共就业服务机构在为其提供就业指导中通常以尽快解决就业为第一导向，未能准确了解求职人员的职业指导期望与需求。第二，职业指导体系相对封闭。理想的职业指导体系应该涵盖信息查询、职业咨询与职业测评等系统，且实现公共就业服务部门、用人单位、培养部门、劳动者有效对接与高效共享，但是现阶段新就业形态职业指导主要是以公共就业服务部门的单打独斗为主，其他参与主体被排除在外，缺乏各方畅通稳定的交流渠道，导致职业培训难以准确把握新就业形态市场动向与劳动者职业发展前景，无法有效克服新就业形态就业"双向选择"中的"双盲现象"。第三，职业指导形式及内容相对单一，现有新就业形态指导主要以招聘活动现场设置的职业指导咨询台为主，主要涉及职业信息发布与岗位信息，关于职业素质测评、职业规划指导的个性化咨询较少涉及。

二是职业介绍针对性待提高。一方面，职业介绍需求与供给数量失衡严重。调查数据显示，从工作获取方式看，占比最高的方式为通过网络招聘获得相应的工作，其次是通过熟人推荐获得工作，通过政府帮助获得相应工作的占比较小。另一方面，职业介绍的需求与供给质量矛盾突出。公共就业服务机构所提供的职业介绍以直接推送岗位、推荐人员为主，未将劳动者和用人单位按照素质与要求进行专业化分类，难以做到差异化管理，大大降低了职业介绍的匹配成功率，既导致了岗位利用率不高，也影响了资源信息的循环利用。

三是职业培训功能发挥不明显。第一，培训覆盖范围较窄。调查数据显示，87.67%的新就业形态劳动者表示需要参加职业培训以提升职业技能，对职业培训的需求较大，但46.55%的劳动者表示未能参加公共部门提供的培训。第二，培训内容设置不足。职业培训课程及资源不足，针对性和适用性不够，与实际需求脱节，未能与新就业形态紧密结合，较少结合行业需求开展订单式、定向式培训。此外，培训组织形式、培训时间安排、培训效果评估等与新就业形态平台企业及劳动者的需求不匹配。第三，培训手段单一。职业培训本是循序渐进的过程，但多数职业培训呈现"短平快"特征，多采用短时间内突击授课的"填鸭式"培训，持续性、分梯次的职业培训较少，缺乏多样性教学方式，线上网络培训落实不到位。第四，培训效果欠佳。公共就业服务部门更重视前期资金投入管理，对后期实施效果评价不够，特别是公共就业服务部门委托第三方开展的培训，部分第三方培训机构的培训目标往往定位于通过培训获得补贴收益。

（4）服务队伍综合素质不高

超过三分之一的公共就业服务机构工作人员为聘用或劳务派遣人员，接受过服务的新就业形态劳动者中超过四成认为服务人员态度需改善。从宏观层面上而言，服务队伍人员配备难以适应新就业形态快速发展的需求；从微观层面而言，服务队伍人员个人的服务理念与服务能力制约了服务效能的发挥。这也影响了服务后评价的持续跟进，三分之一的公共就业服务机构没有对服务后的平台企业和劳动者进行持续追踪调查，近五成没有开展服务质量和满意度评价。

2. 客观方面

一是新就业形态劳动者人数规模增长给发挥公共就业服务效应带来压力。新冠肺炎疫情全球大流行导致进出口贸易萎缩，进一步影响小微企业吸纳就业的能力，劳动力向灵活就业汇集；部分高校毕业生未找到合适的工作，以灵活就业作为过渡手段；共享经济盛行，制造业工人主动或被动转入灵活就业群体；信息技术持续创新，灵活就业成为高层次人力资本的重要选择。此外，随着政府对乡村问题的日益重视，返乡创业与灵活就业的农民工会越来越多，多因素叠加将使新就业形态等灵活就业劳动者人数不断增长。与此同时，公共就业服务如何在灵活就业人数规模化增长过程中发挥应有的作用，亟待实践的检验。

二是城乡两极分化给优化公共就业服务体系带来挑战。从党的二十大到中央经济工作会议和中央农村工作会议，"三农"问题成为今后一个时期的重要议题，实施乡村振兴战略成为重要抓手。宏观政策调整将引导部分农民工回流，以灵活就业人员、创业带头人等角色助力乡村振兴。城市方面，逐步构建与完善信息高速公路，以效率为核心的"快餐化"工作模式日益成为高学历、高技能人力资本的主动选择。在政策调控和市场调节的耦合作用下，高层次人力资本在城市快速发展壮大，弱势群体人力资本在乡村汇集合流，灵活就业人员城乡两极化分布将会更加明显，县级以下公共就业服务能力亟须匹配。

三是灵活就业类型日益创新给创新公共就业服务模式带来机遇。当前新就业形态等灵活就业人员主要从事"一对多"和"多对一"的二维生产活动。对我国发展而言，要建成富强民主文明和谐美丽的社会主义现代化强国，"三农"问题是重点，制造业是支柱，高新技术产业是核心。推动我国产业转型升级，关键是改善我国生产要素质量和配置水平。这一转型升级发展过程，将会创新出更为丰富高效的灵活就业类型。届时，新就业形态等灵活就业人员作为含有重要生产要素属性的显著节点，将会在产业链供应链网络中发挥重要作用，也会涌现出多对多、联盟式、集成式灵活就业的多维网络类型。公共就业服务模式应主动创新，以适应未来发展需要。

四是灵活就业高质量发展给提高公共就业服务能力带来契机。一方面，国家充分发挥灵活就业"蓄水池"作用，积极出台政策文件，支持多渠道发展灵活就业；另一方面，为了灵活就业的长效发展，加速解决灵活就业的制度性障碍势在必行，灵活就业涉及的工伤、医疗、劳动关系等问题都将逐步解决。随着保障政策不断完善，工作重心向乡村转移，新基建支持助力，大量新就业形态等灵活就业人员可选择性也在增加，就地就近就业成为大趋势，解决生计与照顾家庭并行，幸福感、安全感日益增强，劳动关系日趋和谐，灵活就业市场逐步规范，高质量就业逐步实现。公共就业服务不仅要做到覆盖全民、贯穿全程、辐射全域，对服务精准化也提出新的要求。

第二节
我国新就业形态劳动用工矛盾纠纷及劳动者劳动权益保障

我国互联网平台经济创造了大量的就业机会，催生出网约配送员、快递员、网约车司机等大批新就业形态劳动者，由于法律制度滞后等原因，矛盾纠纷也随之产生。如何预防新就业形态劳动用工矛盾纠纷的发生，对于保护新就业形态劳动者的合法权益、推动平台经济规范健康持续发展和促进劳动关系和谐稳定等具有重要意义。本节通过总结分析新就业形态劳动用工矛盾纠纷的特点及其产生的主要原因，提出新就业形态劳动者劳动权益保障的相关原则。

一、新就业形态劳动用工矛盾纠纷的特点

（一）纠纷案件总量不多，行业特征明显

根据中国裁判文书网可知，2013 年我国开始出现新就业形态用工案件，近年来新就业形态用工引发的纠纷案件有增多趋势，但总量不大。上海市第二中级人民法院发布的《2017—2022 年上半年新业态用工纠纷案件审判白皮

书》显示，2017—2022年上半年共审结新就业形态用工纠纷案件83件。如图5-1所示，其中2017年5件、2018年11件、2019年11件、2020年16件、2021年24件、2022年（截至8月）16件，呈现逐年增长趋势。《天津法院劳动争议审判工作情况白皮书（2020—2022）》显示，2020—2022年，新就业形态用工纠纷逐步显现，共审理涉及外卖员、网约配送员、网约车司机等新就业形态劳动争议案件95件，另衍生出因新就业形态劳动者在工作中受到伤害是否能享受工伤保险或商业保险待遇的相关民事案件174件。广州法院2018—2021年共受理涉平台经济的劳动争议案件1 113件。[①]北京市第一中级人民法院课题组所作的《新就业形态下平台用工法律关系定性研究》数据显示，2018—2020年，北京市、广东省、上海市、浙江省四省市共审结新就业形态相关民事纠纷一审案件2 000余件。由于新就业形态案件的各地统计口径不完全一致、部分仲裁机构对新就业形态劳动用工争议案件不予受理，以及劳动者按照民事争议走诉讼程序等原因，目前新就业形态纠纷案件总量底数不清。

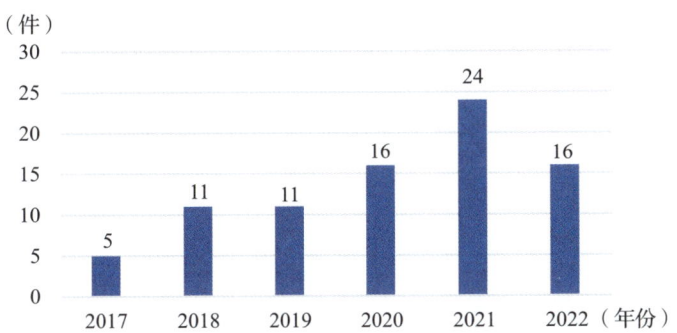

图5-1　2017—2022年新就业形态用工纠纷案件数量
注：2022年为截至8月数据。

资料来源：上海市第二中级人民法院发布的《2017—2022年上半年新业态用工纠纷案件审判白皮书》。

---

① 杜玮淦，张雅慧，印强. 去年为劳动者追回薪酬超2.2亿元［N］. 南方日报，2020-04-30（5）.

从行业分布看，案件主要集中在服务业，其中涉及快递物流、外卖送餐、用车出行的案件数量最多。北京市第三中级人民法院 2021 年 4 月 28 日在涉及新就业形态用工劳动争议案件审判观察新闻通报会上指出，涉及用车出行、快递行业的案件数量最多，占比分别为 47.55%、18.89%，其次是家政服务业和外卖送餐行业，占比分别为 14.69%、11.19%，其他分布于网络直播等行业。① 上海市第二中级人民法院发布的《2017—2022 年上半年新业态用工纠纷案件审判白皮书》显示，2017—2022 年上半年，快递行业的新就业形态用工纠纷案件的数量居于首位，共计 48 件，占比高达 57.83%，其次是外卖行业，有 19 件，占比 22.89%（见图 5-2）。这两类行业是新就业形态用工纠纷发生的主要领域，占比超过 80%。企查查数据显示，截至 2021 年 2 月 5 日，在共享交通领域，互联网企业共有 1 646 家，共发生 207 件劳动司法案件，两者数量之比为 1∶0.13；物流仓储、家政服务、餐饮配送的互联网企业数量与案件数量之比分别为 1∶0.05、1∶0.02、1∶0.02，可见共享交通、物流仓储领域的案件发生率高于家政服务、餐饮配送。②

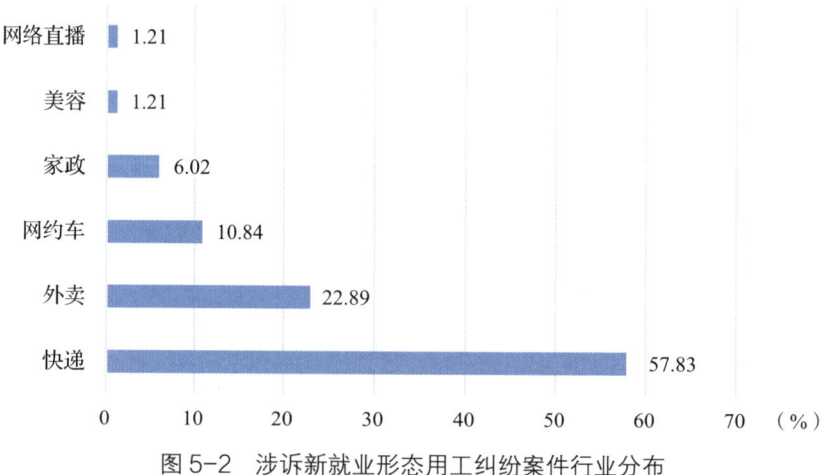

图 5-2　涉诉新就业形态用工纠纷案件行业分布

资料来源：上海市第二中级人民法院发布的《2017—2022 年上半年新业态用工纠纷案件审判白皮书》。

---

① https://baijiahao.baidu.com/s?id=1698251876287568015&wfr=spider&for=pc.
② https://baijiahao.baidu.com/s?id=1691008687019757563&wfr=spider&for=pc.

（二）劳动关系确认成为诉求焦点，司法不承认劳动关系的案件居多

一是要求确认劳动关系的案件数量最多。北京市第三中级人民法院2021年调查结果显示，要求确认劳动关系的案件数量占涉新就业形态用工劳动争议案件数量的一半以上。① 2021年9月，北京致诚农民工法律援助与研究中心在《外卖平台用工模式法律研究报告》中指出，从2016年4月至2021年6月，外卖骑手认定劳动关系的相关案件有1 907件，占全国各地新就业形态劳动用工纠纷案件总数的一半。2019年，青岛市中级人民法院调研数据显示，新就业形态用工案件中劳动者要求确认劳动关系的纠纷案件数量占总数的60.31%。② 根据2018年北京市朝阳区人民法院发布的《互联网平台用工劳动争议审判白皮书》，劳动者直接提出确认劳动关系诉讼请求的案件占比为61.2%。③

二是总体来看，法院判定平台劳动者与平台企业或其合作商具有劳动关系的比例不高。上海市第二中级人民法院在2017—2022年上半年审结的案件中，劳动者诉请与平台、平台合作单位或劳务外包单位确认劳动关系的案件有38件，其中认定存在劳动关系的8件，占比为21.1%（见图5-3）。2020年《青岛新业态用工纠纷审判白皮书》的数据显示，认定双方存在劳动关系的案件占比为34.2%。北京市朝阳区人民法院在结案的105个互联网平台用工案件中，确认劳动关系的案件占比为37.1%。④ 但是对现有判例统计后发现，对于"不完全符合确立劳动关系情形"的新就业形态劳动者，司法很少认定双方存在劳动关系。⑤

---

① https://bjgy.bjcourt.gov.cn/article/detail/2021/04/id/6011202.shtml.
② http://www.sdcourt.gov.cn/qdzy/sjgk95/gzbg1/bps60/5791231/20191205153519839 89.pdf.
③④ https://bjgy.bjcourt.gov.cn/article/detail/2018/04/id/3261190.shtml.
⑤ 蒋芷毓.灵活就业"蓄水池"［J］.中国新闻周刊，2022（14）:24-30.

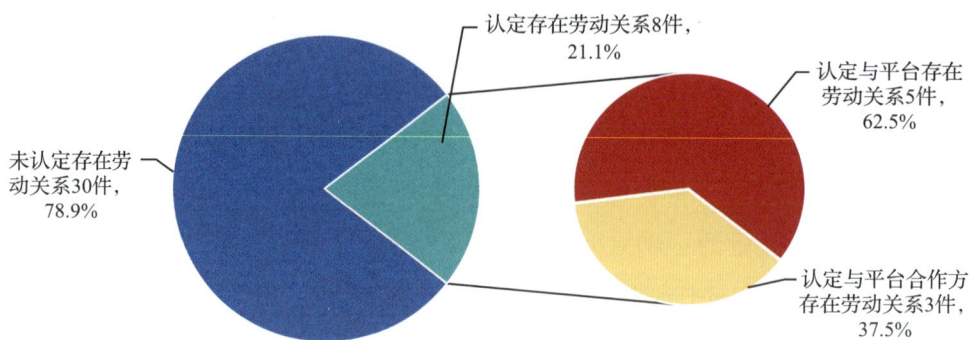

图 5-3 新就业形态用工纠纷案件中劳动关系认定情况

资料来源：上海市第二中级人民法院发布的《2017—2022 年上半年新业态用工纠纷案件审判白皮书》。

三是个体工商户大多被认定为存在事实劳动关系。不少平台企业或其合作商以发工资、少交税为由，诱导劳动者注册个体工商户，以此规避劳动用工责任。这并非劳动者的真实意思表示，很多劳动者打官司时才知道自己是个体工商户身份，一些案例还表明，注册行为发生在交通事故发生之后。个体工商户是独立的商事主体，不能作为适格的劳动者与用人单位建立劳动关系。但从裁判结果看，大多数纠纷案件未将劳动者认定为个体工商户，而是认定为存在事实劳动关系。

四是工伤类型案件数量多，被认定为劳动关系的比例高于其他类型案件。新就业形态劳动者遇到意外伤害时，平台企业对此不承担应有的雇主责任，极易诱发矛盾纠纷。根据企查查对国内两大外卖平台美团、饿了么 2020 年度所涉司法案件类型的统计，机动车交通事故责任纠纷的数量均排在前两位。[①] 在各种类型案件中，工伤案件被认定为劳动关系的比例较高。2022 年，北京致诚农民工法律援助与研究中心在有关研究报告中指出，工伤案件认定为劳动关系的比例高出其他类型案件 19.9%~35.9%。[②]

五是"一案多诉求"现象普遍。新就业形态劳动者往往在同一案件中提

---

① 中研网发布的《2020 年中国外卖行业发展现状及趋势分析》。
② 北京致诚农民工法律援助与研究中心. 平台经济下合作用工模式劳动关系分析——以外卖平台为例[J]. 人民司法，2022（7）：20-27.

出多种诉讼请求，如劳动者在提出确认劳动关系诉求的同时，会提出用人单位支付未签订劳动合同的两倍工资差额、加班工资等数项诉求。未休年假工资、经济补偿金、社保补偿、实际工作情况与合同约定情况不符等诉求也常被提出。

（三）劳动关系判定依据不统一，出现"同案不同判"现象

从裁判案例中可以看出，对于相同案件或高度相似的案件，不同省份的法院，甚至同一省份不同市区的法院，往往因适用法律不同、法律论证角度不同，可能作出不同的判决。国际上也同样存在判决规则不统一、"同案不同判"的情况。此外，人们对于从属性标准的解读和程度的强弱有不同的感知和理解，在法律规定不明确的情况下，法官的个人判断也可能会产生不同的判决结果。例如，一审法院认为送餐业务是公司主营业务，送餐的规定要求由公司制定，劳动工具带有公司标识，就判定双方具有劳动关系。但是二审法院认为，劳动者自主安排工作量和工作时间、需要自带劳动工具、公司制定的规则是为了监管劳动者等，因此无法判定具有劳动关系的从属性。又如，关于两起网约车司机所涉的类似交通事故案件，两家法院对平台企业与劳动者之间的用工关系分别作出劳动关系、劳务关系的判决。

（四）电子证据审查和认定成为裁决审判的难点

新就业形态劳动者的工作需要借助互联网完成，但是电子数据具有易变性、隐蔽性等特点，其鉴定存在易被修改、难以确定相对方身份真假等难点，给司法认证带来挑战。例如，通过支付宝发放工资的记录、通过电子系统形成的考勤记录、用电子邮件或微信安排工作的记录、App 截图等电子数据类的证据容易被篡改，一旦发生矛盾纠纷，不易证明网络空间下信息的真实性。又如，在质证时，当事人往往辩解自己不是对方当事人或实际操作人，法院较难确定电子数据中记载的相对方、实际操作人或实际使用人的身份。[1] 2020年5月1日实施的《最高人民法院关于修改〈关于民事诉讼证据的若干规定〉

---

[1] https://www.jxzfw.gov.cn/2020/0509/2020050922098.html.

的决定》（法释〔2019〕19号）对审查电子数据的真实性提供了考量因素，并赋予了审判人员自由裁量权，为审判人员对电子数据的采信认定提供了指引。

二、新就业形态劳动用工矛盾纠纷产生的主要原因

（一）劳动关系认定标准不完全适用新就业形态

2021年7月，人力资源社会保障部等八部门出台《关于维护新就业形态劳动者劳动保障权益的指导意见》（人社部发〔2021〕56号，以下简称《指导意见》），这是国家层面第一个系统规定新就业形态劳动者权益保障的政策文件，明确了平台企业要承担相应的劳动保护责任，并提出了"不完全符合确立劳动关系情形"的新就业形态劳动者类型，但是目前在司法实践中仍然面临劳动关系难认定的判决困境。书面形式的劳动合同是认定劳动关系的首要依据，在没有书面劳动合同的情况下，可以依据非胁迫欺诈等情况下签订的协议进行判断。如果协议的内容与事实明显不符，要依据《关于确立劳动关系有关事项的通知》（劳社部发〔2005〕12号）判断双方是否具有劳动关系。传统的认定标准已经无法适应互联网平台经济下多主体、数字化的用工形态，新就业形态劳动者的权益暴露在市场经济的法律风险之中。从属性标准是判定劳动关系构成的重要依据，但是新就业形态劳动者与平台企业之间存在人格从属性不强、经济从属性降低、组织从属性弱化等问题，表现在工作时间、工作地点、管理要求等方面更为灵活，劳动者不完全依赖平台企业的管理；劳动收入受到平台企业一定程度的控制，主要根据订单量、工作次数或业务量等结算；劳动者可为多家平台企业提供劳动和取得报酬；等等。

（二）民主协商制度机制滞后，劳动者沟通申诉渠道不畅通

新就业形态劳动者在权益受损、发生矛盾纠纷时，主要通过客服电话、微信公众号等渠道申诉，但很难引起平台重视并得到及时解决。缺少工会组织帮扶，是矛盾纠纷难以解决和权益维护难以实现的重要原因。工会组织在传统劳动关系中发挥出重要作用，但是在新经济、新业态下，网约用工的高度自由化和多元化使这些独立而分散的个体很难聚集在一起。虽然2022年

1月1日新修正的《中华人民共和国工会法》实施，新就业形态劳动者能够被工会所覆盖，但是由于其流动性大等特点，吸收他们入会的难度较大。以往的企业集体协商机制、企业内部调解组织、企业劳资协商会、企业职工代表大会等制度机制不完全适应新就业形态下的矛盾纠纷处理。当前，网约车、快递物流、外卖送餐等行业很少建立企业代表组织，即使行业工会与头部平台企业就新就业形态劳动者权益相关事项开展集体协商，也会出现协商主体代表性不足、协商过程存在利益倾向等不公平不公正问题。劳动保障监察、劳动争议仲裁等途径难以适用。根据《指导意见》，仲裁不作为解决"不完全符合确立劳动关系情形的"新就业形态劳动纠纷的主要途径。通过司法手段维权，面临程序复杂烦琐，时间和资金成本较高的问题，劳动者容易放弃维权。新就业形态劳动用工监管手段面临法律依据不足的问题。

（三）部分企业通过转包等方式隐蔽雇佣或虚假雇佣

随着介于劳动关系和劳务关系之间新的用工形态的出现，原有的用工关系变得复杂。新的用工形态涉及的利益主体众多，有平台公司、平台服务商、代理商、加盟商、保险公司、配送站点的管理人员、劳动者等。部分平台企业通过合作商转移法律责任，合作商又模仿平台企业的做法通过外包等方式继续向外转移责任，由原来的"企业－职工"变为"平台－合作商－个人"或"平台－合作商（合作商－合作商－……）－个人"模式，以此隐匿用工主体，规避用工责任。例如，A公司负责派单，B公司负责发工资，C公司负责缴纳社会保险费，D公司负责缴纳个人所得税，E、F、G公司负责提供租赁车辆等，其中A是一家大型平台企业，B、C、D、E、F、G都是其配套的服务商，他们互相交织，原本集中于单一雇主的管理权功能分散到多个商业实体，他们的主要角色是承担平台扩张过程中想要极力甩掉的人力成本，并起到法律防火墙的作用。①

通过转包，平台企业将用工责任转嫁到配套的服务商，也转嫁了与劳动者之间的权利义务关系，一旦发生矛盾纠纷，各利益主体之间相互推诿，用

---

① https://www.jingji.com.cn/html/jjztbd/2022lh/2022dbwy/260197.html.

工主体及其责任等劳动纠纷事实难以判断，劳动者维权处于尴尬局面。例如，某平台企业与上百家服务商签订合作协议，这些合作服务商层层转包和分包，致使劳动者不清楚用工主体，即使找到作为被申请人的平台用工合作企业，也往往由于雇主较弱的承担责任能力，劳动者的权益无法保障。又如，天津某信息科技有限公司与外卖骑手刘某某一案。刘某某负责某平台北京某地区的送餐服务，天津某信息科技有限公司与外卖骑手签订劳务协议，以避免承担劳动关系的法律责任，同时将送餐服务外包给某科技有限公司，每月支付给该公司服务费，该公司通过其关联公司，将劳动者转化为个体工商户，使其成为自然人法律主体形式，以排除劳动关系的认定。[①]在调研中了解到，有的服务商承接平台的业务后，并不自行招聘员工，而是采用承揽、派遣、加盟等层层转包的方式解决短期内大量招聘员工的问题；部分服务商转包给外地的公司，在外地缴纳社会保险费，依据相关劳动法律法规对于社会保险费可以在异地缴纳的规定，相关行政部门难以对异地公司进行管理。

（四）企业通过算法设计加强劳动控制

算法是网络平台内部的运行规则，在新就业形态用工中，企业利用算法等技术手段监控和决定报酬给付、考核奖惩等劳动规则，出现了新技术手段支撑下的过度劳动控制。新就业形态劳动者反映，商家出餐时间、路况、等电梯时间、小区复杂情况、导航距离等并没有在算法中被全面考虑。由于算法技术寻求最优解的属性和劳动者为了获得更多收入，工作强度达到了前所未有的程度，对劳动者的生命安全带来较大隐患。2021年7月，市场监管总局等七部门印发《关于落实网络餐饮平台责任 切实维护外卖送餐员权益的指导意见》（国市监网监发〔2021〕38号），要求平台通过"算法取中"等方式，适当放宽配送时限。部分外卖平台企业对此积极回应，公开了骑手配送时间计算规则等算法逻辑，并采取相应的措施加以解决，但是还需对算法设计进一步完善。

[①] https://aiqicha.baidu.com/nwenshu?wenshuId=1659d861dd2a9329791a4bb58b3a3b3d7b08f940.

（五）劳动者的法律风险防范意识还需加强

一是劳动者保留证据的意识欠缺。新就业形态劳动者签订的大都是合作协议、服务协议、劳务协议、委托代理协议等[①]，他们并没有认真阅读协议条款，不清楚自身的权益保障情况，法律风险防范意识不强，对从业风险的认知不足，缺乏保留证据的意识。二是部分新就业形态劳动者缴纳社会保险费的主观意识不强。他们不希望企业缴纳社会保险费，因为缴纳社会保险费后拿到手的现金就会变少，他们更看重个人的短期收入，这将成为未来矛盾纠纷发生的隐患。

三、新就业形态劳动者劳动权益保障的原则

一般来说，改革创新需要一个比较长的时期，思想变革比制度变革要艰难得多，对新事物的认知要经历一个较长且反复的过程，但同时也应抱有坚定的信心，事物发展的客观规律不会以人的意识为转移，市场决定资源配置的作用与国家治理能力的提升，会逐步找到解决问题的新路径和新方法。目前我国已开启新一轮劳动保障治理调整，将突出体现为以新就业形态劳动保障为核心，以维护劳动者基准（底线）权益为重点，并将逐渐延伸到各类劳动就业形态，补齐我国劳动基准相关的各方面立法规制。因此，从长远来看，还将持续推进出台相关政策，在就业促进、职业发展、劳动标准、社会保障、社会对话等各方面，都将适应多变的就业形态，满足劳动者多元化政策诉求，特别是应对数字经济发展对传统劳动保障制度框架的挑战。

（一）正确认识和平衡发展新就业形态

长期以来，从全球视野来看，非劳动关系用工在就业人口中一直占有较高比例。2018年国际劳工组织发布报告称，赚取周薪和月薪的传统就业人口大约只占全球就业人口的50%，其中又只有45%的传统就业人口是全日制

---

① 例如，某知名外卖平台的配送合作商 A 人才服务有限公司，在与众包骑手签订的《劳务协议》中规定，"您知悉并充分理解与 A 人才服务有限公司通过本协议建立的劳务关系，适用《民法典》和其他民事法律法规，不适用《中华人民共和国劳动合同法》。"

永久雇员，剩下的则是兼职和临时就业。也就是说，稳定、长期的雇佣模式的就业人口仅为全球就业人口的四分之一。近10年来，全球开始经历百年未有之大变局，新一轮科技革命和产业变革深入发展，其中最为典型的经济新形态就是平台经济。国际劳工组织在《世界就业和社会展望：2021年趋势》中提出，数字劳工平台可分为两大类：在线网络平台（Online Web-Based Platforms）和基于位置的平台（Location-Based Platforms）。在线网络平台上的劳动者可在线或远程实现任务或工作的分配，此类任务包括自由职业平台和基于竞赛平台的翻译、法律、金融和专利服务，以及设计和软件开发等。在竞争性编程平台上的劳动者需要在规定时间内解决复杂的编程或数据分析问题，或是在微任务平台上完成图像标注、审核内容、视频转录等短期任务。而基于位置的平台上的任务由劳动者在指定的地理位置完成，包括出行、配送、上门服务（如水管工或电工）、家政及护理服务等。目前来看，基于位置的平台上的劳动者由于在线下往往需要接受平台具体的指导或者某种管控，因此在劳动关系属性上是最有争议的。

在国内，灵活就业已经存在了数十年，经历了不断从体制内向外扩张的过程。改革开放初期的外出农民工到城市"打零工"，以及返城知识青年做小买卖，都是最初的灵活就业形态，只是那个时候在政策上并未给予"灵活就业"的定位（但是首次提出了个体工商户政策）。灵活就业这个词在中国肇始于20世纪90年代，首先出现在上海市的政策文件中，因下岗职工再就业（也是打零工、做小商贩），希望借鉴国际劳工组织的"非正规就业"，但是该词汇在国内语境下显得有些负面，因此地方创新提出了"灵活就业"的概念，自此开始在各类劳动用工政策文件中被广泛使用，政府不断出台各项针对性的举措。此外，非全日制用工、劳务派遣用工、学生实习工、退休返聘等非典型劳动关系用工一直大量存在，相关法律和有关部门的政策在一定程度上给予了定位和规范。当前，平台用工关系成为非典型劳动关系中最引人关注和备受争议的领域。由于其天然诞生于互联网技术这样的新技术革命背景下，故社会上普遍认为这是一种新型用工关系，而非传统的非典型劳动关系，因此，之前能够适用劳动关系以及一些非典型劳动关系的法律政策，无法直接完整应用于平台用工上。

平台新就业形态，正是通过运用现代互联网等信息科技手段，解决了传统用工模式下无法克服的市场痛点。与此同时，平台作为新型商业生态中的关键部分，基于位置的服务正是O2O的核心，有着不可取代的作用，因此平台必然比较深度地渗透到整个劳动服务过程中，参与信息提供、交易撮合、订单分配、路线规划、交易结算等过程，由此构造出一个全新的"数字劳动生态系统"。该系统包含劳动提供者（含专职劳动者、兼职劳动者）、专业服务商、交易撮合方等多方市场主体，且彼此相互依存、相互衔接、相互交融。这与过去几百年工厂制下的单向"雇主-雇员"模式有着根本区别，无法完全套用传统劳动关系予以识别，因此也就给用工关系界定和劳动权益保障模式带来了重大挑战。

未来中国经济结构调整仍将持续深化，从世界经济发展规律看，第三产业或者服务经济的占比会持续提高，新消费模式将促使第三产业成为"新实体经济"，服务业劳动者也将成为"新服务人员"，这些反过来也会赋能农业经济和工业经济，向"智慧农业""智能工业"跃迁。而不论是新消费经济还是智能工业，在劳动用工上可能都将与数字劳动形态更加匹配，高度分工进一步带动生产和服务的空间分散、时间分散以及需求个性化，这些都对传统工厂制用工带来根本性改变。平台就业是消费者有需求、劳动者有意愿、市场决定资源配置方式，从而逐步产生发展出来的能够解决痛点问题的一种数字劳动新形态，就像几百年前流水线的工厂制雇佣劳动适应了当时市场分工发展的结果一样，家庭式小作坊生产方式也并非代表当时先进生产力的发展方向。单纯批判新就业形态，甚至希冀消灭平台就业，全部回归工厂制雇佣劳动，这并非明智之举，相反应该"顺势而为、补齐短板"，在规范发展的体制机制上改革创新，用"新瓶装新酒"，推动先进生产力科学发展、规范发展、可持续发展。

2021年7月，人力资源社会保障部等八部门印发了《关于维护新就业形态劳动者劳动保障权益的指导意见》（人社部发〔2021〕56号，以下简称《指导意见》），从顶层设计层面明确了"创新劳动关系新分类，提供全谱系基准保障"的新监管理念。在劳动关系分类方面，《指导意见》将新就业形态划分为三类：第一类是符合确立劳动关系情形的，第二类是创设出不完全符合确立劳动关系情形但企业对劳动者进行劳动管理的，第三类是个人依托平台自主开展经营活动、从事自由职业等。在全谱系基准保障方面，对于不完全符合确立劳动关系情形的，《指导意见》要求指导企业与劳动者订立书面协议，合理确定企业与劳动者的权利义务，以及在最低工资、工时、休息休假、社会保险等方面逐步完善政策适应此类劳动者。也就是说，今后不管什么用工关系类型的平台就业人员，平台都需要保障其基准劳动权益。相信未来还会在现有制度框架基础上加快改革创新，加强制度供给，实现平台经济发展和新就业形态劳动者劳动权益保障的双促进。

（二）坚持分类治理的方向

2021年7月，国务院常务会议明确提出要适应新就业形态，推动建立多种形式、有利于保障劳动者权益的劳动关系。传统雇佣就业、劳务派遣等特殊劳动关系和平台就业新形态等共存有序发展，劳动者的就业自主权、基本权益保障权均得到充分实现，哪种就业形态适合自己，自己愿意选择哪种形式的劳动关系，就可以选择哪种。对此，《指导意见》直接明确了"多种形式的劳动关系"即"三分法"，包括传统劳动关系、不完全劳动关系（中间态）和一般民事关系，并对不完全劳动关系提出了下一步政策考虑，包括指导企业与劳动者订立书面协议，合理确定企业与劳动者的权利义务；采取外包等其他合作用工方式，劳动者权益受到损害的，平台企业依法承担相应责任；推动纳入工资相关制度保障范围；企业要引导和支持劳动者根据自身情况参加相应的社会保险；组织未参加职工基本养老和基本医疗保险的灵活就业人员，按规定参加城乡居民基本养老和基本医疗保险，做到应保尽保。

下一步，还需要立法部门继续大胆探索，建立区分传统劳动关系、特殊劳动关系、平台新就业关系的识别系统，明确各自边界，最终在法律属性上给予平台就业新形态合法地位，让企业敢发展，劳动者敢就业，市场敢容纳，进一步稳定和扩大各类就业。在建立识别系统过程中，要充分认识到平台就业新形态与传统劳动关系有一定交叉，但是不完全一致，往往是民事契约和劳动契约的混合形态或中间形态，对此要给予充分包容，把握平台就业的本质特征，不能因平台基于用户安全、劳动者保护要求出台的管控规则，或者单纯从工作时长角度而将其认定为从属性强，认为其完全符合传统劳动关系。

从国际经验来看，各国采用多种方法来划定平台就业者的法律地位。这些划分通常从诉讼判例中产生。国际劳工组织将其分为四类：①根据平台对劳动者的管控程度，将其划归为雇员；②根据劳动灵活度和自治程度，将其划归为独立的外包合同工；③采纳中间类别实现对劳动者的劳动保护；④未在法律上明确第三种类型，但是形成了事实上的第三类，确保劳动者获得特定的权益。2021年2月，英国最高法院对Uber案作出的裁决，符合③的情况，认定Uber司机为"雇员"，而并非自雇人员，因而享有包括带薪假期、最低工资、退休金在内的基本权利，但不享有解雇保护。[①] 在美国加州的AB-5法案后，2020年11月优步等公司提出折中方案，在保持网约车司机的独立承包人身份的基础上，提供最低收入保障、医疗健康保险等，可以视为基本符合④的情形。可见，我国推动建立多种形式的劳动关系，设立新的不完全劳动关系，也是符合国际经验的。

由于立法是一个相对较长的过程，在此之前，可以先摒弃劳动关系争论，从保护劳动者基本权益角度出发，由政府相关部门建立一些底线标准（基准权益），以问题为导向，引导市场更加规范发展，预防极端恶性事件的发生。

---

① 英国对劳动关系的认定是一种三分法，employee对应的是我国劳动法中的劳动者，享有劳动法的保护，比如解雇保护、最低工资等；self-employed对应的是自雇者，没有任何劳动法的保护；而worker介于employee和self-employed之间，worker表面上也是一种自雇者，区别在于，worker所提供的服务，属于他人所经营业务的一部分，因此，worker仅拥有部分劳动法的权益，比如最低工资和带薪休假，不享有解雇保护。

（三）处理好制度框架基本统一和改革创新的协调关系

我国劳动法和社会保障制度经过计划经济和改革开放的多次调整，目前已基本定型，整体制度框架已初步确立，如果无视这一事实，希望对制度体系进行彻底性改造，既不切实际，也可能引发"次生灾害"。对此，职业伤害保障制度有较好的启发和引领意义。从方向上看，一方面，新的职业伤害保障主要是参照现行的工伤保险制度，这样做不会使现有社会保险体系出现碎片化的结果，在待遇享受方面基本接近工伤保险待遇，也可以保证不同就业形态劳动者能够享受同等水平的保障；另一方面，在缴费标准、缴费方式与劳动关系解绑等方面有所创新和突破，从而较好符合平台灵活就业新形态的特点。

借鉴职业伤害保障制度设计方向，未来针对平台就业新形态社会保障方面，可以考虑在保持社保制度体系基本一致的基础上，通过调整参数进行技术层面处理，如改为按单缴费等，并剔除掉一些不符合平台就业特征的内容，形成新型制度探索。在基本养老、医疗保险方面，目前形成了三个体系：一是城镇职工基本养老保险、城镇职工基本医疗保险；二是城乡居民基本养老保险、城乡居民基本医疗保险；三是灵活就业人员可以以个人身份，参加城镇职工基本养老保险、城镇职工基本医疗保险。新就业形态的典型特征是灵活性、流动性强，法律属性是不完全劳动关系，底层逻辑是数字技术将业务标准化和原子化并及时匹配给劳动者。但传统社会保障是参照稳定的劳动关系制定的，对原子化工作任务和自由进出流动的适配性不高。如果无法持续稳定缴费，部分社会保障的权益就无法享受，且当前社保转移、接续等仍存在诸多现实困难，这就导致如果完全按照现行社保政策覆盖平台灵活就业新形态，既影响社保政策的执行效果，也冲击灵活就业。因此，在考虑保持制度框架基本稳定的基础上，可以不为平台就业新形态增设新的体系，而是要着重在现有制度体系中做参数调整和技术处理。一是继续加快放开灵活就业人员在就业地参加城镇职工基本养老保险、医疗保险的限制，除了超大和特大城市以外的其他城市应全部放开，超大和特大城市可考虑设置一定的常住时间作为门槛，如连续工作一定年限以上的，可将社保账户转入并在就业地继续参保；二是加快解决灵活就业人员异地就医和医保报销问题，不论是参加城镇职工医保还是在户籍地参加城乡居民医保，均可便捷地在就业地享受医保待遇；三是针对不完全符合劳动关系的平台就业，逐步探索建立针对长期稳定在平台上就业的劳动者（如累计就业时间在2年以上）的多方筹资模式和分担机制，支持劳动者在就业地稳定就业、稳定生活。

在其他基本劳动权益保障方面，在保持相关制度体系基本一致的基础上，应注重改革创新，不能简单机械地套用适合传统劳动关系的制度和监管方式，针对平台灵活就业新形态的特征，探索建立有利于扩大劳动者就业、有利于保护劳动者基本权益的新方案。新时代的劳动用工形式相较于以往的以劳动关系和民事关系为主的二分法更为多样，现有对劳动者基本劳动权益的规定，包括工资、工时、特殊劳动保护、社会保险等内容分散在不同的法律法规中，且部分内容的出台时间较早或只适用于传统劳动关系形态，与平台灵活就业新形态实际情况不符，因此不宜简单照搬现行的工时制度和最低工资制度。从短期看，可以考虑制定平台灵活就业劳动保障权益负面清单，在劳动报酬支付、最低工资、最长工作时长等方面，探索建立适应平台工作特征的标准和监督措施，从兜住底线的角度保护劳动者；从长远看，可以考虑建立适用全体劳动者的基本劳动权益标准，完善基本劳动标准法律法规，从而实现全谱系式的劳动权益保障，将平台灵活就业新形态劳动者的保护纳入统一的制度框架内。

（四）设计新的责任分担机制

有学者认为，如果设立新的用工关系类型（不完全劳动关系），可能导致其他传统企业倒向平台化，因为此时的劳动者从属性较自雇人员强，较受雇人员弱，故而对其的保障程度将介于二者之间，企业将会承担更少的责任，但又对其具有一定的管控权限。对此，作者认为不必过度担心，因为只要设计合理的权责利对等机制，企业和劳动者作为市场主体，有权利自主作出供需匹配的决策。因此，未来重点是设计合理的责任分担机制。

从根本上讲，劳动者在自主选择平台灵活就业新形态时，主要考虑的是"稳定与自由"之间的平衡，稳定多一些，受约束力就要强一些，自由灵活多一些，收入稳定性、就业稳定性必然弱一些。在不完全劳动关系下，劳动者的人身依附性比传统劳动关系要弱，得到的自由自主权限要更多，数字劳动生态系统中的平台、服务商等对劳动者的管控也相对较少，因此，比较合理的责任分担机制就必然需要劳动者个体比传统劳动关系下的劳动者负担更多的成本和责任，从而达到市场上各种就业形态之间的优劣平衡。

对此，可能有一些人会认为，传统劳动关系的工作在稳定的同时，个人又承担更少的保障责任，这不是更好的选择吗？这就需要我们重新理解新时代劳动力市场的新属性。首先，自我承担更少的保障责任，不等于保障水平更高。针对平台灵活就业权益保障的设计，需要如上文所说，在保持制度框架一致性的基础上进行改革创新，目的就是使各类就业形态的劳动者享受的劳动权益保障基本相同，不完全劳动关系不等于"不完全劳动权益"，而是使自我保障责任多一些，主要是成本上承担多一些，而非低保障水平。其次，灵活就业在新时代劳动力市场中会有更大的价值。随着人口红利逐步缩减，劳动力卖方的力量会越来越强，灵活就业往往是劳动者更主动的选择，他们希望在赚取较高收入的同时可以有更多时间安排上的自主性，实现工作和生活的平衡，或者有业余时间从事其他兼职，使得个人总收益、总效益最大化。因此在他们享受到了更多收益的同时，承担比传统劳动关系劳动者更多一些的成本，是符合各就业形态群体间平衡要求的。例如，网约车司机比传统劳动关系的出租车司机更能自主决定上线时间、接单平台等，这种情况下网约车司机自我承担更多一些成本，有利于平衡这两类群体间的就业选择。最后，新的责任分担机制也有利于劳动权益保障制度的新设计和新调整。未来对平台灵活就业新形态的制度设计和调整，需要引入新的参数，如果完全按照传统制度进行调整，显然无法突破，新的责任分担机制是非常必要的。

（五）分阶段有序推进

经过十年左右的发展，平台灵活就业新形态正逐步形成自身的发展规律，此时法律政策调整应更加注意节奏和力度，先引导再规范，先软性再硬性，在完善保障措施的同时逐步提高保障水平，实现平台就业发展和劳动权益保障的双促进。

首先，尽快从柔性治理角度推动行业完善自治自律机制。当前，平台经济的头部企业已经探索出一系列平台经济劳动者的劳动权益保障方式，积累了一定实践经验，如外卖行业、网约车行业推出的商业保险等，但仍然有部分行业或企业缺乏相应的标准与规范。近期，可以考虑由行业协会、行业组织牵头，借鉴成熟经验，推进行业性的服务标准和劳动权益保障模式，加大行业自治和监督，探索有效保障措施，重点解决恶性事件问题，形成行业内部自律，同政府一道构成劳动者劳动权益保障的多方协同治理体系。

其次，完善平台人力资本治理体系。平台灵活就业新形态劳动者是平台经济和数字劳动生态系统中的重要人力资本，要加强人力资本治理的人性化要素，注重数字劳动生态系统内部的协商协调机制，健全劳动者安全健康保障机制，完善劳动者申诉机制，督促平台及相关方制定合理的平台进出、订单分配、定价支付、工作时间、处罚措施等规则和算法，让灵活就业劳动者对数字劳动人性化改善有感知，增强获得感。

最后，审慎推进、逐步提高制度门槛。由于涉及劳动者权益保障的制度天然具有刚性，即只能上不能下，且目前平台经济仍在发展完善阶段，部分企业利润率长时间处在较低水平。在考虑平台企业成本负担的基本事实情况下，可优先建立新就业形态劳动权益保障制度框架，以低门槛启动制度完善进程，推进渐进式改革模式，逐步提高成本负担，维持较好的市场韧性，给予企业足够的回旋空间，从而确保一系列制度改革的成效真正落实到劳动者身上。

第六章

促进我国新就业形态发展的
政策分析及建议

第一节
促进新就业形态发展的政策进展

作为经济社会新阶段条件下发展起来的新就业形态，体现出许多新的特点，对经济社会的影响逐步显现，与此相对应，相关的公共政策制度也由逐步调整至丰富完善。从2015年中央文件正式提出新就业形态概念至今，根据新就业形态的迅速发展，及其对经济社会的影响和产生的问题，我国相关政策总体上也经历了从鼓励创新、审慎包容逐步走向促进与规范的发展过程。

一、新就业形态政策发展阶段

（一）鼓励创新、审慎包容阶段

2015年4月国务院印发的《关于进一步做好新形势下就业创业工作的意见》（国发〔2015〕23号）尚未提出新就业形态概念。2015年10月，党的十八届五中全会公报首次提出要"促进就业创业，坚持就业优先战略，实施更加积极的就业政策，完善创业扶持政策，加强对灵活就业、新就业形态的支持，提高技术工人待遇。"《中共中央关于制定国民经济和社会发展第十三个五年规划的建议》明确："加强对灵活就业、新就业形态的支持，促进劳动者自主就业。"《"十三五"促进就业规划》中提出"支持发展共享经济下的新型就业模式"。但由于对新就业形态的具体内容、内涵和外延均未作明确界定，相关研究存在欠缺，政策上除了明确鼓励支持的方向，并没有具体的内容和规定。这一时期，围绕平台网约车的发展，相关部门开展了相应的政策研究和政策制定。2015年10月，《网络预约出租汽车经营服务管理暂行办法（征求意见稿）》公布，条款将国外网约车排除在经营范围之外，且要求网约车平台与网约车司机签订劳动合同或协议，要求将网约车纳入传统的出租车监管范围，这一政策取向总体上是按照从严监管原则制定的。但由于总体上仍然坚持"鼓励创新、包容审慎"的原则，坚持"让子弹飞一会儿"和"放水养鱼"，鼓励和支持新就业形态以及新职业的发展。2016年国务院《政府工作报告》中首度明确提出加快发展新经济，中共中央关于制定"十三五"规划的建议也要求发展分享经济，促进互联网和经济社会融合发展。政府各部门相关文件也多次明确提出"包容审慎"四个字，提出降低企业合规成本，鼓励发展平台经济，优化完善市场准入条件，强化平台经济发展的法治保障，为新经济未来发展之路保驾护航。2016年7月，经交通运输部第15次部务会议通过，并经工业和信息化部、公安部、商务部、工商总局、质检总局、国家网信办同意，自2016年11月1日起施行的《网络预约出租汽车经营服务管理暂行办法》，对网约车平台公司、网约车车辆和驾驶员、网约车经营行为、监督检查、法律责任等都作了明确规定。这在一定程度上成为政府对网约车行业由"从严监管"转向"开放鼓励"的风向标。

（二）加强支持与监管阶段

之后，随着研究的逐步深入，特别是新就业形态的快速发展，其对经济社会各方面的影响和对就业促进的作用日益显现，同时一些相关的问题也逐步出现，相应的政策调整进入加速期。面对新就业形态迅速发展对完善就业政策提出的新要求，政府部门肯定了新就业形态解决部分劳动者就业的积极作用，但对其在劳动关系、社会保障等方面对传统监管提出的挑战，政府开始作尝试性探索。2017年国务院印发的《关于做好当前和今后一段时期就业创业工作的意见》（国发〔2017〕28号）中指出"新就业形态迅速发展对完善就业政策提出了新要求"，提出支持新兴业态发展，完善适应新就业形态特点的用工和社保等制度的具体政策措施。例如，在支持新就业形态发展方面，以新一代信息和网络技术为支撑，加强技术集成和商业模式创新，推动平台经济、众包经济、分享经济等创新发展。改进新兴业态准入管理，加强事中事后监管。将鼓励创业创新发展的优惠政策面向新兴业态企业开放，符合条件的新兴业态企业均可享受相关财政、信贷等优惠政策。推动政府部门带头购买新兴业态企业产品和服务。在完善适应新就业形态特点的用工和社保等制度方面，提出支持劳动者通过新兴业态实现多元化就业，从业者与新兴业态企业签订劳动合同的，企业要依法为其参加职工社会保险，符合条件的企业可按规定享受企业吸纳就业扶持政策。其他从业者可按灵活就业人员身份参加养老、医疗保险和缴纳住房公积金，探索适应灵活就业人员的失业、工伤保险保障方式，符合条件的可享受灵活就业、自主创业扶持政策。加快建设"网上社保"，为新就业形态劳动者参保及转移接续提供便利。建立全国住房公积金异地转移接续平台，为跨地区就业的缴存职工提供异地转移接续服务。此外，适应新生代农民工就业创业特点，推进职业培训对新生代农民工全覆盖，创新培训内容和方式，多渠道、广领域拓宽就业创业渠道，引导新生代农民工到以"互联网+"为代表的新产业、新业态就业创业。与此同时，为了减缓新经济新模式对传统经营模式的冲击，更及时高效地对新商业模式产生的问题进行监管，在部分新就业形态出现较多的行业，如移动出行、快递、外卖、互联网医疗等，针对行业内新就业形态出现过程中社会治理方面的问题，出台了相关政策，进行社会治理。

（三）促进与规范发展阶段

在审慎包容监管的政策环境下，新就业形态获得了长足的发展，特别是在中美贸易摩擦、新冠肺炎疫情的影响下，新就业形态在促进就业增长、稳定就业局势方面发挥了重要作用，同时关于新就业形态的规范健康发展、新就业形态劳动者的劳动保障权益等方面问题也更加突出。在经历了新就业形态的野蛮生长，以及工作层面及学术界对新就业形态的初步研究之后，政府部门对于新就业形态的利弊都有了更加清晰的认识。在鼓励支持的同时，加强对相关行业发展和用工问题的规范，促进就业公平和加强劳动权益保障成为社会各方共识。随着问题研究的深入和政策思路的逐步清晰，对新就业形态发展的一些具体政策措施也逐步制定出台。2019年12月，国务院印发的《关于进一步做好稳就业工作的意见》（国发〔2019〕28号）指出，当前我国就业形势保持总体平稳，但国内外风险挑战增多，为全力做好稳就业工作，提出支持灵活就业和新就业形态。支持劳动者通过临时性、非全日制、季节性、弹性工作等灵活多样形式实现就业。研究完善支持灵活就业的政策措施，明确灵活就业、新就业形态人员劳动用工、就业服务、权益保障办法，启动新就业形态人员职业伤害保障试点，抓紧清理取消不合理限制灵活就业的规定。2020年7月国务院办公厅印发的《关于支持多渠道灵活就业的意见》（国办发〔2020〕27号），将新就业形态作为灵活就业的重要组成部分，指出其发挥了促进劳动者就业增收、拓宽就业新渠道、培育发展新动能的重要作用，提出要把支持灵活就业作为稳就业和保居民就业的重要举措，坚持市场引领和政府引导并重、放开搞活和规范有序并举，顺势而为、补齐短板，因地制宜、因城施策，清理取消对灵活就业的不合理限制，强化政策服务供给，创造更多灵活就业机会，激发劳动者创业活力和创新潜能。文件对支持发展新就业形态提出具体措施，包括实施包容审慎监管，促进数字经济、平台经济健康发展，加快推动网络零售、移动出行、线上教育培训、互联网医疗、在线娱乐等行业发展，为劳动者居家就业、远程办公、兼职就业创造条件；合理设定互联网平台经济及其他新业态新模式监管规则，鼓励互联网平台企业、中介服务机构等降低服务费、加盟管理费等费用，创造更多灵活就业岗位，吸纳更多劳动者就业；等等。2021年7月人力资源社会保障部等八部门印发的《关于维护新就业形态劳动者劳动保障权益的指导意见》（人社部发〔2021〕56号），比较系统地对新就业形态劳动者劳动权益保障的基本原则、平台企业责任、劳动保障和其他权益具体内容、工作机制等作了更加明确的规定，为支持和规范发展新就业形态，切实维护新就业形态劳动者劳动保障权益，促进平台经济规范健康持续发展提供了政策指引。

二、新就业形态发展相关政策框架

自 2015 年以来，围绕我国新就业形态发展，出台了一系列相关政策措施，其中既有相对综合性的政策，也有针对具体问题的政策措施；既有中央政府及各部门制定的政策，也有地方根据实际制定的地方性政策措施。

（一）促进新业态健康可持续发展的宏观政策

2017 年 7 月，国家发展改革委等八部门联合印发《关于促进分享经济发展的指导性意见》（发改高技〔2017〕1245 号），明确分享经济在现阶段主要表现为利用网络信息技术，通过互联网平台将分散资源进行优化配置，提高利用效率的新型经济形态。2018 年 9 月，国家发展改革委等十九部门联合印发《关于发展数字经济稳定并扩大就业的指导意见》（发改就业〔2018〕1363 号），明确提出鼓励数据资源高效利用、开放共享，进一步扩大和升级信息消费，促进电子商务、共享经济等新业态蓬勃发展，培育更多新就业形态，吸纳更多就业。坚持包容创新、共建共享，既要加快完善包容创新的政策体系，营造适度宽松的发展环境，又要制定差异化动态化监管政策，创新就业创业服务方式，加快形成适应和引领发展数字经济促进就业的政策环境，使广大劳动者共建共享数字经济发展成果。该文件对加强宏观政策促进数字经济发展，提高劳动者数字化技能，完善相关劳动保障法律政策，改进公共就业创业服务等提出了明确要求。2019 年 3 月国务院《政府工作报告》提出，坚持包容审慎监管，支持新业态新模式发展，促进平台经济、共享经济健康成长。加快在各行业各领域推进"互联网＋"。2019 年 8 月，国务院办公厅印发《关于促进平台经济规范健康发展的指导意见》（国办发〔2019〕38 号），明确要求创新监管理念和方式，实行包容审慎监管，持续深化"放管服"改革，聚焦平台经济发展面临的突出问题，加大政策引导、支持和保障力度，落实和完善包容审慎监管要求，推动建立健全适应平台经济发展特点的新型监管机制，着力营造公平竞争市场环境。为预防和制止平台经济领域垄断行为，引导平台经济领域经营者依法合规经营，促进线上经济持续健康发展，2020年11月，市场监管总局起草了《关于平台经济领域的反垄断指南（征求意见稿）》，通过反垄断监管维护平台经济领域公平有序竞争，推动资源配置优化、技术进步、效率提升，支持和促进实体经济发展。2020年9月，国务院办公厅印发《关于以新业态新模式引领新型消费加快发展的意见》（国办发〔2020〕32号），提出以新业态新模式为引领，加快推动新型消费扩容提质，补齐基础设施和服务能力短板，规范创新监管方式，持续激发消费活力，促进线上线下消费深度融合，实现新型消费加快发展，以新消费的发展促进新业态和新就业形态的发展，同时也提出要鼓励发展新就业形态，支持灵活就业，加快完善相关劳动保障制度。2021年4月，国务院办公厅印发《关于服务"六稳""六保" 进一步做好"放管服"改革有关工作的意见》（国办发〔2021〕10号），提出要支持和规范新就业形态发展，主要是着力推动消除制约新产业新业态发展的隐性壁垒，不断拓宽就业领域和渠道。加强对平台企业的监管和引导，促进公平有序竞争。落实和完善财税、金融等支持政策，发挥双创示范基地带动作用，支持重点群体创业就业。完善适应灵活就业人员的社保政策措施，推动放开在就业地参加社会保险的户籍限制，加快推进职业伤害保障试点，扩大工伤保险覆盖面，维护灵活就业人员合法权益。这些意见规定的出台，标志着我国共享经济和平台经济发展的制度环境进一步完善，监管框架进一步建立，合规化水平进一步提高，为我国平台经济的进一步规范发展奠定了坚实的基础。

（二）关于规范新业态发展的行业性政策

针对快递行业，2017年7月，国务院法制办发布《快递暂行条例（征求意见稿）》。针对外卖领域，2017年11月，国家食品药品监督管理总局公布了《网络餐饮服务食品安全监督管理办法》；2018年6月，市场监管总局修订发布了《餐饮服务食品安全操作规范》。针对互联网医疗领域，2018年4月，国务院办公厅印发了《关于促进"互联网+医疗健康"发展的意见》（国办发〔2018〕26号）；7月，国家卫生健康委和国家中医药局印发了《互联网诊疗管理办法（试行）》（国卫医发〔2018〕25号）。针对网络内容领域，2018年2月，国家网信办印发了《微博客信息服务管理规定》等。针对网约车的监管，政府部门也出台了系列相关政策，2018年6月，交通运输部印发了《出租汽车服务质量信誉考核办法》（交运发〔2018〕58号）；9月印发了《关于开展网约车平台公司和私人小客车合乘信息服务平台安全专项检查工作的通知》。

（三）关于新就业形态发展的劳动保障政策

新经济的发展投射到劳动社保领域，就表现为催生的新就业形态，以及与之相伴相生的劳动用工、劳动关系、权益保障等问题。人社部门主要从劳动力市场监管的角度，出台与就业、劳动关系、社会保障、工资收入等相关的政策。劳动力市场监管的核心问题集中在促进新业态就业创业、保护新就业形态劳动者的权益、降低劳动者的风险、提升新就业形态劳动者的就业质量等方面。如2019年12月国务院印发的《关于进一步做好稳就业工作的意见》（国发〔2019〕28号）提出，支持劳动者通过临时性、非全日制、季节性、弹性工作等灵活多样形式实现就业；研究完善支持灵活就业的政策措施，明确灵活就业、新就业形态人员劳动用工、就业服务、权益保障办法，启动新就业形态人员职业伤害保障试点，抓紧清理取消不合理限制灵活就业的规定。在新冠肺炎疫情防控期间，新就业形态在"稳就业"和"促就业"方面的表现亮眼，国家对新就业形态的支持力度更大。2020年3月国务院办公厅印发的《关于应对新冠肺炎疫情影响强化稳就业举措的实施意见》（国办发〔2020〕6号）更是明确提出支持多渠道灵活就业。支持劳动者依托平台就业，平台就业人员购置生产经营必需工具的，可申请创业担保贷款及贴息；引导平台企业放宽入驻条件、降低管理服务费，与平台就业人员就劳动报酬、工作时间、劳动保护等建立制度化、常态化沟通协调机制。《中共中央关于制定国民经济和社会发展第十四个五年规划和二〇三五年远景目标的建议》也明确提出支持和规范发展新就业形态。这些都为新就业形态的规范、可持续发展奠定了政策基础。2020年5月，人力资源社会保障部办公厅和国务院扶贫办综合司《关于印发"数字平台经济促就业助脱贫行动"方案的通知》(人社厅函〔2020〕74号),针对重点地区贫困劳动力群体,提出依托数字平台经济,为建档立卡贫困劳动力和贫困地区农民工提供多渠道、多形式的灵活就业、居家就业、自主创业机会,带动贫困地区发展特色产业,推动县域生活服务业加快恢复,为打赢脱贫攻坚战做出贡献的行动方案。人力资源社会保障部、国务院扶贫办主办,各级人社和扶贫部门,公共就业人才服务机构和驻村工作队、第一书记,阿里巴巴、到家、滴滴、京东、美团、顺丰等市场主体协同开展,通过定向招聘计划、居家就业计划、创业带动计划、爱心助农计划等具体行动推动了新就业形态的发展。

(四)关于促进和规范新业态和新就业形态发展的地方性政策措施

在中央政府和各部门制定相关政策的同时,各地根据自身实际在国家政策框架下也出台相应的文件,在一些具体方面作出有益探索。针对网约车行业,2016年11月后,交通运输部赋予各地"一城一策"权限,各地纷纷因地制宜,出台相关地方性的网约车监管实施细则。北京市、天津市、上海市、重庆市等发布网约车管理实施细则。虽然各地制定细则的严宽不一,但均从网约车平台、运营车辆、驾驶员三方进行监管,具体内容包括驾驶员的户籍或居住证要求,运营车辆的本地号牌、登记注册地、最低轴距、指导价、车龄、拼车限次数等。在国家研究制定出台促进规范新就业形态发展政策过程中,一些地方根据实践需要,也进行了有益的探索,特别是在2020年国家出台相关政策后,一些地方相继出台了具体的实施办法。例如,山东省政府办公厅印发了《关于支持多渠道灵活就业二十条措施的通知》(鲁政办发〔2020〕19号),对支持新就业形态发展提出了诸多具体措施,并提出建立新就业形态灵活就业意外伤害保险补贴。对依托电子商务、网络预约出租汽车、外卖、快递等新业态平台灵活就业且办理就业登记人员购买意外伤害保险的,按照购买保险费数额一定比例给予平台或个人补贴,所需资金从就业补助资金中列支。广东省人力资源社会保障厅印发了《广东省支持多渠道灵活就业若干措施》(粤人社发〔2020〕183号),并配套制定《广东省灵活就业人员服务管理办法（试行）》《广东省灵活就业人员参加企业职工基本养老保险办法》等，对面向包括新就业形态劳动者在内的灵活就业人员开展公共就业服务进行了规定，提出了建立平台灵活就业人员信息采集制度，要求对通过平台实现灵活就业人员的工作时长、劳动收入、工作地点、联系方式等信息进行定期采集。全面取消灵活就业人员户籍参保门槛，特别是为异地户籍灵活就业人员大开参保方便之门。宁波市人力资源社会保障局印发《宁波市优化新业态劳动用工服务实施办法（暂行）》（甬人社发〔2021〕2号），在加强劳动用工分类指导服务、依法建立灵活多样的劳动关系、积极推广电子劳动合同、深化特殊工时制度改革、构建多层次的社会保险体系、激发新业态就业创业活力、优化职业技能培训服务、有效防控新业态劳动用工风险、妥善处理新业态领域劳动纠纷等方面作出了有益探索。

第二节
新就业形态发展中的问题与挑战

一、新就业形态及数字平台发展不稳定影响劳动者职业发展可持续性

必须看到，新就业形态最大优点是灵活，其相应弊端就是不确定、不稳定。比较突出的问题主要表现在新就业形态劳动者缺乏职业发展的可持续性。当前，许多平台企业的业务发展和日常运营主要依靠风险投资，还没有找到成熟的商业模式和盈利路径，一旦投资中断，难逃倒闭厄运。据不完全统计，由于同质化严重、盈利模式不清、资金链断裂等原因，2015年餐饮、生活服务、出行、教育、旅游等领域的400多家平台企业关门或被其他企业兼并。北京市朝阳区、海淀区劳动人事争议仲裁院反映，其受理的多起涉及新就业形态的群体争议案件，都是平台企业因融资中断被迫关闭而引发的。此外，多数平台企业尚处于发展初期，其产品和服务的安全性、质量保障体系、用户数据保护等方面仍存在风险隐患，任何一个方面出现问题，都可能引发公关危机和法律纠纷，对平台持续运营造成不利影响，进而影响依托平台生存

的劳动者权益。平台经济的不稳定性导致劳动者就业不稳定和职业发展的持续性差，由于平台经济本身发展尚不成熟，大量平台本身生存周期较短，或者项目内容转换频繁。调查发现，大约一半的劳动者对这种工作形态感到满意，但另一半的劳动者却感到忧虑，因为存在高度不确定性，让他们仍然希望有一份稳定的全职工作。调查座谈中有劳动者反映，收入最高时能达到一个月 7 万多元，但因为风险大、不稳定，又挤进了月薪万元的正规单位工作。

二、新旧机制转换与结构调整存在磨合阵痛

互联网拓展了需求市场新空间，催生了新的就业形态，但利益格局的改变也引发了不同群体间的矛盾。比如，近年多地发生了出租车司机聚集抗议滴滴、Uber 平台约车事件。再如，有人认为实体店的倒闭与淘宝冲击有直接关系。这种矛盾，主要原因在于许多互联网平台和传统企业的最终产品和服务高度重合，但部分传统行业企业门槛较高、规制较严，经营成本也相对较高，相比之下竞争优势较弱。同时，传统行业中不少劳动者知识技能水平偏低，适应能力相对较差，很难在短时间内掌握或运用新技术、新手段，生计受到影响后，易对新事物产生抵触和不满情绪。

三、支持"双创"的新就业形态发育政策动能不足

目前我国新就业形态劳动者多集中在电子商务和分享平台，前者以渠道拓展和交易成本降低作为主要增收方式，后者多集中于交通、餐饮、教育等领域，知识型、技术型岗位与欧美相比还有较大差距。美国 Upwork 平台上 1 000 多万名自由职业者多为金融专家、程序员、项目管理专家等高知识、高技术人才。这种差异性，一方面源于互联网技术所长不同，我国在流通领域一马当先，而美、德等发达国家主要用于改造产业链、内部运营智能化、制造业和服务业转型升级等；另一方面，我国人才、信息、资本等更具优势的大国企、科研单位管理方式相对传统，创新和分享活力还未充分释放。目前共享经济主要是通过整合民间闲散资源并依托互联网对这部分资源和用户需求进行对接与分配，其目标和价值主要在于填补传统市场失灵造成的需求空

白，但由于专业性较低、风险把控成本高、较难提供规范且高品质的服务等问题，其本身的发展仍然处于相对粗放和低端状态。

四、人力资本支撑不足，技能结构矛盾日益突出

新经济的本质，是充分发挥人作为最活跃的生产力的作用，也就是真正将人力资本作为第一资源的经济发展模式。新经济的发展具有行业创新性强、人才专业化程度高等特点，需要大量高素质人才为行业产业整体提升提供足够的人力资本支撑。所以，新经济发展到什么样的水平，新就业形态发展到什么样的状态，根本上取决于劳动者人力资本水平发展到什么样的高度。目前我国灵活就业人员总体上存在文化教育和职业技能水平相对较低的特点。这也决定了当前我国新就业形态总体上仍然集中在商贸、物流和家政服务等行业领域，而在真正的知识技能创新领域的劳动者人数较少。诺贝尔经济学奖获得者罗伯特·索洛（Robert Solow）认为，数字时代是一场科技与教育的赛跑。新技术革命速度之快、范围之广，已使得当前的教育体系与就业市场严重脱节。随着劳动力市场快速变化，技能不匹配现象愈加突出，已成为各国面临的重要挑战。新就业形态与技术发展密切相关，需要劳动者具备一定的新知识和新技能，比如会上网、会使用智能手机，一些创新型、知识型、技能型岗位还会有更高要求。但当前我国劳动者素质总体不高，人才支撑不足问题较为突出，特别是数据处理、数据分析等专业人才严重短缺。同时，新就业形态的发展也使个人与用人单位的联系更加松散，依托用人单位开展职工教育和培训的渠道作用难以充分发挥，人力资源培训和素质提升还需另辟蹊径。

五、关系多元和灵活化导致权利义务的法律关系不清晰

新就业形态多依赖平台企业生存，由此派生出平台、用户、劳动者及劳务派遣机构等多方利益主体，构成复杂，责权利不清晰，纠纷增多。在平台与劳动者之间，"非正规化"和"弱关系化（去关系化）"特征明显，由于平台、劳动者和服务对象是基于网络存在的"陌生人社会"关系，他们甚至分

布在不同的国家和地区，劳动者、平台企业和服务对象之间的责权关系确定困难，劳动者工作时间、报酬、社会保障和其他劳动权益保护面临挑战。比如，在已经发生的诸多劳动争议案件中，很多网络平台想使自己免于履行雇主应尽的责任，而将劳动者归类为独立承包人；一些平台劳动者，因为自己的工作不被客户认可得到差评，而被解雇或"踢出"平台。由于平台经济的特殊性，一些大型平台容易形成垄断性经营，通过"游戏"规则和程序制定、信息控制等，在平台与劳动者之间，甚至平台与政府部门之间造成力量关系的不平衡，形成不公平的权利和义务分配关系，损害劳动者利益。目前劳动争议较多的领域有代驾、上门服务、送餐、网约车等，主要冲突是产品、服务出现问题或劳动者受到伤害后，平台、雇主及派遣机构都认为自己与劳动者没有直接关系，而劳动者独立承担损失的能力又不足。对此，劳动者强烈期盼确认与平台的劳动关系，但平台担心因此背负与劳动关系相关的法律成本，坚定认为应该分类处理，由市场倒逼企业和劳动者作出选择；地方仲裁机构和基层法院因为缺乏法律关系界定标准难以裁决。此外，新就业形态在工作时间、地点和对象方面具有更多的灵活性，工作、生活的区隔度、清晰度低，各工作时间、地点、收入等各种劳动相关的统计指标和关系认定更加困难。谷歌董事会执行主席埃里克·施密特（Eric Schmidt）在《Google模式》一书中曾说，对许多人而言，工作是生活的一个重要部分，不能分开。最好的方式是邀请员工，并使他们以有益的方式工作，让他们在工作地点和家中都有相当多有趣的事情可以做。如果你是经理人，你的主要职责不是确保员工周而复始地每周工作40小时，而是让他们的工作和生活愉快而充实。但是，伦敦城市大学商学院组织行为学教授安德烈·斯派瑟（Andre Spicer）也指出，许多企业醉心于推动员工的工作生活平衡，但这似乎不切实际。当代工作形态的现实是，工作与生活之间的界线越来越模糊，"我们试图在两者之间筑起一道障碍，但它却一再被撞倒"。当Airbnb和Uber这样的平台出现，闲置资源被充分利用，然而对房间主人与司机来说，这也意味着需要超时工作。此外，社群媒体变成了营销自己、打造个人品牌的延伸，你的工作与生活都浓缩在一个小小的屏幕上，在脸书上与朋友交流的推文，也是你在线履历表的一部分，是生活还是工作，没有人能划分清楚。而且，下班的界线会越来越模糊。如果你的同事分布在全世界，你很有可能一天 24 小时在线，随时有人要跟你协同合作。随着自谋职业、短期合同类工作、季节性和非全日制工作在未来职场中占据越来越大比例，与之相关的劳动关系、社会保障及其他劳动法律关系和政策将面临诸多挑战。

六、劳动者社会保障面临诸多困扰

新业态下的企业要创新经营模式和用工形式，在企业定位、组织方式、员工关系等方面都需要进行全方位有别于传统型企业的调整，这必然在劳动用工和社会保障领域引发新的问题，带来新的挑战。在新业态下，关于各活动主体间的权责关系尚无明确的界定，责权利不清晰，一旦发生纠纷，容易涉及消费者、劳动者的权益保障问题。这主要是因为基于平台强大的聚合功能，活动主体多元化，主体间的关系更加复杂化。如加盟合作模式中的"平台＋企业＋个人"用工形式，活动主体就涉及平台企业、平台企业员工、加盟经营企业、加盟经营企业员工以及服务接受者五个方面的活动主体；新型共享模式中的"平台＋个人"用工形式中就涉及平台企业、平台企业员工、平台劳动者以及服务接受者四个方面的活动主体。针对这些复杂化主体的权责关系没有理顺，如平台与劳动者之间，劳动关系"非正规化""弱关系化"和"去关系化"特征明显，甚至有的是基于网络存在的"陌生人社会"关系，这些关系之间的权责关系确定困难。这就会影响到劳动者在工作时间、报酬、社会保障和其他劳动权益保护方面的基本权益。

工作时间的碎片化让劳动者难以享有与全职工作匹配的福利保障，传统的以企业为单位的社保模式面临挑战。很多平台劳动者由于工作和收入不稳定，缺乏对长期职业生涯、工作与生活关系的理性安排，参加社会保障体系的意愿和能力不足，大量劳动者缺乏基本社会保障。为劳动者提供全面适度的社会保障以及使其具备抵御不确定性风险的能力成为各国面临的重任。从调研座谈情况看，新就业形态劳动者参加社会保险热情不高，参保险种偏少。

对此，有劳动者反映，社保参保方式固化单一，制度设计以单位就业为主，不能很好兼顾其他就业方式。灵活就业人员社会保险多以户籍地为基础，与劳动者的流动性不适应，且参保险种以养老保险为主，医疗保险不普遍，更易发生的工伤、失业保险不涉及，参保不容易，保障也不充分。参保率低的原因多种多样，有的是因为收入水平不稳定影响其持续缴费能力，有的是因为户籍限制加大了以灵活就业身份参保的难度，也有的虽然需要工伤保险但责任认定难，等等。新就业形态劳动者收入不稳定，没有单位依托，若社会保障跟进不及时，短期内，个人可能面临经济下行和职业自身带来的风险；长期看，保障机制不健全，也会增加整个社会的运行风险。从调查情况看，全日制劳动者社会保障实际覆盖范围要广，保障水平要高。针对诸多问题和挑战，新就业形态的社会保障制度需要在探索中前行，要借助互联网的发展，创新服务方式，以提高社保制度和新就业形态的适配性。

七、新就业形态的就业质量有待提高

新就业形态在获得灵活性、自主性等优势的同时，在劳动强度、劳动保护和权益保障等就业质量方面还存在不足，就业质量有待提高。通过移动网络兴起的新就业形态，使劳动者工作较少受到上下班等时空条件限制，但同时通过智能手机、通信软件、平板计算机等工具，劳动者可能全天都处于一种随时需要查询获取工作任务信息，或随时被安排工作的紧张状态。

根据调查，从工作时间和工资收入情况来看，在不同的就业形态中，自营创业者工作时间长，收入也相对较高，全日制员工工作时间较短，收入较高，其他非正规就业劳动者的工作时间相对较长，收入相对较低。数据显示，个体户主的工作时间最长，周工作时间达54.7小时，月工作天数为26.4天；其次为私营企业主，周工作时间为49.2小时，月工作天数为24.4天；全日制员工和劳务派遣人员的工作时间相对较少，周工作时间分别为43.5小时和43.4小时，月工作天数分别为21.4天和21.6天；其他几类就业形式周工作时间为45~46小时，月工作天数为23天左右。美国心理学会2013年的研究发现，半数以上劳动者表示，在周末，每天至少会确认一次与工作相关的信息；也有半数劳动者说，在上下班通勤时间或生病请假时，他们也会收到与工作有关的信息；甚至有44%的人在度假时，也会查看有没有工作相关信息；还有许多人睡到半夜，会爬起来确认工作信息与进度。这种紧张状态，已经影响到睡眠时间和劳动者的身心健康。比如，网络游戏行业，劳动者在看似光鲜的外表下，面临过度加班和工作压力巨大的困境，劳动者的劳动强度过高且健康权益保障较弱。再如，快递行业，有记者通过体验式报道，根据武汉市内一名快递员一天的工作量，推算其一年内爬楼梯的数量高达68 200层。①

八、现有利益格局和体制结构调整需要新的制度政策规范

劳动者就业形式的变化，实质上反映的是就业资源机会及其配置机制等条件的变化。从我国和世界非正规就业发展历程来看，每一次非正规就业的快速发展，都伴随着制度改革或技术变革对原有就业资源的"解放"，对既有社会关系和利益格局的深刻调整。新就业形态的发展，或者说新的技术、经济的发展必然首先受到现存利益和体制结构的约束。出于对不同商业环境、政策背景、各行业原有劳动者利益等因素的考虑，管理部门不可能完全放弃旧有商业模式转而支持新兴的商业模式。美国前副总统阿尔·戈尔（Albert Gore）在他的《未来：改变全球的六大驱动力》一书中指出，智能机器人逐渐替代工人，这是否会使结构性失业加剧？或者，我们能否找到新工作机会，并对那些下岗员工作出足够补偿？需要做的工作不少，但是企业的垄断和市场对于民主的蚕食让建立新就业机会的提议和意愿受到了损害，这些新就业机会本可以创造更多公共物品，包括教育、环境保护、生理健康和心理健康、家庭服务、社区建设以及其他需要应对的挑战。在这一过程中，新形态的问题通常会成为反对者的论据和利器。而行业和群体利益的矛盾冲突，容易引发社会不稳定因素。这种利益格局和体制结构的变动，需要新的政策制度进行规范和引导。

---

① 汪亮亮. 快递员1年爬楼超过23座珠峰，5年配送路绕地球4圈[N]. 楚天都市报，2016-10-19.

九、新就业形态政策统筹协调性不足，协同治理亟待加强

目前，我国新就业形态政策体系还没有形成"各方配合、上下联动、任务落实、政策落地"的格局。一方面，新就业形态具有从业规模扩大化、表现形式多样化、行业领域集中化、群体分布差异化的特征，具体政策在制定出台时涉及面广，牵涉的职能部门也较多，各职能部门就各自领域出台政策措施，容易造成缺乏统一的政策规划。另外，由于牵涉职能部门较多，出台一项专项政策措施需要征求其他各部门的意见建议，时间长，往往跟不上新就业形态发展的速度，而出台政策需要具有可持续性，不可能"朝令夕改"，也不可能打补丁式的高频度发文。因而，需要加强各职能部门之间的统筹协调，各部门之间的协同治理能力有待进一步提高。另一方面，顶层设计方面也是大的思路方向，具体的执行层面的措施难以尽述，需要地方层面具体研究补齐。现行政策落实方面还存在体制机制不顺和工作保障不足等诸多难题，如现行新就业形态政策强调统一性和刚性较多，缺乏弹性和调整余地；有的政策不适应复杂多元的基层情况，致使政策落实不到位，政策效果打折扣。亟须进一步研究在就业优先政策指导框架下的新就业形态政策的完善和落实。

第三节
政策建议

综合国内外情况看,"互联网+"呈指数级发展态势,经济转型加速,新就业形态将持续涌现。同时,新就业形态的健康发展,也将支撑经济升级和社会进步。但其发展不可能一帆风顺,其与现实的矛盾与冲突,其天然存在的脆弱性也须妥善应对。因此,应秉持乐观包容的态度,为新就业形态的发展营造良好的环境,同时对存在的问题也要保持清醒,加以解决。总的思路是:以新就业形态的可持续和就业质量提升为着力点,坚持经济转型和就业转型相互促进,推进人力资源社会保障制度创新助力新就业形态成长,兼顾促发展和防风险,为发展新经济培育新动力,开拓新空间。政策要点为:进一步深化市场化改革,最大限度开发就业资源和机会;加强对新经济形态的规范引导,多措并举推动其可持续发展;推动创新创业和产业升级,为新就业形态发展提供持续动力;厘清并明确各方法律关系,为新就业形态发展奠定法治基础;完善相关社会政策制度,维护劳动者基本权益;加强人力资源供给侧改革,夯实人力资源支撑;加强统筹协调,提升多元主体协同治理能力。

一、提升新就业形态公共就业服务质量

（一）摸清新就业形态劳动者底数，加大扶持力度

一方面，密切关注新就业形态的发展，持续加强对新就业形态劳动用工的调查研究，充分了解掌握新就业形态用工主体的用工特点和发展趋势。积极落实《关于维护新就业形态劳动者劳动保障权益的指导意见》中"符合确定劳动关系"和"不完全符合确定劳动关系"的保障要求，摸清各类新就业形态劳动者数量。另一方面，针对新业态企业数量大、吸纳就业能力强的特点，积极落实新业态企业和劳动者的就业创业补贴和社会保险补贴，加大对新就业形态的就业政策扶持力度，鼓励更多劳动者通过新就业形态实现多元化就业。同时，为新就业形态劳动者在劳动报酬、工作时间等方面做好兜底保障。对实践中不完全符合确定劳动关系的新就业形态劳动者，积极探索符合其实际需求的社会保险参保等政策，明确工作时间、劳动报酬、职业安全和社会保障等方面的底线标准，维护劳动力市场的安全。

（二）创新公共就业服务理论，巩固服务根基

公共就业服务既是经济学问题也是管理学问题，现有研究较少以经济学或管理学理论作为研究的依据，强调问题导向而忽视理论支撑作用，不利于公共就业服务发展的理论创新。据此，运用类比方法，结合不同学科研究范式，提出三种公共就业服务创新理论，以求进一步巩固我国公共就业服务研究基础。一是大服务理论。公共就业服务应突出服务角色，凡是与就业系统相关的服务需求者都应被纳入服务范畴，不论其属于何种就业群体、处于何种就业阶段，只要其愿意就业、能就业，均可提供服务。在此理论框架下，学者们可分析服务成本、工资收入与国内生产总值之间的关系，然后再对比分析局部服务与大服务之间的经济效益差异。二是集成服务理论。主要针对省级区划内的公共就业服务，实现五级服务体系纵横交错并最终集成为一个服务 App，让每一个需求者通过"掌上 App"即可获得全方位服务，实现便捷服务。三是跨区域协同服务。涉及省际的公共就业服务需求，如山东与重庆、浙江与云南，在农民工供需方面可实现互补，对此，可将彼此的服务终

端互联,方便供给者与需求者自由跳转查询。①

(三)加快转变服务基本理念,坚持需求导向

新就业形态无论是在经济领域还是在就业领域都扮演着越来越重要的角色,相关制度体系的匮乏甚至桎梏严重影响到新就业形态的健康快速发展,有关新就业形态的公共服务必须及时跟进与创新,公共部门要充分认识到新就业形态公共就业服务供给的重要性和时代意义,摒弃过去"应急型"的传统服务理念,积极推进新就业形态公共就业服务由"被动调试型"向"主动应对型"方向转变。鉴于新就业形态自身的特殊性和复杂性,公共就业服务的供给必须对新就业形态平台企业及劳动者发展现状、发展趋势等进行综合考虑,建立起不同于传统就业形态的多元化、多层次的就业服务标准,将"供给导向"转为"需求导向",强化公共部门的回应意识、服务意识、责任意识,确保角色定位从"行政统御"转变为"公共服务"。坚持以新就业形态个性特征和职业发展需求为导向,新就业形态相关政策制度的颁布与实施必须以积极回应平台企业及劳动者对公共就业服务利益诉求为出发点,主动适应市场形势变化,完善新就业形态平台企业及劳动者公共就业服务参与机制,拓宽其需求表达渠道,让公共就业服务真正惠及新就业形态的健康发展。

(四)规范服务硬件软件设施,优化服务手段

一是以统一标准规范信息化平台。公共就业服务部门应该提高信息化平台建设的统筹层级,在网络端口建设上,建立统一的应用平台,改变各个公共就业服务部门各自为政的人为割裂局面;在数据库建设上,实现实时检索追加,确保数据方便调取与及时更新;在软件开发上,确保运用统一软件,实现业务信息的传递。通过标准化的信息网络渠道实现新就业形态相关信息的高效传递与共享。二是完善新就业形态统计调查制度,建立覆盖新就业形态劳动者实名制的全国统一登记和统一监测制度,规范统计口径,充实完善信息台账,利用大数据、区块链等信息技术对新就业形态劳动者的身份信息

---

① 刘永魁.我国公共就业服务研究综述[J].中国人事科学,2021(1):64-73.

和从业经历、职业评价、劳动行为、权益记录等信息进行全面采集，根据精准掌握的劳动者基本特点、实际需求、技能素质等情况，提供具有针对性的就业观念指导、岗位信息推送、就业政策咨询等公共就业服务。三是提升服务人员专业化水平，提高主动服务意识，充分认识新就业形态公共服务工作的重要性与紧迫性，及时转变刻板的服务理念，贯彻落实相关就业政策，主动了解和研判新就业形态对公共就业服务提出的新要求与新挑战，将此项工作做实做细。四是扩充服务人员配置，在完善服务人员准入机制的基础上，科学规划公共就业服务人员数量，实现服务人员数量与服务对象规模的协调，优化各级就业服务机构队伍结构，通过健全福利机制等确保优秀服务人才稳岗就业，夯实基层就业服务人才基础，探索新就业形态公共就业服务协调员制度，专人专岗点对点服务新就业形态平台企业及劳动者，确保服务供给质量。五是建立岗位培训常态化机制，针对不同工作年限、不同服务岗位的工作人员开展专项培训，培训内容不仅涵盖新就业形态公共就业服务基础业务知识，还包括职业道德、社会责任意识、就业服务礼仪等内容，提高公共就业服务人员政策解读宣讲能力、信息搜集处理能力和调查研究能力，及时掌握和发布劳动力供给、需求的相关信息，实现公共就业服务工作人员岗位胜任力的全面提升，逐步建立起一支专业化、专家化、职业化的公共就业服务队伍。

（五）提高培训服务精准程度，匹配服务需求

根据新就业形态劳动者的意愿实施实名制就业培训，有针对性地提供岗位信息、职业指导、培训见习等服务。结合劳动力市场的变化和产业结构调整的需要，适时更新调整就业培训内容。对于高层次灵活就业且有较强自主创业意愿的，积极为其提供就业创业支持。以市场和企业需求为导向，建立动态调整的职业培训计划，线上培训与线下培训方式相结合，利用数字技术、互联网技术，创新职业培训的形式和内容，调动用人企业和劳动者的积极性。引导劳动力合理进行产业间转移，鼓励民营培训机构发展。

（六）建立健全服务监督机制，强化服务监管

公共就业服务是一个系统化的过程，对其服务质效的有效监管有助于规范服务主体行为，有助于提高公共就业服务运行的稳定性，因此必须通过完善监管制度为公共就业服务质效的稳步提升提供规范性、延续性的保障。从监督主体角度而言，在优化原有的部门内部监督基础上，主动接受相关部门、平台企业、劳动者以及媒体的监督，畅通社会监督通道，适当引入政策目标群体对政策执行的评价，克服"自己监督自己"的弊端。从监督内容角度而言，宏观层面加强对新就业形态公共就业服务主要目标、重点任务以及重点项目的督查，督促各级公共就业服务部门推进新就业形态相关政策的落地，对各地建立的新就业形态工作台账、开展就业服务措施以及成效等进行检查评估；微观层面加强对新就业形态就业补助资金、职业培训补贴、创业扶持资金等具体项目的监督，确保"好钢用到刀刃上"。从监督体系角度而言，加快完善新就业形态公共就业服务考核指标体系的建设，引入绩效评价、满意度测评等考核方式。从监管流程角度而言，通过强化事前监督、事中引导、事后追踪扫除监管"死角"，及时了解相关政策的执行效果，确保新就业形态公共就业服务整个流程都置于可控视线内，形成促进公共就业服务质效稳步提升的健康循环。从奖惩机制角度而言，只监管不考核、不奖惩，监管将会流于形式。因此，一是建立定期的情况通报制度，对存在新就业形态工作开展进度缓慢、整改落实不到位、情况报送不及时、投诉多等问题的公共就业服务部门，通过通报、约谈等及时予以问责。二是加强对绩效考核结果的利用，将新就业形态公共就业服务工作纳入就业目标责任考核，将考核结果与年度资金、项目安排以及评先树优挂钩，奖励先进、鞭策后进，推动形成新就业形态公共就业服务狠抓落实的良好局面。

二、加大新就业形态矛盾纠纷预防力度

（一）完善相关法规政策，加快推动试点工作

一是细化劳动关系认定标准，增强标准的可操作性。新就业形态用工尚

处于探索与磨合阶段，对于"不完全符合确立劳动关系情形"的新就业形态劳动者，要明确其与平台企业或相关企业之间法律关系性质的认定，要对大量的用工实践进行调查总结，全面看待新就业形态用工形式的多样性和差异性，对各项因素分级分类赋值，形成有可操作性的劳动关系认定标准和裁判依据。2022年12月，最高人民法院印发《关于为稳定就业提供司法服务和保障的意见》（法发〔2022〕36号），提出了裁判指引，指出在审判实践中要根据用工事实和劳动管理程度，综合考虑劳动者对工作时间及工作量的自主决定程度，劳动过程受管理控制程度，劳动者是否需要遵守有关工作规则、劳动纪律和奖惩办法，劳动者工作的持续性，劳动者能否决定或改变交易价格等因素，依法审慎作出公平公正的判断。在避免侵害劳动者的合法权益的同时，还要避免因为增加中小微企业的用工成本，导致最终减损了平台经济的未来可持续发展。同时加快推进职业伤害保障试点等工作，及时总结试点经验并向全国推广，适时制定完善有关职业伤害保障的部门性、行业性规章。

二是加强对平台企业的用工监管，督促企业落实新就业形态劳动者合法权益保障责任；坚持预防为先，以日常检查和专项检查为抓手，排查劳动风险隐患，识别劳动风险要素，为新就业形态领域的劳动者保驾护航；引导平台企业选择具备合法经营资格的用工合作单位，严厉打击部分企业将业务转包给不具备法人资格的单位和个人，禁止强迫劳动者注册为个体工商户，以此侵害劳动者权益。对于监管部门来说，要在鼓励创新的同时进行有效监管，在包容和审慎中找到平衡点，推动新就业形态健康可持续发展。

（二）完善入会机制，加强工会组织建设，强化工会维权职能

一是完善入会机制，吸纳新就业形态劳动者加入工会组织。按照中华全国总工会的有关部署要求，各地区、各行业要进一步推进货车司机、网约配送员、快递员、网约车司机等新就业形态劳动者入会。要推行网上入会服务，通过小程序等方式优化流程，提供简便易行的入会程序；要对入会标准和条

件进行适当调整，消除入会障碍；可通过行业联合工会①、区域联合工会发展当地的新就业形态劳动者入会，扩大新就业形态工会组织覆盖面；政府指导行业协会等协助配合工会组织做好劳动者入会工作。

二是加强新业态行业工会、企业工会、社区工会等组织建设。推进相关平台企业、头部企业及其关联企业依法普遍建立工会组织。2021年9月，12家头部平台企业联合发出《倡议书》，呼吁头部平台企业工会要发挥维护平台劳动者合法权益的带头作用；以快递、外卖、交通出行等行业为重点，推动相关行业建立行业工会组织，发挥行业工会在算法规制等方面与平台企业的协商作用；依托城市社区成立社区工会组织，并赋予其基层工会的维权职能。

三是推进线上线下工会工作的有机融合。通过微信公众号等网络载体以及地方政府官网、企业官网等多种宣传工具，提供法律宣传、政策解读、职业培训等信息，将普法宣传和矛盾纠纷调解相结合，引导劳动者理性维权；工会组织可在法律援助、法律监督、劳动争议调解等方面提供协助，及时回应劳动者的合理诉求；工会组织要积极向有关政府部门建言献策，适时参与推动相关法律政策的修改完善，从源头上维护劳动者权益。

（三）增强行业自律和企业社会责任，建立用工信息共享平台

一是企业要为遭受事故伤害的劳动者承担相应的责任。对于存在较高风险的职业，企业要为"不完全符合确立劳动关系情形"的新就业形态劳动者购买意外伤害险、重大疾病险等商业保险，并承担先行赔付、代扣代缴、风险预防管理等责任，同时共同协商，明确缴费责任主体和缴费区间，使新就业形态劳动者获得相应的医疗救治和补偿；企业还可与相关商业保险机构或金融机构合作，针对平台劳动者开发与用工模式相契合的权益保障产品。

二是加强行业组织建设，强化行业自治效能。企业联合会、企业家协会、工商业联合会等要加强新业态行业组织建设，推动行业协会制定行业规则、

---

① 行业联合工会是在各平台企业没有为新就业形态劳动者组建工会的情况下成立的，其性质是隶属于中华全国总工会的行业工会，在组织关系上不依靠任何一家企业。工会联合会是在各平台企业已组建工会的情况下成立的，其性质是企业工会。

用工规范和行业劳动标准等，规范行业秩序和企业劳动用工；要结合行业发展特点、用工形式和企业需求，总结不同行业的用工模式及存在问题，及时向新就业形态用工企业传达规范用工要求；推动平台企业签订维护新就业形态劳动者合法权益方面的行业自律公约或倡议书。

三是加强政企合作，打破政企信息壁垒。企业与新就业形态劳动者要签订书面用工协议，同时根据书面用工协议内容建立用工信息共享平台。政府部门在进行劳动用工风险监测时，可将新就业形态劳动者纳入其中，通过抽查方式对有用工隐患的新业态企业进行风险提示，督促企业落实新就业形态劳动者合法权益保障责任，同时助力企业实现高质量发展。虽然新就业形态劳动者流动性大，但是其用工数据也能为政策规划制定、精准服务、扶贫帮困等提供参考。要严格执行平台违法违规操作的失信惩戒制度，加强对网络个人信息的保护。

（四）畅通利益诉求表达渠道，形成社会合力

一是进一步健全协调劳动关系三方机制。根据国外经验，成立由政府、工会、企业组织构成的平台用工委员会，充分发挥三方四家在行业集体协商、企业劳动用工规范、和谐劳动关系创建、调解组织建设、风险监测预警等方面的主体地位和职能作用，同时与相关成员单位部门、社会团体等合作，形成机制共建、协商共事、利益共享的更为广泛的劳动关系协商协调机制。

二是在条件成熟的行业推进集体协商。三方会议根据《关于维护新就业形态劳动者劳动保障权益的指导意见》，形成新就业形态行业性集体协商的指导性意见，推动行业工会和新业态企业开展集体协商，协商确定涉及劳动者切身利益的劳动报酬、算法优化、劳动安全、纠纷处理等事项，合理确定新就业形态劳动者与平台企业、用工合作企业之间的权利义务关系，并公示告知劳动者；人社部门要对行业集体协商进行指导，对不依法开展集体协商的行为进行纠正和处理；行业工会要依法要求违反集体合同和侵害劳动者权益的企业承担相应的责任；企业组织要积极引导所代表的利益群体，主动依法开展行业集体协商。

三是建立行业纠纷调解组织，解决劳动者维权难等问题。平台用工委员会可在重点行业或重点区域建立矛盾纠纷调解委员会，并联合工会、新业态企业、行业协会、法院、仲裁机构、志愿者等资源，使新就业形态劳动者能在第一时间找到维权组织，并及时解决问题；可探索建立区域性、行业性职工代表大会等民主制度，听取劳动者诉求和意见建议，接受大众和舆论监督；依托工会官网、微信小程序、市长热线等平台开通新就业形态服务专栏，为新就业形态劳动者提供投诉举报途径和咨询建议服务。新就业形态劳动用工矛盾纠纷的预防对策如图 6-1 所示。

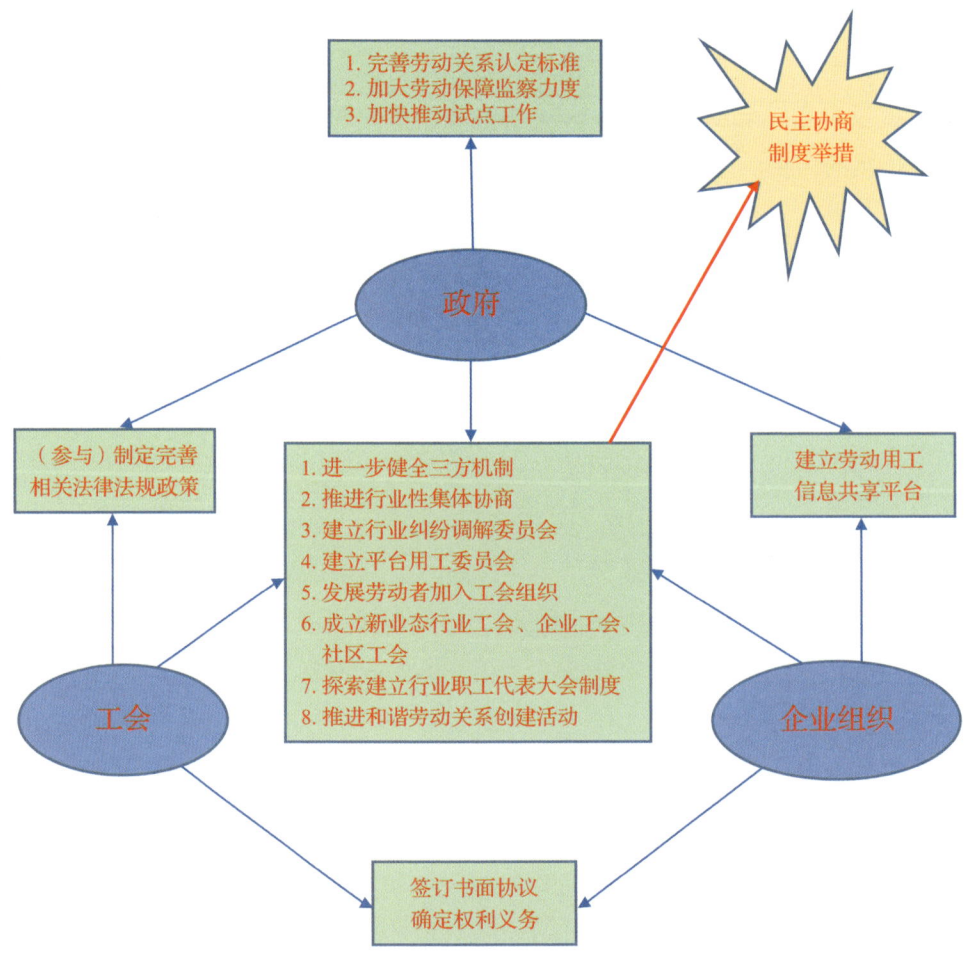

图 6-1 新就业形态劳动用工矛盾纠纷的预防对策
资料来源：作者自绘。

四是进一步推动"和谐劳动关系宣传月"活动。协调劳动关系三方四家每年要在劳动关系矛盾纠纷突出的区域牵头组织开展"宣传月"活动，通过悬挂横幅、发放资料、现场咨询、专题宣讲等方式，引导企业依法用工，劳动者依法维权，构建企业和劳动者共商共建的良好局面，从源头预防劳动用工矛盾纠纷的发生。同时大力宣传新业态企业积极履行社会责任、关爱劳动者的先进事迹，传递和发扬正能量。

五是新就业形态劳动者要重视合同的签订。劳动者要增强法律风险防范意识，认真查看企业提供的合同或协议条款，关注与自身利益密切相关的条款是否覆盖或者是否合理，了解平台及其合作公司的运作流程和模式，明确自身与企业之间的责权利和用工关系以及自身的权益保障情况。同时要注意保留工作期间的有关证据，以防止日后发生纠纷时举证困难。

三、完善养老保险制度，落实新就业形态劳动者养老保障权益

（一）厘清关系，明确平台的相关责任

坚持制度统一、公平的原则，完善现行的养老保险制度。分类规范新就业形态劳动者的养老保障权益。对于符合劳动关系或事实劳动关系情形的平台企业，应进一步完善监管制度，加大惩处力度，防止其通过变相自雇方式刻意逃避用人单位主体责任。对于不完全符合确立劳动关系情形但是平台对劳动者具有较严格劳动管理的，应研究探讨平台企业在新就业形态劳动者参加城镇职工基本养老保险中的缴费责任，合理确定平台企业缴费费率。

（二）确定合理缴费水平，提高政策包容性

在现有的基础上完善新就业形态劳动者的参保缴费政策。针对新就业形态劳动者收入不稳定和收入水平相对较低的特点，合理确定新就业形态劳动者的参保基数和费率水平，在缴费时间上给予他们更多的选择权。允许新就业形态劳动者按月、按季度、按半年、按年等方式进行缴费，并允许一定程

度上的补缴。进一步探索建立合适的养老金调整机制，在"多缴多得"的基础上引导劳动者早缴、多缴。加大力度鼓励新就业形态劳动者选择参加城镇职工基本养老保险，同时进一步完善城乡居民基本养老保险制度，通过增加政府适度补贴的缴费档次提高制度吸引力，促使城乡居民基本养老保险制度与城镇职工基本养老保险制度的平滑衔接。

（三）提高经办水平，加快实现全国统筹

改善参保续保条件，建立线下柜台服务和线上服务一体的社保经办体系。加大对经办人员的培训力度，提高各级经办机构的经办服务水平，全面提升经办服务办事效率。根据新就业形态劳动者工作灵活、变动频繁、流动性强的特点，加快社保服务办理网络化进程，实现城乡全覆盖。优化完善养老保险转移接续政策和流程，尽快实现异地养老保险信息数据共享，建立全国统一的社保平台。加快养老保险全国统筹的进程，尽早从根源上消除养老保险的转移接续问题。

（四）加强宣传引导，提高劳动者参保意识

采取多种形式普及社会养老保险政策，提高新就业形态劳动者对养老保险政策的了解。通过政策宣传引导劳动者正确理解养老保险政策内涵，引导其树立正确的养老储蓄观，提高其参保积极性。加大对断章取义、夸大其词的自媒体的管理力度，避免自媒体混淆视听。加强对新就业形态劳动者的培训，提升劳动者的维权意识和维权能力，营造积极健康的参保环境。

四、完善医疗保险制度，切实保障新就业形态劳动者医保权益

（一）分类规范，维护新就业形态劳动者医保权益

新就业形态构成复杂，当前阶段应在现有法律制度框架下坚持分类规范的原则。对于符合劳动关系、事实劳动关系规制范围的劳动者，应依照《中华人民共和国劳动合同法》《中华人民共和国社会保险法》等现行法律法规予

以规范，使企业履行参保主体责任。对于企业应参未参和未按规定参保，以及刻意规避签订劳动合同和不履行社会保险缴费义务等情况，应进一步加大执法监督力度，将平台企业及第三方外包、加盟、劳务派遣等关联企业纳入重点监管范围，着力解决企业规范经营、依法用工问题，督促其依法签订劳动合同，依法参加职工医疗保险。

对于不完全符合确立劳动关系情形的以及存在民事关系的松散型劳动者，如平台众包型劳动者，则属于灵活就业人员自愿参保的政策范畴，其政策着力点在于提高医保政策对劳动者的吸引力，以及解除劳动者在就业地参保的政策限制。同时，应引导平台企业积极履行社会责任，与劳动者建立制度化、常态化的沟通机制，搭建沟通协商和争议化解渠道，更好地维护劳动者合法权益。利用平台企业信息技术和App端口，加强对平台灵活就业人员的医疗保险业务宣传，使其知晓相关参保政策和业务办理基本知识，确保基本医疗保险覆盖面。

（二）加强监管，逐步有条件放宽参保户籍地限制

对参保户籍地进行限制的主要原因是各地医疗保险待遇差距较大，参保人逆向选择的动力较强，在当前以统筹地区承担待遇支付主体责任和各地财政分灶吃饭的体制下，医疗保险待遇水平相对较高的劳动力流入地大都制定了严格的程度不一的参保户籍地限制政策。尤其是目前很多地区将外地户籍人员在当地购房、购车、子女入学等与连续参保缴费挂钩，使得社保制度承载了许多超出其本身职能的权益。而新就业形态劳动者的就业身份和就业状态往往难以实时界定，因此，完全放开户籍限制会产生参保漏洞。在实践中，社保待遇水平较高的劳动力流入地每年都要耗费大量人力物力用以打击虚假参保。

但从另一个角度来看，流入的大量外地户籍劳动者对就业地的经济社会发展做出了贡献，理应共享发展成果，享受均等的基本公共服务，尤其是一些长期稳定就业的外地户籍劳动者，不能仅因为其就业状况不符合传统劳动关系就将其排除在外。而且，从长远发展来看，当前及未来各地经济竞争的

核心要素是人力资源，这从近年来各地纷纷掀起的"抢人潮"即可见一斑。而新就业形态劳动者中有不少是年龄较轻、文化素质和技能水平相对较高的优质人力资源，这无疑是一笔巨大的人力财富。

因此，在当前及未来一段时间内，对于难以确定劳动关系的新就业形态劳动者，建议可进一步探索有条件地放开参保户籍地限制，有针对性地出台一些放宽准入门槛的政策，允许长期就业的外地户籍劳动者参加就业地的职工医保。但为避免道德风险，要加强监管，首先在入口处要有从业资格审核和认定，其次要定期重复审核，最后要建立退出机制。另外，先逐步放开职工医保参保的户籍限制，居民医保的户籍限制可以稍缓放开，因为居民医保有大量的财政补贴，且理论上不是针对就业人口。

（三）健全机制，完善灵活就业人员参加职工医保政策

当前以上年度社会平均工资作为缴费基数的政策造成了不同收入灵活就业人员的缴费负担不均，以及履行医保缴费责任与义务的不公平，客观上弱化了医保互助共济的基本原则。同时，职工医保和养老保险捆绑参保进一步增加了当期缴费负担。未来应当切实降低灵活就业人员参保缴费负担，制定更为灵活的缴费政策，提高参保积极性。

合理确定灵活就业人员的缴费基数及缴费率。综合考虑职工医保、居民医保的缴费水平，以及灵活就业人员的实际收入水平和承受能力，合理确定缴费总体标准。同时，缴费方式或补缴办法应适度灵活，以适应新就业形态劳动者的高流动性特征。

放开灵活就业人员职工医保和养老保险捆绑参保的限制。虽然捆绑参保可以给灵活就业人员提供更全面的保障，而且作为职业人群，理论上应当同时参加职工医保和养老保险，但从实际角度出发，企业职工基本养老保险的缴费成本较高，为了避免灵活就业人员同时参加两项保险的经济压力过大而放弃参保，应允许灵活就业人员根据自身收入情况，优先参加职工医保或者两项保险均参加。

（四）优化服务，提升服务可及性和便捷性

互联网技术发展方兴未艾，对就业市场带来了巨大改变，同时也对医疗保障服务提出了新要求，医保经办服务需要适应时代发展，依托新技术，不断提高经办服务的可及性、便捷性，提升参保人的体验感。一是加强数字医保基础设施建设，在全国联网的医保信息系统基础上，地方医保部门应以参保人为中心，建立医保互联网服务中心，形成全渠道、全业务、智能化的医保数字服务供给体系。二是推进医保经办管理服务标准化建设，简化医保服务事项，整合经办环节，精简办理流程。三是推进"互联网+"医保政务服务建设，加快推进医保移动支付应用，支持参保患者在线完成预约挂号、医保结算、移动付费、扫码支付、检查取药、查阅报告、处方外配等全流程的就医服务。四是创新跨区域服务机制，加快对接全国门诊和住院异地就医跨省直接结算系统，推动在线结算，不断提升异地结算服务质量，改善患者就医体验。五是简化基本医疗保险关系转移接续业务流程。

（五）未雨绸缪，加强新就业形态对医保制度影响的研究

从长远来看，一方面，如果新就业形态劳动者多数以居民身份参加居民医保，逆向选择普遍存在，将对职工医保基金可持续性带来重要影响。在职工医保制度中，在职退休比已经从 2012 年的 3.0 下降为 2020 年的 2.82。[1] 新就业形态劳动者作为职业人群，随着其规模不断壮大，如未参加职工医保，将不利于其自身医疗保障和职工医保制度的可持续。另一方面，平台企业与部分劳动者的劳动关系在法律上尚不明晰，现有政策文件已经明确其属于不完全符合确立劳动关系情形但企业对劳动者进行劳动管理，因此两者的权利义务关系走向仍有争议。平台企业从平台劳动者的劳动过程中获利，并对其实施了较为隐性的用工管理，平台应当对劳动者承担多大程度责任包括是否应缴纳医保费用，可能取决于整体宏观经济环境和劳动力市场状况，未来均存在不确定性，应持续跟踪研究。

---

[1] 数据来源于国家医保局《2020 年全国医疗保障事业发展统计公报》。

五、加快制度创新,加强新就业形态劳动者职业伤害保障

(一)分类施策,实现应保尽保

针对我国新经济新业态蓬勃发展、用工情况复杂的现状,新就业形态劳动者的职业伤害保障应当在现有法律制度框架下,分清不同用工性质,对症下药,分类施策。现有法律法规对建立劳动关系的全日制用工和非全日制用工的工伤保障问题,已经有明确的安排和规定,因此不存在制度缺失,重点是通过宣传和增强政策吸引力等手段,解决"应参未参"问题。未来应当加大对相关法律知识的宣传教育力度,劳动保障部门等组织和机构应利用各种途径,对新就业形态劳动者进行劳动法律知识的教育培训和宣传,让每个劳动者知晓自身的劳动权益。劳动保障部门还应加强对用人单位的普法宣传,让用人单位清楚社会保险的法律规定,并通过参加工伤保险,切实减轻自身的用工风险。同时,劳动保障监察部门要加大执法检查力度,对违反社会保险相关法律法规的用人单位要及时处罚、纠正。为解决社保缴费负担重的问题,要抓好小微、民营企业参保,落实好小微民营企业、基层快递网点优先参加工伤保险政策。

对于不完全符合确立劳动关系情形以及存在民事关系的新就业形态劳动者,目前存在制度缺失、无参保途径的问题,未来重点是通过创新政策规定和地方试点,提供参保途径,将工伤保障范围逐步扩大,尽力实现新就业形态劳动者制度全覆盖。

(二)重点解决职业伤害保障制度缺失问题

针对现行工伤保险制度以劳动关系为参保前提,部分新就业形态劳动者难以参保的问题,应当明确不同主体责任,创新制度设计,以适应新就业形态劳动者参保需要,切实维护其职业伤害保障权益。主要有以下四个基本原则。

一是坚持"急用先行"原则,抓住重点参保人群。新就业形态劳动者规模庞大,但构成复杂,在启动试点阶段,全部纳入存在一定的难度。目前应

当将参保对象确定为各方最关注、矛盾最突出、需求最迫切的快递、外卖和网约车等平台类劳动者，优先实现对这类劳动密集型的行业劳动者的全覆盖。同时，对这部分群体实行强制参保。从保障平台类劳动者权益的角度，应当规定通过平台接单的劳动者强制参保，只有强制参保才能形成规模效应。将来再根据需要和可能向其他灵活就业人群逐步推广。

二是坚持社会保险的制度理念。目前，多数平台已经强制要求在平台上接单的劳动者必须购买商业保险。如果政府主导的保障制度，仍以商业保险理念来解决灵活就业人员职业伤害保障问题（尤其是采取一次性待遇方式），虽然比纯粹的商业保险有所改善，但还是无法从根本上解决商业保险模式的问题。在保障项目上，社会保险区别于商业保险的显著特征之一是有长期保障项目。商业保险仅能采取一次性待遇方式，很难保障劳动者及其家属的长期需要。现代社会保险制度建立的初衷之一就是解决参保人的短视和市场失灵问题，如果劳动者及其家属不能妥善管理好一次性待遇，必将重新陷入经济困难，成为社会问题，同时一次性待遇也很难抵御通货膨胀的侵蚀，无法享受经济发展成果，因此对伤残劳动者及其家属必须采取长期待遇保障的制度理念。

三是坚持保障政策的基本统一。由于平台对劳动者有一定的控制和约束，双方存在不完全符合确立劳动关系的情形，通过出台文件，界定好平台企业的责任，将其纳入工伤保险制度统筹管理，具有可行性。政策调整的重点在参保缴费、工伤认定和经办服务等方面，以适应平台劳动者的需要，同时确保不同人群工伤保障政策统一，避免制度碎片化和不公平。

四是坚持稳就业和权益保障的协调。在当前国内外风险挑战增多、稳就业压力加大的情况下，新就业形态劳动者职业伤害保障需要处理好稳就业和权益保障的平衡。一方面，要鼓励新经济新业态发展，采取包容审慎态度。新就业形态劳动者职业伤害保障，目的是要减少职业伤害纠纷，加大对劳动者的保障力度，规范新经济新业态，促进其不断发展壮大，拓展就业空间，因此不宜由新业态企业承担过多的用人单位责任，否则会对稳就业产生负面影响。另一方面，要支持劳动者通过临时性、非全日制、季节性、弹性工作等灵活多样的形式实现就业。启动职业伤害保障试点，目的是要保障新就业形态劳动者基本权益，解除其后顾之忧，兜住民生保障的底线。

（三）创新职业伤害保障政策设计

由于新就业形态工作方式以及新业态企业经营模式与传统工作方式和经营模式均存在较大差别，新就业形态劳动者职业伤害保障制度设计，既要坚持工伤保险制度的总体框架，同时在政策设计上又应当有所创新。

一是在参保缴费方面，借鉴建筑行业"按项目参保"的成功经验，平台企业实行按单缴费、按月接单总量征收保费，所有在平台上接单的劳动者均能受到制度保障。

二是创新职业伤害确认相关规定。职业伤害确认是享受待遇的前提，为了适应新就业形态劳动者工作时间、工作方式、工作场所灵活的需要，职业伤害确认需要在现有工伤认定情形基础上进行创新，既明确保障范围必须与职业原因相关，不背离制度初衷，又要确保政策规定可以操作和落地。平台劳动者保障要紧紧围绕工作任务，在职业伤害确认时根据平台接单记录、执法部门记录等多种方式进行认定，保证职业伤害确认结果准确。

三是创新待遇政策规定。为保障新就业形态劳动者权益，维护社会公平和谐稳定，待遇政策应当基本保持一致。针对部分待遇项目缺乏计算标准的情况，应当创新规定，采取社会平均工资等指标。在待遇政策方面与现有职工基本保持一致的情况下，待遇责任承担主体应当适度考虑就业方式的特殊性和平台企业的负担。平台企业除了承担缴费责任外，在事故发生以后承担的经济责任应当适当减轻。

四是鼓励购买商业保险公司服务。在医保职能划转的背景下，工伤保险经办人手不足问题凸显，同时，工伤保险行政人员已被工伤认定工作牵扯大量精力，因此应鼓励各地利用商业保险机构的力量，发挥其优势和特长。商业保险公司在经营管理、产品研发、精算技术、体制机制等方面具有优势，可以采用政府购买服务方式，委托商业保险公司全流程协助经办，包括参保缴费、职业备案登记、伤害调查取证、待遇赔付、宣传培训、来访咨询、争议处理、档案整理等业务。但商业保险公司仅承担事务性、辅助性工作，不改变职业伤害保障的社会保险制度属性定位，不改变社会保险机构的主导地位。

（四）鼓励新业态企业积极履行社会责任

新就业形态劳动者职业伤害保障制度是在工伤保险制度大框架下运行，是作为社会保险制度的重要组成部分，其定位是保障基本，应当鼓励企业在能力范围内为劳动者增加补充保险。尤其是新经济新业态发展有赖于相对宽松的劳动法律法规环境，平台企业作为受益者，应当积极履行社会责任，不能把劳动者权益保障问题全部抛给社会。除了配合相关政府部门做好职业伤害保障制度试点探索外，还应当积极履行事故预防主体责任，从源头上减少事故发生，同时为平台劳动者提供比较全面的保障，可以结合自身实际，继续投保商业意外险，切实减轻平台劳动者面临的职业伤害风险。

附录
欧盟[①]新就业形态的发展、问题及借鉴

[①] 在本附录中,虽然英国已脱离欧盟,但由于英国的"新就业形态"比较典型,因此在介绍欧盟新就业形态时并未将英国排除在外。

国外的数字经济起步较早，以平台就业为主的新就业形态在发达经济体和劳动力资源丰富的国家发展迅速，显著提高了劳动力市场的弹性，成为各国劳动力市场就业岗位创造的重要途径，对于扩大市场需求和促进就业具有重要的作用。新就业形态日益普及化，但发展时间短，在不同国家和地区的发展水平、表现形式各不相同，不同国家和地区应对新就业形态的策略差异较大，并且在政策上存在争议。

近年来欧盟新就业形态快速发展，管理规范日渐完善，本附录在全面梳理分析欧盟新就业形态发展现状及问题的基础上，总结其发展规律和特点，研究其应对政策，并归纳总结出可供我国新就业形态发展和政策完善借鉴的实践经验。

第一节
欧盟新就业形态的概念与主要类型

一、欧盟新就业形态的概念

关于新就业形态，国际上并没有统一的界定。新就业形态主要兴起于劳动力市场灵活化改革浪潮，国外关于新就业形态一般以区别于"典型雇佣"概念的非典型雇佣方式为基点进行界定，在实际使用中也衍生出许多不同的概念。

（一）新就业形态的界定

新就业形态是对一般意义上的非正规和非标准就业方式的延伸发展。非正规和非标准就业方式可统称为非典型就业形态，以雇佣方式灵活性、工作时间短期性、工作任务临时性、劳动关系不稳定性为主要特征。目前普遍提及的新就业形态主要是指基于互联网数字平台实现供需大规模匹配的平台经济模式而形成的就业方式。相关的概念有平台就业、共享经济、零工、众包、按需经济等。

自 2000 年以来欧盟成员国内部多种非典型就业形态发展并存，至 2017 年前后，数字劳工平台得到广泛发展，平台就业成为欧洲非典型就业的主要形态。

2015 年，欧洲改善工作和生活条件基金会归纳了当时欧盟成员国实际存在的九大类非典型就业方式，并统称为"新就业形态"（new forms of employment）（见附录表 1），这是对 21 世纪以来欧洲非典型就业形态进行的系统全面总结。对于新就业形态的确定，欧盟采用了一种国家观点，即尊重成员国自身的界定，而不管其他国家是否认可。

附录表 1　新就业形态的类型及界定

类　型	界　定
雇员共享	劳动者个人受到多个雇主联合雇佣，以满足各类雇主的人力资源需求，从而使该劳动者永久性全职就业
岗位共享	一个雇主雇佣 2 个或以上劳动者联合就职于一个特定岗位，实现将 2 个或以上非全日制岗位合并成一个全日制岗位
临时外派专家	高技能专家临时受雇于特定项目以解决特定问题，可以在工作组织中整合外部的管理能力
临时工	雇主没有义务为雇员提供正规工作，但可按需求灵活招聘雇员

续表

类型	界定
线上远程工作	劳动者利用现代技术，可以在任何时间和地点开展工作
订单式工作	雇佣关系基于订单服务支付（voucher-based work），由能够付薪和缴纳社会保险费的被授权机构购买订单
自由分包	自雇者为较多客户工作，每个客户的工作量较小
众包	由在线平台匹配雇主和劳动者，通常较大型任务会被分解为小型任务，从而分配给线上的劳动者
合伙就业	自由职业者、自营职业者或微型企业以某种方式合作，以克服规模小和专业单一的限制

资料来源：Eurofound. New forms of employment [R]. Luxembourg: Publications Office of the European Union, 2015.

欧盟归纳的新就业形态九种类型大体可分为以下三种特征类型：一是雇佣关系的就业形态，包括雇员共享和岗位共享；二是新的工作模式，包括线上远程工作、自由分包、众包和合伙就业；三是非雇佣关系的就业形态。订单式工作中，雇佣关系和相关报酬支付基于订单而不是雇佣合同。在大多数情况下，就业人员的地位介于雇员和个体经营者之间。新就业形态的劳动力市场较为复杂，根据形态类型不同，雇主与雇员或客户与就业人员[①]之间的关系在变化。由于边界模糊，各类型之间可能有重叠，具体就业类型可能归为不止一种类别。

（二）新就业形态概念的内涵

在本附录中，新就业形态与平台就业内涵等同，但分析角度有差别。新就业形态侧重平台就业的劳动力市场影响机制，而平台就业更多强调新就业形态的实现形式和运作机制。

---

① 雇主与雇员和客户与就业人员是对劳动力需求方与劳动力供给方在不同的新就业形态中的称呼，下文将结合上下文语境进行使用。

1. 新就业形态的特征

新就业形态目前缺乏统一的定义。随着技术发展，新就业形态也处在不断演化的过程中，发展进程各不相同，有的国家公认的新就业形态在别国甚至根本不存在。考虑到差异性，新就业形态定义框架包括以下标准：

（1）劳动关系非标准化。非一对一的传统劳动关系，雇主与雇员之间可以形成一对多、多对一、多对多的工作模式。采用雇佣或提供服务的方式进行工作，但是不包括劳务派遣工作。

（2）工作方式碎片化。工作期限具有非连续性、间断性或短期化特点，但正式的非全日制和季节性工作除外。雇员流动性强，在多场所工作而非仅在雇主工作场所工作，包括在雇员家中工作（但不包括传统的家务工作）。

（3）工作网络的分散化。工作形式突破传统的固定就业场所和时间限制，线上线下相结合。客户和就业人员之间自发形成网络，但不包括通常类型的供应链关系、场地共享或传统的项目工作活动。

（4）依托网络平台获得工作任务。需要信息通信的有力支持，包括移动电话、个人计算机、平板电脑或类似设备，并利用这些技术改变劳动关系的性质或工作模式。

2. 平台就业的特征

平台就业是一种使用互联网平台帮助雇主与雇员或客户与就业人员之间建立相互联系，以解决问题或提供服务获得报酬的就业形态。平台就业中，数字劳工平台成为就业匹配的第三方平台或成为雇主，工作方式体现为线上线下相结合。

平台就业的主要特点[①]如下：

（1）通过互联网平台开展工作，雇佣或服务涉及数字劳工平台、客户和就业人员三方；

---

① 雇员共享和岗位共享呈现相对独特的特点，这里讨论从略。

（2）项目被分解成任务，工作目的是执行具体任务或解决具体问题，包括规模化、集群式、连续性的非正规和临时性任务；

（3）工作以外包或合同约定的方式提供；

（4）按需提供服务。

平台就业创造了新的就业形态，并形成新的劳动力市场空间。数字劳工平台使零散的、碎片化的工作任务得以迅速完成，原来的小型临时性任务可以通过数字劳工平台高效即时匹配。因此，在数字劳工平台上原有的非正规或临时性任务创造了规模化的就业岗位，形成相对常态化的独立稳定的新型就业渠道。

平台就业限于以就业人员提供劳务方式获得报酬的经济活动。销售平台（如易贝）、提供住宿的平台（如 Airbnb）或金融服务不在平台就业范围之内。此外，非商业性交易，如志愿服务、网络、社交媒体（如领英）或任何其他形式的无偿交易（如沙发客①）不被视为平台就业。

二、平台就业的主要类型

国际劳工组织在《2021 年世界就业和社会展望：数字劳工平台在改变工作世界中的作用》②中将平台就业分为基于网络的线上平台就业和基于位置的线下平台就业两大类，欧盟基于国际劳工组织的分类，将其进一步细化。欧盟的分类标准考虑了以下五个要素：

---

① 将寻找住宿的人与免费提供住宿的人相匹配。

② International Labour Organization. 2021 world employment and social outlook: the role of digital labour platforms in transforming the world of work [R]. Geneva: ILO, 2021.

（1）完成任务所需的技能水平：低、中或高。

（2）服务提供形式：基于位置（就业人员上门线下服务）或在线提供服务。

（3）任务规模：少量或大量。

（4）任务发布方：由平台、客户或就业人员[①]发布任务。

（5）匹配就业人员和客户的形式：交付任务（邀约）或竞标任务。

根据上述五个要素，欧盟将平台就业分为10种不同类型（见附录表2）。

附录表2　欧盟平台就业的主要类型（包括英国）

工作类型	服务类型			平台类型		平台总数比重/%	平台就业人员比重/%	平台案例
	技能水平	服务提供形式	任务规模	任务发布方	匹配形式			
平台发布线下日常工作	低级	线下	大量	平台	邀约	31.5	31.2	Uber
客户发布线下日常工作	低级	线下	大量	客户	邀约	13.7	1.3	广陌（GoMore）
客户发布线下中等技能工作	低级到中级	线下	大量	客户	邀约	11.3	10.9	奥费利亚（Oferia）
就业人员发布线下中等技能工作	低级到中级	线下	大量	就业人员	邀约	4.2	5.5	列表分钟（ListMinut）
平台发布线上中等技能众包工作	低级到中级	线上	少量	平台	邀约	0.6	5.3	众华（Crowdflower）
客户发布线下高技能工作	中级	线下	大量	客户	邀约	2.4	3.3	应用临时工（appJobber）

---

① 本附录的就业属于广义范畴，凡是处于工作状态或通过劳动完成项目任务以获得报酬的活动过程都属于就业。由于法律上平台工作人员身份仍然模糊，平台工作中服务合同和劳动合同兼有，因此传统的雇佣法律关系的就业定义难以涵盖平台工作范畴。对于根据劳动合同和服务合同而确定的权责则需要根据具体情况而定。

续表

工作类型	服务类型			平台类型		平台总数比重/%	平台就业人员比重/%	平台案例
	技能水平	服务提供形式	任务规模	任务发布方	匹配形式			
平台发布线下高技能工作	中级	线下	大量	平台	邀约	1.2	4.2	当我的眼睛（Be My Eyes）
平台发布线上高技能工作	中级	线上	大量	平台	邀约	0.6	1.9	点击工作者（Clickworker）
客户发布线上专业性工作	中级到高级	线上	大量	客户	邀约	5.4	30.3	自由职业者（Freelancer）
客户发布线上竞标专业性工作	高级	线上	大量	客户	竞标	5.4	4.6	99设计（99designs）

资料来源：Eurofound. Employment and working conditions of selected types of platform work［R］. 2018.

在欧盟平台就业各类型中，有五个类型最为典型，涵盖了欧洲50%以上的平台和近60%的平台就业人员[①]（见附录表3）。五类用工平台兼具市场中介和雇主的混合功能，具体可分为两种模式：一种模式接近于企业组织，平台实施管理控制（部分是通过算法），并指导就业人员执行工作，包括平台发布线下日常工作、平台发布线上中等技能众包工作两种类型；另一种模式是更趋于市场化的中介平台，平台作为一种匹配客户与就业人员的中介工具，对实际服务提供有限干预，包括客户发布线下中等技能工作、就业人员发布线下中等技能工作、客户发布线上竞标专业性工作三类。

---

① Eurofound. Platform work: maximising the potential while safeguarding standards?［R］. Luxembourg: Publications Office of the European Union，2019.

附录表3　欧盟典型的五类平台就业

名称	说明	案例
平台发布线下日常工作	平台将任务分配给就业人员，这些任务是线下亲自执行的	Uber等代驾服务平台
客户发布线下中等技能工作	客户为任务选择就业人员，这些任务是线下亲自执行的	Oferia等家政服务平台
就业人员发布线下中等技能工作	就业人员选择任务并线下亲自执行	ListMinut等家政服务平台
平台发布线上中等技能众包工作	平台将任务分配给就业人员，这些任务是在线执行的	Crowdflower等专业服务平台
客户发布线上竞标专业性工作	就业人员在比赛中在线完成部分或全部任务，然后由客户选择一个获胜者	99designs等专业服务平台

资料来源：Eurofound. Platform work：maximising the potential while safeguarding standards？［R］. Luxembourg：Publications Office of the European Union，2019.

第二节
欧盟新就业形态的发展现状

随着技术进步和经济社会发展，劳动力市场对于灵活性需求日益增加，新就业形态日益成为劳动力市场的重要就业渠道。近年来，以平台就业为主的新就业形态得到快速广泛发展，市场需求不断扩大。在北美和欧盟等主要经济体中，新就业形态发展得较早，而发展中大国如中国、印度等已经成为新就业形态劳动者的主要来源国。但是，新技术条件下的灵活就业方式，就业人员身份复杂，就业类型多样化，就业分散性、灵活性特点更为明显，对传统劳动力市场带来明显冲击。不同国家和不同利益方对于新就业形态的发展定位仍是政策讨论的焦点。

一、新就业形态发展概况

国际上以平台就业为代表的新就业形态在不同区域的发展差异较大，数字平台主要集中在以美国为代表的少数经济体中，平台就业者多来自亚洲东部和南部国家以及美国、英国等国家。各经济体的平台就业状况根据经济社会发展水平和环境因素而呈现规模和层次的差异，并且发展方向各有侧重。

（一）平台就业规模和动因

1. 平台就业规模不断扩大

2018年，欧盟估计活跃的数字劳工平台有173个。近年来，欧盟平台就业在快速发展。截至2023年3月，欧盟有数字劳工平台500多个，平台就业人员2 830万人，与欧盟制造业从业人员（2 900万人）数量相当。预计到2025年平台就业人员将达到4 300万人，三年内将增加52%。①

欧盟在2017年和2018年分别进行了两次平台就业调查项目"协作经济和就业"（COLLEEM）②，调查覆盖14和16个成员国，涉及近3.9万名互联网用户。

总体估算，欧盟劳动年龄人口（16~74岁）中有1.4%~2%以平台就业作为主要就业方式。另有10%的人以不同的强度和频率从事平台工作。其中，2017年第一次调查对14国总体平台就业人员进行估算，发现欧洲劳动年龄人口（16~74岁）有2%以平台就业作为主要就业方式。国别数据差异显著，从人口的0.3%~20%分布不等。当然也可能存在统计口径不一致的情况，例如，参与程度有差别，包括曾经短时间从事平台工作、经常从事平台工作或者将其作为主要收入来源等不同类型。2018年第二次调查是迄今规模最大的平台就业调查，涵盖了16个成员国的近3.9万名互联网用户。据调查估计，1.4%的人将平台工作作为他们的主要工

---

① Infographic-Spotlight on digital platform workers in the EU [R]. Council of the European Union.
② Platform workers in europe: evidence from the COLLEEM survey [R]. European Commission; New evidence on platform workers in Europe: results from the second COLLEEM survey [R]. European Commission.

作,另有10%的人在不同的强度和频率下从事平台工作,仅次于其他活动(见附录表4)。

附录表4 欧盟成员国(含英国)的调查平台就业人员比重

国家	比重/%	范围	调查年份
克罗地亚、芬兰、法国、德国、匈牙利、意大利、立陶宛、荷兰、葡萄牙、罗马尼亚、斯洛文尼亚、西班牙、瑞典、英国	2	欧洲满足劳动年龄人口将平台工作作为主要工作	2018
	6	欧洲满足劳动年龄人口将平台就业作为重要收入来源(达到每周40小时正规工作的平均工资的25%)	
	8	欧洲满足劳动年龄人口每月至少1次通过数字平台完成任务	
奥地利	19	曾经平台就业的人口	2017
丹麦	1	过去12个月至少获得过1次收入的平台就业人员	2017
芬兰	0.3	欧洲满足劳动年龄人口过去12个月的收入有25%来自与工作有关和无关的平台活动	2017
德国	1.8	15岁及以上人口在2017年1月注册为平台就业人员	2017
	12	曾经平台就业的人口	2017
意大利	22	曾经平台就业的人口	2017
荷兰	9	曾经平台就业的人口	2017
瑞典	2.5	平台就业的劳动年龄人口	2017
	4.5	寻求平台就业的劳动年龄人口	
	10	曾经平台就业的人口	
英国	4	零工经济,在线完成任务,在过去12个月至少提供1次载客或食品等商品外卖服务	2017
	4.4	零工经济,包括通过主动匹配供给方和需求方的数字劳工平台,以短期和按任务付费方式,从客户或雇主中以劳动获得报酬	2018
	9	曾经平台就业的人口	2017

资料来源:New evidence on platform workers in Europe: results from the second COLLEEM survey[R]. European Commission.

2021年春季,欧洲工会研究所对14个欧盟成员国①的调查显示,在所有受访者中,过去12个月从事过互联网工作的占17%,其中平台就业人员占劳动年龄人口的4.3%,主要平台就业人员(每周在数字劳工平台上工作超过20小时或从中赚取超过50%收入的)占1.1%。具体国家平台就业人员的比重见附录表5。

附录表5 2021年欧盟14国平台就业人员占劳动年龄人口的比重   %

国家	平台就业					
	过去12个月从事过平台工作	至少每月从事平台工作	至少每周从事平台工作	超过50%的收入来自平台工作	每周超过20小时从事平台工作	主要平台就业人员
欧盟14国	4.3	2.8	1.4	0.7	0.7	1.1
奥地利	5.1	3.1	1.1	0.6	0.3	0.9
保加利亚	3.8	2.0	1.1	0.5	0.8	1.0
捷克	4.6	2.8	1.8	0.5	0.9	0.9
爱沙尼亚	4.5	2.7	1.4	0.5	0.7	0.7
法国	5.6	3.6	2.2	1.0	0.8	1.4
德国	4.4	3.2	1.7	0.8	0.2	1.1
希腊	4.4	3.2	0.8	0.8	0.9	1.4
匈牙利	2.5	1.9	1.0	0.4	0.4	0.7
爱尔兰	6.5	4.5	2.2	1.7	0.8	2.2
意大利	3.8	2.9	1.7	0.6	0.8	1.2
波兰	2.9	1.3	0.9	0.6	0.8	1.2

① 包括奥地利、保加利亚、捷克、爱沙尼亚、法国、德国、希腊、匈牙利、爱尔兰、意大利、波兰、罗马尼亚、斯洛伐克和西班牙。

续表

国家	平台就业					
	过去12个月从事过平台工作	至少每月从事平台工作	至少每周从事平台工作	超过50%的收入来自平台工作	每周超过20小时从事平台工作	主要平台就业人员
罗马尼亚	2.2	1.6	0.9	0.5	0.6	0.7
斯洛伐克	5.7	4.0	2.1	0.5	0.5	0.9
西班牙	4.8	2.3	1.1	0.9	1.0	1.3

资料来源：New evidence on platform workers in Europe：results from the second COLLEEM survey［R］. European Commission.

总体来看，欧洲平台就业人数在快速增长。即使以活跃的注册就业人数为判断指标，也体现出平台就业具有良好活力。在英国，Uber有约3万名注册就业人员，Deliveroo有8 000个合作餐馆和1.5万名注册就业人员，城市冲刺（CitySprint）是一家有3 500名快递员的物流和快递平台。①在一些人口较少的国家，如保加利亚、比利时、丹麦、爱沙尼亚、芬兰、爱尔兰和西班牙等，也是如此。但不同平台的就业人员数量变化明显，一般成立时间长和国际性平台的就业人员数量更多。数字劳工平台之间发展不均衡，有些发展迅速，而有些停滞甚至萎缩。

2. 平台就业有效增加灵活就业机会

低门槛且灵活的就业机会是推动欧盟平台就业快速发展的主要因素。在欧盟，许多情况下，就业人员不需要提供任何资格证明，也不

---

① Eurofound. Employment and working conditions of selected types of platform work［R］. 2018.

需要遵循许多行政程序，就可以参与平台工作。这能有效缓解劳动力市场上的歧视，使弱势群体参与其中。例如，从事平台发布线下日常工作一般没有进入门槛（如正式面试或要求工作经历），对于低技能就业人员特别是移民群体具有吸引力。欧盟第二次平台就业调查发现，平台就业人员中年轻人和外国人占很大比重，低门槛可能是原因之一。一些客户发布线上竞标的专业性工作也强调任何人都可以参加，就业人员不必提前证明有某种资格。在爱尔兰，有研究显示，平台就业为偏远地区的就业人员、不能出门工作的人群（如照顾家庭或自身患病），以及在传统劳动力市场受到歧视的人群提供了进入劳动力市场的机会。在拉脱维亚和西班牙，高失业率激励就业人员参与每一个工作机会，包括平台就业。在西班牙，金融危机期间注册的许多新的自雇就业人员通过平台找到了工作。①

参与中级到高级技能工作的平台就业人员更看重灵活性和工作机会。这些人员一般在自主创业前先从事平台就业以积累工作经验。例如，从事就业人员/客户发布线下中等技能工作的就业人员，以及参与客户发布线上竞标专业性工作的竞标者，通常将灵活性和机会等积极因素作为从事平台就业的原因，可利用灵活性建立自己的客户群、增加工作种类并获得经验。研究发现，保加利亚女性平台就业人员从事客户发布线上竞标专业性工作的主要动机是灵活

---

① Eurofound. Employment and working conditions of selected types of platform work [R]. 2018.

性和自主权,爱尔兰和荷兰也是如此(见附录表6)。

附录表6　参与平台就业的主要动机(按平台就业类型划分)

平台发布线下日常工作	就业人员/客户发布线下中等技能工作	客户发布线上竞标专业性工作
进入门槛低; 增加额外收入; 工作时间灵活,可以结合其他活动	建立或扩展客户群; 灵活选择任务(增加工作类型)和客户; 增加收入	有趣,能够利用创意和想象力; 建立或扩展客户群; 工作方式灵活(包括使用空余时间)

资料来源:Eurofound. Employment and working conditions of selected types of platform work[R]. 2018.

(二)平台就业的主要表现

1. 平台就业以低技能线下工作为主

欧盟最新调查数据显示,基于位置的线下平台就业占到92%,而基于网络的线上平台就业仅占8%。具体来说,网约车司机占比最高,接近40%,其次是递送服务(包括食物外卖、快递、送货上门),占24%,再次是家庭服务(保洁、园艺和修理),占19%(见附录表7)。从技能水平看,这些平台工作70%属于低技能工作,20%属于中低技能和中等技能工作,6%属于高技能工作,另外4%各种技能水平都有。平台工作的服务对象中,83%是个人,17%是企业或者企业和个人的混合。

附录表7　欧盟平台就业任务类型　　　　　　　　　　　　%

工作类型	具体任务	占比
基于位置的线下平台就业	网约车司机	39
	递送服务(包括食物外卖、快递、送货上门)	24
	家庭服务(保洁、园艺和修理)	19
	专业服务(会计)	7
	家庭照顾(儿童看护、健康照护)	3
基于网络的线上平台就业	自由职业者(图表设计、照片编辑)	6
	微任务(按对象分类、标记)	2

资料来源:Infographic-Spotlight on digital platform workers in the EU[R]. Council of the European Union.

欧盟各国的平台就业类型和模式差别较大，一定程度上也反映了这些国家的经济发展水平、平台就业的发展和普及程度。平台就业往往开始于提供线上的专业服务，当运行比较成熟时会扩展到其他的任务形态，如线下的服务，德国和意大利的平台就业发展都呈现出这样的规律。目前，在欧盟各成员国中，平台就业的工作任务侧重有所不同，主要表现在以下四个方面。

第一，在大多数国家，平台就业主要是小型的任务，如网约车司机或递送服务（特别是食物外卖），这也是许多国家中比较普遍的平台就业类型。此外，家庭服务（如保洁、园艺和修理）也有一定规模，但不如前者普遍。与世界其他地区相比，欧洲提供平台发布线上中等技能众包工作的平台较少。

第二，主要发达经济体的平台就业类型多样，对应所有技能水平，线下和线上服务都很常见，如奥地利、丹麦、德国、芬兰、法国、爱尔兰、意大利、拉脱维亚、荷兰、瑞典、西班牙、英国等。

第三，发展较为滞后的国家以高技能、线上任务为主，如保加利亚和波兰。在保加利亚，主要是要求更高技能的较大型任务。在波兰，平台就业依然是新兴领域，除了与信息技术相关的自由职业平台（如 Freelancer），几乎没有其他类型的平台就业。

第四，在人口相对较少的国家，平台就业以低技能为主，如比利时、芬兰、爱尔兰、斯洛文尼亚、克罗地亚、爱沙尼亚和荷兰。在克罗地亚，主要是要求中等技能的相对小型任务；在爱尔兰，低技能的微型任务更普遍。有的国家平台就业以线下任务为主，如比利时、爱沙尼亚、芬兰、荷兰、斯洛文尼亚；有的则是线上任务更加普遍，如保加利亚、克罗地亚、爱尔兰和波兰（见附录表8）。

附录表 8　欧盟典型成员国平台就业的主要特点

国家	任务规模	工作类型	提供服务形式	技能水平	匹配形式	任务发布方
法国	微型/小型	专业服务；运输；家庭服务	线下/线上	所有水平	邀约/发布	客户平台
德国	微型/小型/大型	专业服务；运输；家庭服务	线下/线上	所有水平	邀约/发布	客户平台
奥地利	微型/小型/大型	专业服务；运输；家庭服务	线下/线上	所有水平	邀约/发布	客户平台
意大利	微型/小型	专业服务；运输；家庭服务	线下/线上	所有水平	邀约/发布	客户
瑞典	微型/小型	专业服务；运输；家庭服务	线下/线上	所有水平	邀约/发布	客户平台
丹麦	微型/小型	专业服务；运输；家庭服务	线下/线上	所有水平	邀约/发布	平台
英国	微型/小型	专业服务；运输；家庭服务	线下/线上	所有水平	邀约/发布	客户平台
西班牙	微型/小型	专业服务；运输	线下/线上	所有水平	邀约/发布	客户
拉脱维亚	微型/小型	专业服务；运输；家庭服务	线下/线上	所有水平	邀约/发布	客户
荷兰	微型/小型（本地）；大型（线上）	专业服务；运输；家庭服务	线下	低/中（本地）；高（线上）	邀约/发布	客户
比利时	微型/小型/大型	专业服务；运输；家庭服务	线下	低	邀约/发布	平台
芬兰	微型/小型	专业服务；家庭服务	线下	低	邀约/发布	平台

续表

国家	任务规模	工作类型	提供服务形式	技能水平	匹配形式	任务发布方
爱尔兰	微型/小型	专业服务；运输；家庭服务	线上	低	邀约/发布	平台
斯洛文尼亚	微型/小型	运输	线上	低	邀约/发布	平台
克罗地亚	微型/小型	专业服务；运输；家庭服务	线上	低/中	邀约/发布	平台
爱沙尼亚	微型/小型	专业服务；运输	线下	低/中	邀约/发布	客户
保加利亚	大型	专业服务	线上	高	邀约/发布	客户
波兰	微型/小型（本地）；大型（线上）	专业服务	线下/线上	低/中（本地）；高（线上）	邀约/发布	客户

注：运输包括载客和送货服务。

资料来源：Eurofound. Employment and working conditions of selected types of platform work [R]. 2018.

2. 平台就业以短期非全日制工作为主

在欧盟，平台就业的前景并不明确，很少有人把平台工作当作全职工作。从工作经历看，大部分受访者从事平台就业时间在一年之内，部分从事线下平台工作的就业人员从业超过2年，少数参与线上竞标工作的人员从业超过5年。多数平台就业人员通过朋友、同事、家人或网站广告等渠道发现平台工作，许多从事平台发布工作的就业人员通过街道的公告栏找到就业机会。就业人员服务平台相对固定，多数就业人员只在1~2个平台有经常性活动。①

① Eurofound. Employment and working conditions of selected types of platform work [R]. 2018.

欧盟调研发现，大多数受访者只将平台就业作为一种暂时工作，或者作为通往其他职业的经验积累，并没有将其作为理想的职业道路。就业人员通过平台工作发展职业生涯的机会有限，当然也很少有人对此抱有期望。除失业人员外，大多数平台就业人员只是将平台工作作为主要收入之外的长期性补充渠道。其中，认为平台发布基于位置的线下工作类型适合作为临时性工作的受访者最多，这些就业人员基本上不会将其作为长期职业。大多数受访者认为，这类工作不会提供与他们未来职业相关的任何经验，也缺乏有吸引力的晋升通道。

从事就业人员发布线下工作的就业人员对自己的长期职业发展机会看法更为积极。例如，许多使用综合性服务平台的就业人员认为该平台是职业转型的有效渠道，有的利用平台就业获得经验，有的计划以平台就业作为谋生途径并登记为个体经营者，并且他们认为，此类型平台就业的潜在客户规模未来将继续增加。有的自营职业者利用平台扩大自己的新客户范围。

所有受访者都认为，线上竞标平台就业虽然有助于他们的职业发展，例如，积累项目成果（尤其是对刚毕业的学生）和工作经验、提供额外收入，以及促进与知名品牌的互动，但由于收入波动太大，竞争激烈，也不适合长期从事。

3. 平台就业人员的活跃度较低

能够保持长期活跃度的平台就业人员比例较低。如果仅以平台注册人员数量来估算平台就业规模，会导致人数高估，也难以估算出以平台就业为主要收入来源的就业人员数量。欧盟16国的调研以1个月内参与平台就业的人数来估算，结论是平台就业人数占到劳动年龄人口的8.6%，但部分欧洲国家达到12%。

多个平台的注册结果也显示，平台中活跃人员比例最高不超过50%。近期一项对5家基于网络的线上自由职业者和竞标平台的研究显示，约1/3的平台注册就业人员至少成功完成了1个项目，但完成10个项目的活跃就业人员比例不超过 10%。大师（Guru）平台有超过 100 万名注册者，但至少完成 1 项任务的人数比例仅有 0.5%。如果以收入情况来衡量，结果类似。大部分注册人员并没有从平台就业中获得收入或者收入极低。Freelancer 平台有 95 813 名注册就业人员，其中有 73% 的人员获得 1 美元以上的收入，只有 27% 的人员收入超过 1 000 美元（见附录表 9）。各平台间活跃用户的差异一部分还来自平台对注册账户的收费情况。例如，Freelancer 平台会对不活跃账户的就业人员收取账户维护费，而 Guru 这样的平台对所有注册账户免费。这种管理方法的差异也导致平台间就业人员活跃度的巨大差异。

附录表 9 典型数字劳工平台上的注册和活跃就业人员数量（2020 年 9 月）

平台	注册就业人员人数	活跃或有成就的就业人员人数及占比	
		至少完成 1 项任务 / 收入超过 1 美元	至少完成 10 项任务 / 收入超过 1 000 美元
每人每小时（PeoplePerHour）*	126 475 人	29 143 人（23%）	10 798 人（9%）
99designs*	42 781 人	15 794 人（37%）	4 271 人（10%）
沃尔卡纳（Workana）*	95 600 人	26 312 人（28%）	4 820 人（5%）
Freelancer**	95 813 人	69 993 人（73%）	26 195 人（27%）
Guru**	1 048 575 人	4 862 人（0.5%）	1 385 人（0.1%）

注：* 主要基于完成任务；** 主要基于所获得收入。

资料来源：International Labour Organization. 2021 World employment and social outlook: the role of digital labour platforms in transforming the world of work [R]. Geneva: ILO, 2021.

（三）平台对就业人员的监管

平台就业的自治权包括任务选择、工时、工作地点、工作组织方式和履行工作职责的权利。更大的工作自治权和灵活性是就业人员选择平台就业的重要动机。总体来看，平台就业人员享有自治权的程度不同，来自平台和客户的控制差异也很大。

1. 平台监管程度随任务类型而变化

在欧盟，平台发布的基于位置的线下工作，平台对就业人员监管程度较高，对于就业人员任务选择、工时、工作地点和工作组织方式都实施监管，包括对自营职业者的监管。其中，属于正规雇员身份的平台就业人员接受传统雇佣关系的职责管理（例如，如果有事缺勤必须找到替班人员）。平台运营的自动化绩效监督系统对就业人员形成了事实上的控制，如果就业人员由此受到不公平待遇，可获得的援助渠道有限。

就业人员发布的基于位置的线下工作，就业人员拥有相对更多的自主权和控制权。有的平台会定期召开平台就业人员和管理层之间的会议，采纳他们的建议并作出改进，但平台仍然保留监管上的决定权。例如，在德国某个保洁平台上，就业人员如果违约三次或违反服务规定，平台会冻结其账户。

从事线上竞标工作的就业人员不受客户或平台监管。在竞标结束后，线上竞标人会收到客户或平台的反馈，目的是帮助竞标人理解客户对于作品的满意度和中标与否的原因。

2. 通过算法发布和分配工作任务

在平台发布任务的工作中，数字劳工平台主要是通过算法进行工作任务的发布和分配，并对平台就业人员的工作强度和工作组织方式实施一定程度的控制。在欧盟，由于平台会自动分配任务，平台就业人员需要有非常合理的理由，才能取消已经接受的日程或订单，无正当理由而没有按时完成任务会接到平台的"罢工"标记（或负面评语），如果这样的标记达到三次，平台一般会停止续签合同或冻结就业人员账户。对于就业人员发布的线下工作和线上竞标工作，平台只起到中介作用，任务匹配由就业人员和客户双方直接完成。

3. 客户评分或投诉是最基本的监管方式

评分系统对平台就业人员既公平又重要，特别是递送服务人员，因为客户通常需要在无监管的情况下信任他们，允许他们进入家庭。客户的高评分对平台就业人员获得工作订单具有非常重要的影响，虽然评分并不直接影响其收入，但个人客户评分向所有潜在客户公开，因此会影响就业人员未来的工作机会。客户还可以通过平台服务中心进行投诉，由此可能导致平台对就业人员进行处罚，如不再续签雇佣合同或禁止其登录平台。

就业人员发布的线下工作中，平台的基本控制方式是评分系统。高分就业人员可以吸引更多客户或设定更高的小时收费。此类型就业人员一般对评分系统评价积极，认为它是展示自己的机会，而不是用于对其实施控制的工具。但评分制度存在风险，因为评分主要基于主观判断，如果就业人员认为客户的评分不合理，围绕评分的争议并不易解决，因为平台的追索机制普遍有限。此外，如果客户低估了工作量和复杂程度并且不愿意与就业人员协商，那么劳动强度和工作收入比也会成为争议问题。

二、新就业形态就业人员现状

新就业形态作为新技术条件下的灵活就业特点突出，存在着就业身份模糊、人群分布广泛、行业分布集中、收入较低且不稳定的特点。

（一）就业身份

在欧盟，平台就业人员被划分为多种身份，包括雇员、自营职业者和临时性就业人员。个别成员国还创立特定的就业身份，以适应平台就业方式。

平台就业人员的雇员比例很低。欧盟现有的各方证据表明，平台就业人员在大多数情况下被视为自营职业者。在主要收入来源于平台就业的人员中，自营职业最常见，但各成员国之间差异很大。只有在平台发布的线下工作这一类型中，存在雇员身份，但通常正式雇员比例较低。在就业人员发布的线下工作平台和线上竞标平台这两种主要平台就业类型中，不存在雇佣身份。欧盟最新数据显示，欧盟 2 830 万名平台就业人员中有 2 630 万人属于自营职业者，占 93%，雇员只占 7%。在这些自营职业者中有 500 万人被错误地分类，占19%。①

在比利时和斯洛文尼亚，平台就业人员也可以以"学生"的身份就业。在比利时，平台就业人员大部分是学生。学生可签订雇佣合同，工资以集体协议为准，可根据年龄获得平均最低月收入的60%~80%。在斯洛文尼亚，学生在其收入至少达到平均月薪（每年确定）的60%的月份缴纳社会保险费，包括养老保险、工伤和疾病保险。斯洛文尼亚的食品配送平台埃赫拉纳（Ehrana）大约有80%的配送员为全职或兼职雇员，而其他人则是具有特定就业身份的学生。在丹麦，沙贝（Chabber）平台已经成为一个拥有雇主身份的劳务派遣机构，招聘平台就业人员作为雇员。

在一些国家，就业人员可以被划分为介于雇员和自营职业者之间的另一种就业身份。这种地位所带来的保护也介于两者之间。例如，在法国，平台就业人员的主导地位是微型创业者（micro-entrepreneur），这是自营职业者身份的一种细分类型，该身份使自营职业活动能够与雇佣合同或其他身份（如"学生"身份）相结合，使得平台就业人员比自营职业者享有较轻的行政管理和较低的社会保障缴费。在英国，出现一种区别于自营职业者的特定的"工作者"（worker）身份，有的就业法庭已经裁定，一些平台就业人员应被归为这类工作者。在克罗地亚，平台就业人员也可以根据服务合同工作，

---

① Infographic-Spotlight on digital platform workers in the EU [R]. Council of the European Union.

不被视为自营职业者，而按自营职业者社保费率的一半缴纳养老保险费。爱沙尼亚的平台就业人员，根据服务合同工作，理论上也可以选择以自己的名义提供服务的自营职业者身份，雇佣标准受《民法典》和《义务法》调整。在奥地利和意大利，"类似雇员"（employee-like）的身份也适用于平台就业人员，但这种身份对收入来源有严格要求，平台就业人员很难达到相关标准。

现实中，平台就业人员往往有多重就业身份，除平台就业者外，还包括学生、雇员、自雇或失业人员等，许多平台就业人员也是主要经济活动中的雇员。

（二）就业人群特征

欧盟平台就业人员具有年轻化、男性居多、受教育程度高的特征。根据欧盟最新发布的数据，平台就业人员以年轻男性居多，大多拥有高中以上学历，平台就业通常是其除正常工作之外的第二收入来源。欧洲工会研究所2022年对14个欧盟成员国的调查结果给出了关于欧盟平台就业人员较为详细的年龄、性别、教育结构和收入保障情况。

1. 性别结构

欧洲工会研究所调查结果显示，平台就业人员中男性居多，占54%。主要平台就业人员中男性比例更高，占65%。在具体的工作任务中，从事网约车服务的，男性占比最高，占82%；其次是从事线上专业服务的，男性占比68%。从事线上众包服务的，男女比率平衡；女性在现场服务人员中占大多数，为64%，这类人员主要是从事家政护理服务的年轻女性（见附录图1）。

2. 年龄结构

与未从事过互联网工作的就业人员相比，平台就业人员的年龄结构偏年轻，主要平台就业人员的年龄结构更加年轻。在平台就业中，18~24岁的青年人占24%，主要平台就业人员中青年占26%，而未从事过任何互联网工作的人员中青年只占10%。但是平台就业人员中，年长者也占到相当大的比例，主要平台就业人员中，年龄在55~65岁的占11%，年龄在45~54岁的占19%（见附录图2）。

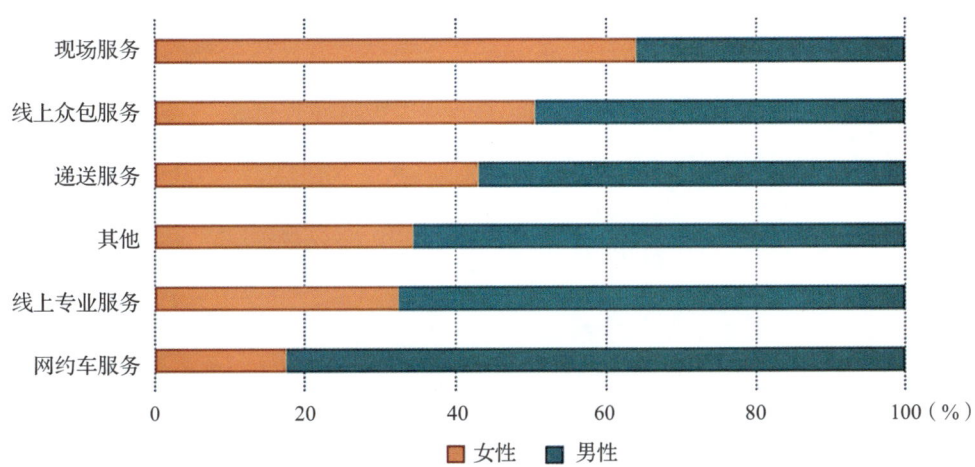

附录图 1　不同类型平台就业人员的性别结构

资料来源：PIASNA A，ZWYSEN W，DRAHOKOUPIL J. The platform economy in Europe：results from the second ETUI internet and platform work survey ［R］. Brussels：ETUI，2022.

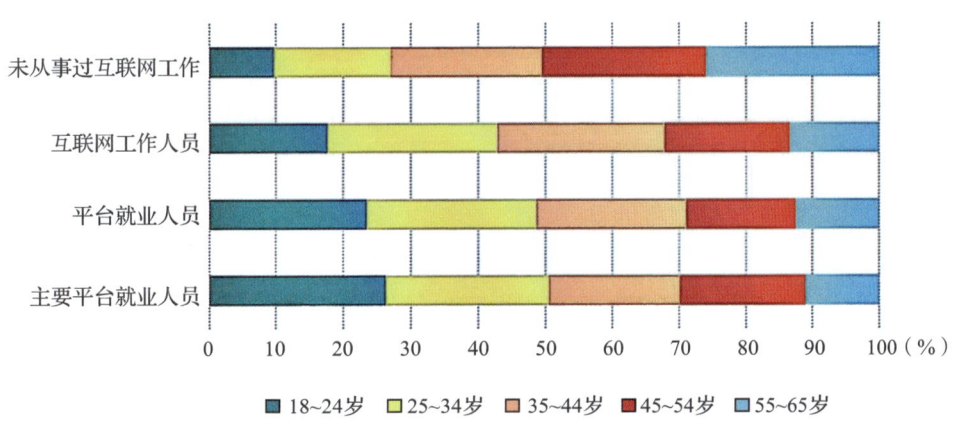

附录图 2　互联网和平台就业人员的年龄结构

资料来源：PIASNA A，ZWYSEN W，DRAHOKOUPIL J. The platform economy in Europe：results from the second ETUI internet and platform work survey ［R］. Brussels：ETUI，2022.

从平台就业具体类型看，从事网约车服务的平台就业人员平均年龄最高，其中最近一个月从事网约车服务的，平均年龄为 42.1 岁，过去 12 个月从事过网约车服务的，平均年龄为 39.4 岁。从事递送服务的平台就业人员平均年龄较低，最近一个月从事递送服务的，平均年龄为 33.6 岁（见附录图 3）。

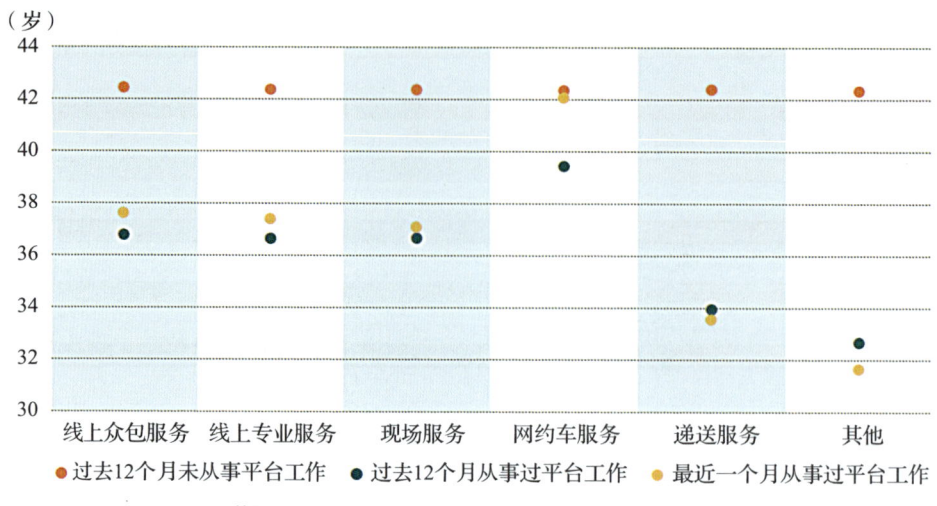

附录图3 不同类型平台就业人员的平均年龄

资料来源：PIASNA A，ZWYSEN W，DRAHOKOUPIL J. The platform economy in Europe：results from the second ETUI internet and platform work survey［R］. Brussels：ETUI，2022.

3. 受教育程度

相较于未从事过互联网工作的人员，平台就业人员的受教育程度相对较高，拥有初中及以下学历的仅为11.5%，而前者这一比例高达19%。平台就业人员中受过高等教育的比例高达36.5%，比未从事过互联网工作的人员（28%）高了8.5个百分点（见附录图4）。从具体工作类型看，从事线上专业服务的平台就业人员受教育程度最高，受过高等教育的占53.5%，其次是线上众包服务人员，占41%。从事现场服务、递送服务和网约车服务的平台就业人员的受教育程度相对较低（见附录图5）。

4. 结论

在许多情况下，就业人员资质远超过平台工作资格要求。同时根据平台类型的不同，就业人员特征有着一定差别。从事平台发布的线下工作和就业人员发布的工作的就业人员，其所拥有的资质能力往往超过其服务所需要的水平。绝大部分的平台就业人员都将平台工作作为兼职工作，以自己的主要经济活动确认自己的就业身份。不同技能层次的人员对平台工作的就业状态

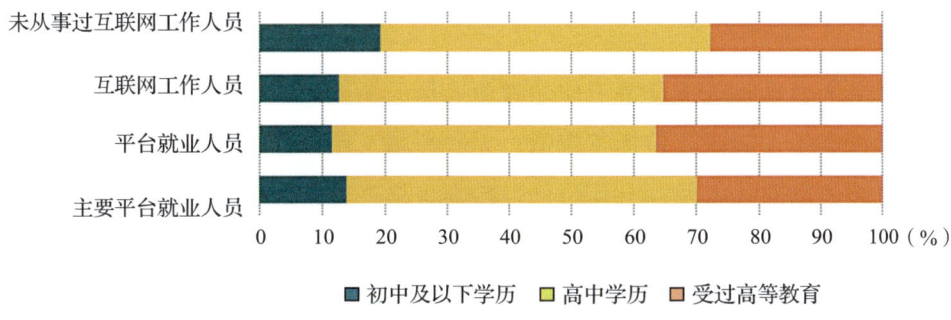

附录图4　平台就业人员的受教育程度

资料来源：PIASNA A，ZWYSEN W，DRAHOKOUPIL J. The platform economy in Europe：results from the second ETUI internet and platform work survey［R］. Brussels：ETUI，2022.

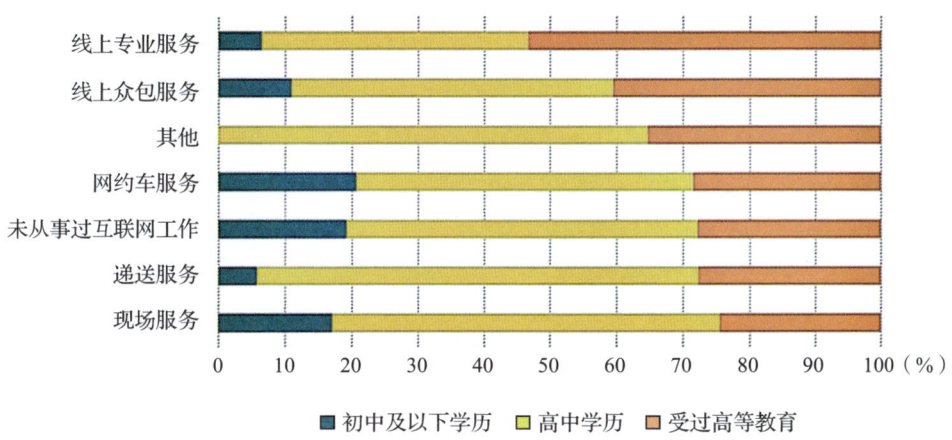

附录图5　不同类型平台就业人员的受教育程度

资料来源：PIASNA A，ZWYSEN W，DRAHOKOUPIL J. The platform economy in Europe：results from the second ETUI internet and platform work survey［R］. Brussels：ETUI，2022.

和满意度也不同。

首先，低技能类型的平台就业，以平台发布线下日常工作为代表，就业人员以年轻、受过高等教育的男性为主，且通常是学生或移民。从事此类工作的就业人员大多生活在非农村地区，这类工作对学生、毕业生和其他寻找相对灵活工作的人群更具有吸引力，可以更容易与其他活动相结合。虽然一些人以平台就业作为主要收入来源，但总体上并不一定依赖于这种收入。从事客户发布线下中等技能工作的就业人员性别平衡相对较好，但这些人员往往处于不稳定就业状态。

从事平台发布线下日常工作的就业人员的总体工作满意度较低。就业人员认为这类工作的缺点包括工资低、无法控制工作日程、与平台的沟通有问题、缺乏未来前景以及社会评价低。特别是从事递送服务的就业人员,他们缺乏劳动保护,有严格的轮班制度,任务匹配算法程序缺乏人性化,就业人员间缺乏交流,平台对就业人员的控制存在不合理之处。尽管存在这些问题,但现有的大多数就业人员仍然活跃在平台上,他们认为这是一种适合他们当前需求的临时性工作和获得报酬的机会。

其次,中等技能类型的平台就业,以就业人员和客户发布线下中等技能工作为代表,大部分从事这一类型工作的平台就业人员是各种专业人士。他们一般工作年龄偏大,更有可能承担家庭责任,并且在平台就业之外作为专业人士(受雇或自雇)工作,有着稳定的职业身份,利用平台就业的灵活性获得额外收入。① 从事就业人员发布线下中等技能工作的就业人员,对工作感到满意或非常满意。

最后,高技能类型的平台就业,以客户发布线上竞标专业性工作为代表。典型的线上竞标人员是年轻、男性、受过高等教育的专业人士,在传统经济中作为个体劳动者或自由职业者工作,并有着稳定的就业身份。他们利用平台就业来挖掘创作潜力,并积累其项目成果和经验,大部分线上竞标人员具备多种技能(如绘画、写作、图形设计、动漫等)。此类人员往往都不依赖平台就业来维持生计,并在选择工作、工作时间、工作场所和工作组织方面具有高度的自主性。只有当他们对竞标项目感兴趣并且有空闲时间时,他们才会参与其中。线上竞标人员如果中标会得到较高的报酬。然而,由于竞争激烈,报酬是非常不可预测的,而且由于需要搜索任务并将精力投入不会获得报酬的任务中,因此会有一定程度的无薪工作时间。线上竞标者对工作的满

---

① 该调研对41名平台就业人员进行访谈。其中主要是45岁以下的男性,受教育程度较高,并且生活在城市地区,其中2/3没有子女。Eurofound. Employment and working conditions of selected types of platform work [R]. European Foundation for the Improvement of Living and Working Conditions,2018.

意度特别高（见附录表10）。

附录表10　不同平台就业类型的就业人员概况

工作类型	任务类型	性别	年龄和家庭情况	受教育程度	劳动力市场身份（平台之外）	动机
平台发布线下日常工作	网约车	主要为男性	青年	高等教育	学生或移民	准入门槛低
客户发布线下中等技能工作	分析整理	男女性别平衡	青年	高等教育	不稳定的劳动力市场状态	缺少其他就业机会
就业人员发布线下中等技能工作	保洁	主要为男性	年龄稍大，可能有孩子	高等教育	雇员或自雇	建立或扩大客户群
平台发布线上中等技能众包工作	翻译	主要为男性	年龄稍大，可能有孩子	高等教育	雇员或自雇	获得额外收入
客户发布线上竞标专业性工作	创新性任务	主要为男性	青年	高等教育	自雇或自由职业者	兴趣、发挥创意

资料来源：Eurofound. Platform work：maximising the potential while safeguarding standards？［R］. Luxembourg：Publications Office of the European Union，2019.

（三）收入状况

就业人员收入水平根据平台就业类型的不同而有较大不同。影响收入的因素包括平台用于匹配和选择就业人员的程序、定价方式的选择，以及就业人员参与平台就业的动机。绝大部分平台就业人员都将平台收入作为补充收入的来源。平台的收入不足以维持体面的生活，只有小部分群体以平台就业为主，其中大部分是学生。

1. 平台发布线下日常工作的收入相对稳定

从事平台发布线下日常工作的就业人员，往往是迫于生活压力，他们缺乏其他就业选择，而平台就业便利且门槛低。对于资金短缺的家庭来说，平台就业是一个很好的额外收入来源。这一类型工作的收益往往与传统经济相近，因为就业人员总量有限。

就业人员收入根据其就业身份不同而有区别，并且受工作日、工作时间和工作强度影响。2017年，据欧洲基金会一项研究测算，此类平台就业人员的小时工资多为8~14欧元。但在不同国家、不同平台类型之间，有时甚至在同一国家或同一城市内部，收入都有较大差异。这类工作的计酬方式分为按小时计酬或按单计酬，周末小时收入更高。

2. 就业人员发布线下中等技能工作的收入更高

就业人员发布线下工作，收入变化较大。综合性服务平台的小时收入往往比专项平台（如保洁平台）更高，但任务稳定性更低，就业人员也可以自定服务价格。例如，德国一家综合性平台收费为每小时29欧元，其中10%用于缴税，20%用于缴纳平台费用，就业人员的小时净收入约为20.3欧元。就业人员如果在平台上注册公司，还必须缴纳其收入20%的增值税（平台自动扣除）。而保洁平台就业人员小时收入为12~14欧元，每月收入为1 000~1 300欧元，工作时间为70~90小时。在意大利和荷兰，小时净收入约为11欧元。

3. 线上平台工作薪酬国际化且竞争激烈

线上平台工作往往由于全球竞争而压低费率，尤其是低技能工作。线上平台对发达和相对不发达地区的影响截然相反，在意大利的竞标平台上，设计师的收入比传统劳动力市场竞争者减少30%，而塞尔维亚设计师却增加200%，但是这通常不包含花费在搜索或等待任务上的时间。此外，竞标性工作的收入很难预测。线上竞标人员只有在中标时才有收入，但也可能一次中标奖金相当于多月的月工资。

第三节
欧盟新就业形态发展中的问题及原因

国际上新就业形态面临就业人员劳动保障不足甚至缺失的系列问题，就业人员弱势地位明显，他们面临的问题和挑战具有普遍性。平台就业人员的就业状态突破了各国传统劳动法律规定范畴，就业保护法规框架缺失，相关法律政策推进实施缓慢。各国新就业形态监管所涉及的制度政策复杂多样，有的国家针对其发展中出现的问题完善了一些法律制度和政策措施，但总体上制度建设进展相对滞后。

一、新就业形态发展中的问题

新就业形态的快速发展对各国的劳动力市场都产生了深刻影响。平台就业突破传统的雇佣和自雇的就业分类标准，导致现有劳动保障体系难以提供对新就业形态就业人员的应有权益保障。平台就业面临劳动关系不确定、劳动权益缺乏保护、就业公平缺乏保障等诸多问题，从而加剧了平台就业人员的弱势地位。

（一）平台就业扩大了劳动力市场的不稳定性

平台就业虽然提供了更多的工作机会，但相应的风险因素也在增加。

一方面，劳动力市场分割的风险在扩大。平台就业在很大程度上是零碎且短暂的，难以向就业人员提供可持续的职业选择，开发职业技能的机会也有限。它可以成为进入更传统的就业形式的垫脚石，但也可能造成就业人员就业身份模糊，加剧技能流失和社会保护弱化问题，形成新的不利群体。从政策的角度来看，如果将平台就业作为青年或弱势群体融入劳动力市场或延长工作生涯的工具，则需要高度关注其风险。截至2019年年中，关于平台就业对职业前景或劳动力市场影响的信息很少，目前还缺乏正反两方面影响程度的量化信息，难以准确评估其影响。

另一方面，工作质量降低趋势在加剧。尽管平台就业的某些方面对就业人员更便利，而工作时间、工作强度、收入水平等方面的不稳定和碎片化可能更加普遍。总体来看，不同平台就业的条件差异显著，每一工作类型对就业人员的影响程度和风险要素各异，但可能普遍带来工作条件和标准的降低（见附录表11）。

附录表11　平台就业对劳动力市场的影响概况

劳动力市场机遇	劳动力市场风险	工作条件风险
进入劳动力市场门槛低； 提供额外收入来源； 鼓励自雇； 未申报就业合法化	劳动力市场碎片化； 就业身份模糊； 技能流失； 社会保护问题	缺乏自治权； 客户评分限制； 快速服务压力； 工作强度大； 职业前景差； 报酬率低于市场平均水平； 无薪工时； 收入不可预期

资料来源：Eurofound. Platform work：maximising the potential while safeguarding standards？[R]. Luxembourg: Publications Office of the European Union，2019.

（二）对平台就业人员身份的法律认定模糊

国际上对平台就业人员身份认定是平台就业中争议最大的问题。对于其是雇员还是自雇身份的法律主张仍不一致。现有规定和实践偏向于非雇佣关系。在平台用工过程中，平台就业人员普遍被平台认定为个体经营者，就业人员与平台之间的关系基于民法合同。在一些国家，平台就业人员默认为自营职业者。

由于缺乏具体的监管，平台在规定业务关系规则方面具有主动权。经常出现以虚假的自雇身份取代实际上的雇佣关系的情况。用工平台在其合同条款和条件中通常显示，它们只是充当劳动力供需匹配的中介，平台就业人员与客户之间以及平台与客户之间的关系通常也基于民法或商业合同。但风险在于，平台可能声称只是中介，却像雇主一样对待就业人员。此外，平台的合同条款和条件往往模棱两可，缺乏处理就业关系争议的机制。

从类型上看，目前就业身份争议主要存在于基于位置的线下平台就业人员，尤其是网约车平台企业和网约车司机。与此相对应，关于平台就业人员身份认定的法院案例多涉及此类平台。而基于网络的线上平台就业由于存在地域延展性，人格从属性、经济从属性和组织从属性相对不足，自雇特征明显，一般对这类平台就业人员身份的争议较少。

在欧洲地区，平台发布线下日常工作，最有可能出现错误分类。其商业模式赋予平台高度干预权，平台将小规模、低技能的任务分配给就业人员个人执行。一些平台就业人员的处境可能处于最不利的地位，比自营职业者的社会和合同保护水平更低，但却如同雇员一样具有依赖性且缺乏自主权。而且，平台发布线下日常工作是欧洲最广泛的平台就业类型，包括 Uber 和 Deliveroo 等平台中介的运输服务，2017 年，该类型比例占平台和平台就业人员的 30% 以上。

在欧盟，就业身份的模棱两可导致了大量的法院诉讼。截至 2018 年年初，欧盟最高司法法院的有关裁决（即最终判决）仍未有结果。对平台就业人员就业身份的模糊性的判定一直是多个国家法院案件的主题。法院对于相关案件，往往考虑具体情况而作出个案裁决，对于活跃在同一平台、同一部门或国家的就业人员，法院可能会得出不同的结论。西班牙零工经济非常发达,"社会法庭"对递送服务就业人员的身份认定问题已进行了五次裁决,其中两家法院对同一公司工作的就业人员作出了两次不同裁决。①

(三)平台就业快速发展伴随劳动条件恶化

平台一方面为就业人员提供谋生或赚取额外收入的机会,对就业困难群体,如青年、移民或需要照顾家庭这一群体等尤其有利,但另一方面,它对现有劳动法和社会保护相关法律法规下的权利义务框架提出了挑战。

在欧盟,随着平台就业规模的扩大,平台就业人员因就业身份问题导致的劳动权利和社会保护的缺失日益严重。平台就业人员的就业身份与实际状况不符的情况较为普遍,目前欧盟90%以上的平台就业人员被视为自营职业者,其中大部分是真实的自营职业者,但也有许多可能存在就业身份错误认定的情况,这部分就业人员规模约有550万人。由于错误的分类,他们不能享有作为雇员应有的权利和保护。

1. 劳动者权益难以得到有效保障

在新就业形态发展过程中,除了平台企业利用算法控制产生的"大数据杀熟""信息茧房"以及算法共谋形成的"网络垄断"等问题外,主要还涉及从业人员身份确定以及由此带来的劳动者权益保障缺乏的问题。

平台就业人员往往缺乏困难援助和冲突解决机制。在平台就业环境中,由于工作的性质、地点和组织分散化,平台就业人员面临社会和职业孤立的风险。就业人员和平台之间的分离式关系可能会产生一系列新的问题和风险。第一,对平台算法使用的监管制度存在空白,导致平台方管理权和决策权过大。平台就业人员维权难度大,工作分配依赖于人工智能算法和评分的使用,可能导致平台发布线下日常工作和就业人员发布线下中等技能工作中的潜在歧视。平台通常与平台就业人员关系疏远,由于任务匹配是自动的,没有来自平台代表的人工干预。如果就业人员与平台有争议,一般只能向平台投诉

---

① 伊莎贝尔·道格林,克里斯多夫·德格里斯,菲利普·波谢.平台经济与劳动立法国际趋势[M].涂伟,译,北京:中国工人出版社,2020.

并希望平台的代表解决问题，投诉只能通过客服电话甚至电子邮件记录，反馈效率很低。第二，数字劳工平台的公众声誉，可能会导致平台就业人员的身份歧视。在平台发布线下日常工作中，存在客户骚扰的风险。在欧盟，大多数平台就业人员与客户没有持续的关系。第三，平台就业人员缺乏有效的互动渠道，特别是从事线上竞标专业性工作和就业人员发布线下中等技能工作的平台就业人员，这可能导致职业和社会孤立，并限制就业人员与平台谈判的权利。

平台就业人员的维权代表性变得困难。平台就业的复杂性意味着现有的劳资关系和社会对话结构往往不适用。此外，平台就业存在不稳定性，并缺乏共同的固定工作场所。平台就业人员雇佣与自雇的身份模棱两可，导致集体代表权和参与权实现存在困难，还有的就业人员认为如果他们加入工会，可能会遭到报复。一些平台的跨国业务特点和平台就业类型的多样性使就业人员的组织和代表性情况更加复杂。在以个体经营者为主的平台就业类型中，就业人员对于维权的需求有限，结社的可能性更低。而自雇身份的平台就业人员一般无权开展集体谈判。在欧盟的一些国家，已经探索建立了代表平台的具体机构，以促进和规范平台工作的发展，并通过行为准则制定标准。一些国家的工会涵盖部分行业的自营职业者，但往往扮演着边缘角色。

2. 职业安全保护缺失

平台就业人员面临着职业安全和劳动保护缺失的普遍问题。平台就业总体质量不高，职业风险已日渐规模化。

尽管就业方式不同，但平台就业人员同样面临工作场所的工伤事故和职业伤害问题。平台就业环境风险包括地点分散性风险、劳动保护缺乏风险，以及工作导致的生理卫生和安全风险。对于基于位置的线下平台就业，风险包括人身攻击、事故（如交通事故），以及接触化学品（如保洁产品）。基于网络的线上平台就业的特有风险包括网络欺凌、身体姿势障碍、视疲劳和多因素引发的压力。在欧盟，平台就业人员需要自行提供设备，即使雇员身份的就业人员也是如此。平台就业人员中的年轻人还会面临更高的事故风险。

虽然平台就业人员的物理环境挑战类似于传统就业人员，但有时化解风险（如事故）或处理问题的传统规制机制，对于平台就业并不适用。平台就业普遍缺乏劳动保护手段和投入。平台对于意外伤害保险没有统一的惯例或规范，提供卫生和安全培训的可能性要比传统岗位更低。平台就业人员普遍缺乏关于职业卫生和安全风险的信息和认知。

3. 技能培训有限

平台就业提供学习和技能发展的机会往往有限。平台本身很少为就业人员提供培训。当提供培训时，培训的重点通常是安全程序或如何使用平台的应用程序。就业人员往往利用之前学到的知识和经验。从事平台发布线下日常工作的受访者称他们的工作技能较低，因为应用程序会告诉他们该做什么。

欧盟从事线上竞标工作的人员的技能水平最高。竞标为他们提供了尝试新想法和发展技能，并且积累项目成果的机会。大多数竞标者用各种免费的在线工具来训练自己。有的竞标发布平台向参与竞标人员收取费用并提供能力测试，然后竞标者可以将测试结果发布在个人资料上，以表明他们的技能水平。

（四）社会保障难以覆盖

社会保障制度是劳动者抵御市场风险的重要安全网。新就业形态劳动者往往在法律上被归类为非典型就业人员，工作时间分散难以计量、工资报酬不固定，一些国家设定了平台就业人员通过兼职或偶尔工作可能难以达到的最低参保资格门槛，导致平台就业人员往往比雇员在参加和享受社会保险制度方面的渠道更加有限，成本也更高。大部分自雇性质的平台就业人员和部分临时性就业人员一般自己缴纳社会保险费。

由于平台就业人员一般被认为是自营职业者，他们往往被纳入自雇人员的社会保险制度，这种制度往往比雇员的社会保险制度优惠更少，费用也更高。在法国，平台就业人员作为微型创业者参加法国自营职业社会保险计划（la Sécurité sociale pour les indépendents），其中没有最低工作时间或收入要求，但该计划的医疗费用津贴和养老金明显低于雇员的一般社会保险计划水平，而且法国自营职业者没有失业、工伤事故或职业病保险。按照新的平台自营职业法的要求，以微型创业者身份工作的平台就业人员可以加入由平台出资的工伤事故和职业病社会保险计划。

此外，平台就业人员一般不符合强制性社会保险的最低收入要求。那些兼职或临时工作的平台就业人员可能很难达到一些国家制度规定的最低资格门槛，在意大利，自营职业者（lavoratori autonomi）必须注册并向一个与自雇职业相关的社会保障基金缴费，也可以直接向国家社会保障协会（INPS）缴费，但这在平台就业人员中很少发生。平台就业人员普遍缺乏失业保障。在奥地利，自营职业者，包括被认为是自营职业的平台就业人员，可自愿参加失业保险，但是，就业人员必须缴费达到最低期限（至少过去12个月或24个月的一半）才有资格领取福利金。

为平台就业人员提供更好的社会保护的创新做法正在出现。例如，在德国，艺术家社会保障基金（KSK）为从事创意工作的平台就业人员提供社会保障。KSK为其成员（包括自营职业作家、出版商和艺术家）支付雇主部分的社会保险金。2014年开始，德国一家创造性写作任务中介平台对使用该平台的就业人员收取其收入的5.2%，作为KSK基金的个人缴费。

在瑞典，从为不同客户提供临时工作中获得收入的个人可以加入"联盟组织"（umbrellaorganisation），这使他们能够保留创业活动的主要特征（风险、独立性、自主性和控制力），而"联盟组织"为他们提供管理支持，它向客户收取一定的佣金，为雇员缴纳社保、扣减税款，然后将余额作为工资支付给完成工作的个人。

二、问题的原因分析

平台就业人员处于不利地位，主要原因是针对新就业形态的劳动保障制度体系的建设滞后，导致劳动条件和待遇标准缺位。这主要体现在平台就业性质不明确、相关法律政策不完善以及监管推进不到位等方面。

（一）平台就业人员的就业状态突破各国传统劳动法律规定范畴

随着新就业形态群体数量大规模增长，平台就业人员就业身份对劳动法律体系产生重大影响。

平台就业人员就业身份是平台争议最大的问题。平台就业的发展对就业身份传统的"二分法"构成了挑战，平台劳动关系越来越难以认定，平台就业正在模糊传统就业状态之间的界限，特别是雇员和自营职业者之间的界限，因此确定就业人员的身份并不容易。平台就业形式不符合传统的就业形式，但是由于平台对就业人员的高度控制属性，很难将就业人员视为真正的自营职业者。但是对于是否应该把平台就业人员归类为雇员，多数人也认为不合适。因为平台就业人员工作灵活，如果归为雇员，将扼杀平台经济的活力，平台商业模式会趋于瓦解。

平台就业人员的就业身份是诸多问题的关键，因为它界定了就业人员的权利和义务，如社会保障、工作时间、收入或代表权。欧盟研究结果[1]表明，澄清这一问题是欧盟平台就业未来合理发展的关键。关于平台就业人员的就业身份的文献也经常是充满分歧的。

政策制定者对于相关政策创新普遍持保守态度，认为新政策不太可能解决新的就业身份界定问题。在上文分析所涉及的欧盟18个国家

---

[1] Eurofound. Back to the future: policy pointers from platform work scenarios [R].

（见附录表8）中，都没有明确规定平台就业人员的就业身份。在德国和意大利，讨论的重点是扩展现有框架，而不是为平台就业人员建立一个专门的框架。相比之下，在波兰和瑞典，政策制定者似乎认同目前针对个体经营者的监管框架足以涵盖平台就业。

从监管角度来看，由于平台就业人员没有明确的就业身份，就业人员只能依靠现有的监管框架，采用其认可的一种雇佣状态。因此，目前关于就业身份的一般规定也适用于平台就业人员。但平台是一种新的经济组织形式，雇佣条件同现有的传统雇佣和自营职业的类别并不完全吻合。要将劳动关系归类为雇佣关系，就必须同时满足就业法律规定的若干条件。

平台企业及其代表机构从降低成本、减少责任的角度倾向于将平台就业人员认定为商业性质的独立承包商，而非雇佣性质的雇员，这可能导致大量应享有法律保护和福利待遇的事实上存在雇佣关系的就业人员，被错误地分类而被剥夺相关劳动保障权益。这种通过监管套利规避法定福利和保护的行为可能导致严重的社会和经济问题，加剧社会既有的收入和财富不平等，迫使一些平台就业人员必须通过法律诉讼才能得到利益保障。

（二）新就业形态劳动条件多样化碎片化特征突出

欧盟9类新就业形态都属于非典型就业范畴，其工作方式、岗位任务、工作时间和工作场所也具有较大差异。其一，雇员共享、岗位共享和临时外派专家，更多保持了有利的劳动条件，使就业的灵活性和良好的就业保障水平得以结合。其二，临时工是传统的非典型就业形式，其特点是收入低、工作不稳定、社会保护少，并且极少或没有人力资源津贴。其高度灵活性有利于某些就业人员，但临时工灵活性过高，大多数人更倾向于连续性更高的工作。其三，线上远程工作提供一定的灵活性、自治权和工作授权，但引发加重工作量、压力和延长工作时间的风险，并混淆工作和私人生活的界限。这也会将传统雇主责任众包出去，如职业卫生和安全保护。其四，自由分包、众包和合伙就业，对于自由职业者和自营职业者而言，可以通过从事微任务而丰富工作内容。其五，订单式工作会导致一定的岗位不稳定性、社会和专业隔离，并且人力资源管理和职业发展受到限制，但也为劳动者提供了合法的工作机会、更好的社会保护和可能更高的收入。在欧盟新就业形态类型中，最有可能为劳动力市场带来益处的是雇员共享、岗位共享和临时外派专家，而临时工可能是最不利的。碎片化工作本身就具有收入低和社会保护受限的特点，存在劳动力市场分割的危险，尤其是临时工和订单式工作。

（三）就业保护法律法规框架缺失

平台就业给传统的雇主和雇员、就业法律法规和劳动力市场机构等带来了挑战。平台就业形态建立在平台、就业人员和客户之间的三方关系上，以基于任务的按需形式提供服务，其中一些工作形式还超出了地理边界。因此有关的传统规范不能无缝地应用于平台就业领域。而且由于平台就业人员就业身份的模糊性，平台就业的法律法规适用以及执行并不清晰统一。

平台就业人员在就业和工作条件方面没有明确的法律保障，如工作时间、最低工资、卫生和安全，或防止不公平解雇的保护条款。在上述欧盟调查中，在平台发布线下日常工作中，一些自雇身份的受访者指出存在同工不同酬现象。也有些受雇于平台的就业人员认为平台的雇主责任缺失，例如，他们独立工作，只有在有问题时才通过邮件与任务派发人员联系。有的受访者还提到，受雇的就业人员将会被有组织地解雇，或者是其雇佣合同不会延期。他们唯一的保障在于，如果其属于低收入群体，则有权享受家庭福利和相同的医疗护理（医疗、药品和医院护理）服务。

消费者法、刑法、数据保护和隐私权等领域的商业规则还没有充分发挥作用。由于平台就业人员最有可能被视为个体经营者，从事线上竞标专业性工作的平台就业人员可能面临知识产权保护的问题。此外，平台如何保护数据、就业人员和客户隐私信息也是一个问题。

与平台就业相关的职业卫生和安全问题尚未得到重视。在所分析的大多数国家中，没有国家针对平台就业人员进行相关具体规定，仅有个别平台开始向就业人员提供这方面的保险。一般来说，职业卫生和安全保障通常与就业身份挂钩。自营职业者或其他就业身份通常只能自费参加失业、意外伤害或职业病的社会保险。在德国，主要的职业卫生和安全法规保障人群不包括自营职业者。在奥地利，意外伤害保险对雇员和自营职业者都是强制性的，但雇主为雇员的意外伤害保险全额缴费，而自营职业者需自己缴费参保，这一区别也适用于平台就业人员。在法国，自营职业者一般不参加职业病和工伤保险，但根据《2016-1088号法案》，专门为自营职业平台就业人员设立了自愿保险计划。在瑞典，雇主对工作场所的健康和安全措施负有主要责任。《工作环境法》规定，即使没有雇主，负责或控制工作场所的人也要对就业人员的健康和安全负责。

（四）相关法律法规推进实施缓慢

在欧盟，成员国劳动保障制度发展总体滞后。欧盟成员国平台就业监管和权益保护的法律法规实际推进缓慢。只有极个别欧盟成员国制定了专门关于平台就业的国家立法，明确提及改善平台就业条件和提高社会保护的可及性。大多数情况下，国家立法仅是通过其他法律间接处理平台就业的挑战体现的，而且已实施的平台就业相关国家立法也仅局限在个别行业，主要集中在递送服务领域。

此外，当前全欧盟的数字劳工平台缺乏统一的监管框架。由于欧盟各国对平台经济的法律规制差异较大，欧盟内部对平台监管的制度标准碎片化，导致平台和平台自营职业者难以在欧盟内部跨境扩展业务。因此，随着平台就业规模快速发展，需要建立适合欧盟统一市场要求的平台就业合理标准，形成有利于市场公平和可持续发展的规范框架。2021年12月，欧盟委员会提出一项立法提案，以改善平台就业的工作条件，为平台就业人员提供额外的保护，并提高平台用于分配工作和监控就业人员绩效的自动化系统和算法的透明度。2023年2月2日，欧洲议会投票通过了该提案，如果后面程序顺利的话，有望在2024年通过该提案。

欧盟税收需要创新推进。税收对于平台就业项目所得的处理规定往往模糊不清。平台就业人员往往不熟悉纳税流程，因此存在税收流失的可能。平台发布工作的就业人员的税收也根据国别、就业身份和就业人员的偏好而有差异。对税务部门来说，平台经济问题与机遇并存。一方面，平台提供了使非正规经济正规化和减少未申报工作的机会，其数字化信息可以很容易地存储并与主管当局共享。另一方面，与平台就业有关的税收规则似乎难以执行，因为许多就业人员不知道适用于他们的规则。这又与平台就业人员就业身份的不确定性有关，如果平台就业人员被归类为雇员，则平台负责缴纳所得税；如果平台就业人员是自营职业者，则自行纳税。

第四节
欧盟应对新就业形态发展问题的举措与经验借鉴

自 20 世纪 80 年代起，世界主要发达经济体的劳动力市场持续灵活化，包括临时性就业、非全日制就业、劳务派遣、零工经济等非标准就业形式逐渐流行，带来了劳动关系认定困难、劳动者社会保障权益不足、难以享受劳动法规定的基本权益、难以组建工会并参与集体协商等问题。互联网平台用工方式的出现并未创造出新问题，只是进一步扩大了上述问题涉及的劳动者群体范围以及加重了挑战的严峻程度。以下分别梳理欧盟国家在劳动关系认定、劳动者权益保障、社会保障方面的立法与改革趋势，并在此基础上，提出对我国的经验借鉴。

一、应对新就业形态发展问题的主要举措

（一）劳动关系认定的经验做法

欧盟国家对于新就业形态的应对做法主要有两类。一是专门针对新就业形态设立新的劳动者身份标准，建立相关保障制度。二是扩展和调整现有劳动关系体系，以有效涵盖新就业形态劳动者。

1. 实施第三类劳动者改革

虽然劳动法的适用范围严格遵从雇佣和自雇的二分法，但在雇员和自雇群体之间一直存在着部分灰色地带。自20世纪七八十年代起，部分国家开始尝试打破二分法，给予介于雇佣和自雇、从属性劳动与自治性劳动之间的中间类别劳动者在法律上的特殊身份，这类群体一般被冠以第三类劳动者、经济依赖性就业人员、类从属等名称，各国在立法基础上积极探索符合它们特点的劳动权益保障方式。本节统一将其称为第三类劳动者。截至2015年，欧洲在法律上已经明确创设了第三类劳动者的国家有11个，具体包括奥地利、克罗地亚、法国、德国、希腊、意大利、挪威、葡萄牙、斯洛文尼亚、西班牙、英国。①

按照第三类劳动者法律身份定位及其享受权益进行划分，各国在创设第三类劳动者时主要形成了三种立法模式。

一是将第三类劳动者看作拥有特定权利的自营职业者。这一模式下的第三类劳动者在法律身份上被归类为自营职业者，但在基本劳动法权益或者社会保护方面享有特殊权益。典型国家主要包括西班牙、斯洛文尼亚、奥地利、意大利。其中，西班牙、斯洛文尼亚赋予了第三类劳动者部分基本劳动法权益；奥地利和意大利则赋予了第三类劳动者部分社会保护权益。

---

① O'BRIEN C R, SPAVENTA E, CONINCK J D. Comparative report 2015: the concept of worker under article 45 TFEU and certain non-standard forms of employment [R]. European Commission, 2016.

二是将第三类劳动者看作雇员,但只享受不完全的雇员权益。这一模式下的第三类劳动者在法律身份上被归类为雇员,但在基本劳动法权益或者社会保护方面只部分适用劳动法规定。德国、葡萄牙、斯洛伐克等典型国家都采用了这一立法模式。

三是将第三类劳动者作为一种全新的法律类型。部分国家在雇员和自营职业者之间创设了一种完全新型的劳动者法律类型,并赋予其享受大部分的雇员标准权益,只是在法律身份的要求上没有雇员那么严格。这一做法的典型国家为英国。英国设立的"劳动者合同"下的"非雇员劳动者",区别于雇佣合同下的雇员,是传统二分法之外的中间类型。英国在 2021 年 Uber 一案的裁决中,明确将 Uber 司机划分为非雇员劳动者,也就是中间类型。

2. 完善现有劳动关系认定标准

虽然第三类劳动者有助于解决劳动者身份模糊所带来的争议,但是这一方法容易导致雇主的投机行为,并产生去劳动关系化的法律结果。因此,部分国家仍然坚持传统上的二分法,但是根据现实情况适时对劳动关系认定标准进行了一定调整,以保证能够更准确地将披着虚假自雇外衣的雇佣者区分出来。部分国家成立了专门的劳动行政机构,专职用来调查虚假自雇情况。典型国家如爱尔兰。

(1)欧盟专门立法确认平台雇主标准

2021 年 12 月 9 日,欧盟通过《改善平台就业条件指令(提案)》(以下简称《指令(提案)》),在欧盟层面首次规定了确认平台雇主身份的标准。认定平台对就业人员的控制程度包括以下五项标准:①确定收入水平或设置收入上限;②通过电子手段监管就业人员工作执行情况;③在工作时间或休息时段、接受或拒绝任务、能否利用分包商及替代人员方面限制选择自由;④对提供服务或执行工作时的仪表、举止设置具体限制性规定;⑤限制建立客户关系或为任何第三方工作的可能性。如果平台满足以上标准中的至少两项,则在法律上被认定为雇主(employers),该平台就业人员则被认定为雇员（workers）。

雇佣身份的认定将以工作和收入的实际执行情况为基本依据，而不是基于合同中确定的关系。如果平台对本平台就业人员施加了一定程度的控制，则不论合同如何规定，平台将被认定为雇主。如果平台或者就业人员对于雇佣身份的认定存有异议，可提出驳回申请。举证责任由相关平台或就业人员承担，但平台有义务提供相关支持。

被认定为雇员的平台就业人员将享受以下权利：保障休息时间和带薪假期，国家或行业最低工资（如果适用），职业安全和卫生保护，失业、病假和医疗津贴，孕产假和育儿假，养老金，工伤和职业病津贴。

该《指令（提案）》是欧盟应对平台就业的非标准化和不稳定就业的系列举措之一，其中明确对于雇佣身份的认定标准是重大进展。对于平台就业人员，该《指令（提案）》建立了平台就业人员的最低权利标准，以改进其劳动条件。

该《指令（提案）》适用范围主要是平台发布线下日常工作这一类型。目前，在所有类型平台就业中，只有该类型存在雇员身份的平台就业人员。同时，这也是就业身份存在争议的领域。一直以来，这一类型平台中雇员人数很少，存在大量的事实上的虚假自营职业者。欧盟平台就业人员人数约有2 800万名，根据该《指令（提案）》，在可能存在身份错认的平台就业人员中，估计可以重新认定为雇员身份的就业人员数量为170万~410万名；用工平台也将根据该《指令（提案）》作出调整，使其余就业人员转为真实的自营职业者。

欧洲议会于2023年2月2日投票通过了该《指令（提案）》。尽管许多平台都在游说反对它，但该《指令（提案）》很可能会在2024年通过。一旦欧盟层面通过该《指令（提案）》，成员国应在两年时间内将该《指令（提案）》转化为法律。

（2）欧盟国家认定就业身份的做法

在西班牙，《外卖骑手法（法令12/2021）》（Ley rider）于2021年12月颁布。该法令前置默认平台和平台就业人员之间存在雇佣合同，因为就业人员实际上接受由平台算法作出的决策的管理。该法律是对欧盟《指令（提案）》的具体实施，这是继美国之后的第二个国家层面的平台就业立法。依据该法律，西班牙于2022年1月签订了首个正式的平台就业集体协议。[1]

爱尔兰规定雇佣身份新准则。爱尔兰为了防止把雇员误判为自营职业者，2007年专门成立了隐形经济管理专案组（the Hidden Economy Monitoring Group）。2010年，爱尔兰的三方机构又确定了所谓的"决定雇佣身份的实践准则"（code of practice on determining employment status），具体规定了相互义务性、替代性、企业测试、整合性、控制等判定指标。[2]根据该实践准则，如果"个体从事的工作是以开办个人企业方式进行的"，才会被认定为自营职业者。

（二）新就业形态劳动权益保障的创新做法

如果平台就业人员被认定为普通雇员，则在劳动法或者社会保障法方面并不会有特别保护。但雇员能够享受的相关权利往往取决于最低服务年限，其经济活动的不连续性也

---

[1] First collective agreement for platform workers in Spain. https://socialeurope.eu/first-agreement-for-platform-workers-in-spain.
[2] Code of practice on determining employment status. Ireland Department of Social Protection.

可能成为从业人员获得重要劳动法权利的障碍，如产假、带薪休假、失业保险。这导致很多新就业形态劳动者可能在就业和工作条件方面无法获得有效保障，如在工作时间、最低工资、健康和安全或防止不公平解雇方面。针对这一难题，部分国家或者直接修改劳动法律，或者允许新就业形态劳动者以工会等集体代表组织，帮助维护其基本劳动权益。欧盟及其各成员国措施多样，但进展不一。本部分选取了部分典型国家的做法。

1. 对法律法规框架进行修改

有的国家制定了专门法律法规，如法国于 2016 年 8 月 8 日颁布了《2016-1088 号法案》，其中一项规定旨在将工伤保险的保障范围扩大到平台就业人员，同时还支持平台就业人员拥有集体行动的权利、持续接受职业教育的权利、获取工作经验认证的权利。意大利通过《共享经济（税收）法案》[the Italian Sharing Economy（Tax）Act]，建议减少甚至取消对 1 万欧元以下的收入征税，同时通过"对以数字平台为中介的自营职业的规定，监管诸如自营职业者合作社的伞型联盟组织"，对平台就业人员进行定义，界定并规范伞形联盟公司所使用的"援助和相互保护合同"，提供持续的收入和关键的社会保障。

有的国家修订涉及或影响平台就业的法律法规。如荷兰 2018 年对个体经营者实行最低费率，客户必须支付每小时 15~18 欧元的最低费率（约为最低工资的 1.25 倍），以补偿自营职业者必须缴纳的保险和社会保障费成本。税务机关将把收入低于规定费率达到 3 个月及以上的自营职业者视为与客户有雇佣关系，以打击虚假的自营职业。2017 年，英国政府委托第三方对包括平台就业的新就业形态活动进行审查，并发布研究报告。议会设立两个调查平台就业的委员会，协同政府进行进一步磋商。2019 年 11 月，意大利对 2015 年《就业法案》进行了修订，首次试图为平台中工作的弱势就业群体提供经济和制度保护。

也有部分国家从商业和行业法规角度间接保护了新就业形态劳动者的

权益。比利时和爱沙尼亚政府已经为平台就业制定了具体的税收条例。比利时政府承认平台就业能够培养创业精神，并打算提供法律支持。斯洛文尼亚政府对《道路运输法》提出了一项修正案，将使个人能更好地通过 Uber 等平台开展工作。在保加利亚，消费者保护委员会则呼吁在平台经济中引入保护消费者的法律制度。①

总体上，各国目前审议或制定的新的就业法律法规往往具有更开阔的视角，在包容以往劳动标准框架的同时，在更高层面上更综合性地处理新兴的劳动力市场或经济问题。平台就业在受到监管的同时，也受到这些改革做法的保护。附录表 12 归纳了部分国家平台就业的具体法律法规以及影响平台就业的一般规定，包括计划实施或最近生效的法律法规规定。

---

① Eurofound. Exploring self-employment in the European Union [R]. Luxembourg: Publications Office of the European Union, 2017.

附录表 12　欧盟成员国关于平台就业的立法情况

国家	平台就业具体规定	影响平台就业的最新或计划实施的一般性法律法规
比利时	自 2016 年起，平台就业人员如果通过经认可的平台获得收入，则适用对其有利的税收制度（降低税率，并对一定数额以下的收入免征增值税）	
克罗地亚		计划修订《劳动法》，以更好地规范灵活的工作形式
丹麦		2017 年通过了新的出租车法规
爱沙尼亚	2015 年，税务与海关委员会批准了一项对于泰克斯夫（Taxify）和 Uber 平台收入的简化纳税申报制度	2017 年《公共交通法》对共享乘车服务与出租车服务分开监管；2018 年起，非全日制自营职业者享受税率降低的优惠，这也适用于平台就业人员
芬兰		计划进行立法改革，以便更好地结合雇员和创业者的社会保护
法国	《2016-1088 号法案》对"网络平台"进行了定义，将工作意外伤害的社会保障覆盖范围扩大到平台就业人员，并为他们行使集体行动权、接受继续职业教育和获取工作经验认证提供便利	对收入在一定门槛以下的微型企业家实行税收优惠，许多平台就业人员以微型创业者的身份活动
爱尔兰		2017 年《竞争法（修正）》引入了两类新型的就业人员，即"虚假自营职业者"和"完全依赖型自营职业者"，使这些就业人员能够拥有工会代表权，这一发展有利于平台就业人员
意大利		提出两项法案草案：《意大利共享经济（税收）法案》，建议对低于某个门槛的收入降低税收或不征税；"通过数字平台自营职业的规定"，对诸如自营职业者合作社等伞型组织进行监管，涉及社会保护

续表

国家	平台就业具体规定	影响平台就业的最新或计划实施的一般性法律法规
荷兰		计划对个体经营者实行最低关税，以打击虚假的自营职业
斯洛文尼亚		修订《道路运输法》的计划可能会引入"私人司机服务"这一新型活动，并可能导致放松管制

注：资料截至2018年。
资料来源：作者根据相关资料整理。

2. 欧盟初步建立新就业形态的监管框架

欧盟通过制定一系列法律法规，初步建立起适应平台就业等新就业形态的监管框架，明确了平台就业人员的权利和平台的责任与义务。近年来，欧盟层面已经开始推进涵盖平台就业权益的立法进程。欧盟平台就业快速发展，成为新就业形态的主要形式，数字经济导致欧盟劳动力市场的不稳定和碎片化趋势在加剧。为此，欧盟开始针对数字化所创造和扩大的某些非标准就业形式制定系列相关法律法规，提高平台经济的公平性和透明性，并加强最低就业保障，为相关劳动者提供最低层次的保护。欧盟关于非典型就业的保护性法律法规见附录表13。

附录表13　欧盟关于非典型就业的保护性法律法规

名称及发布年份	目标
《改善工作条件创造更强的欧洲社会：关于未来工作充分利用数字化利益的通告》（2021）	规定欧盟发展平台就业的路径和措施，并为推动高质量平台就业行动制定基本原则
《改善平台就业条件指令（提案）》（2021）	旨在改善平台就业人员的劳动条件和社会权利，包括正确认定平台就业人员的就业身份、确认雇员和自营职业者参与算法管理的新权利等

续表

名称及发布年份	目标
《欧盟竞争性法律关于单人自营职业者集体协议的适用性准则（草案）》（2021）	允许处于明显弱势地位的个人自营职业者进行改善劳动条件的集体谈判，不受欧盟竞争性法律的限制，其中包括但不限于数字劳工平台的自营职业者
《工作条件透明和可预测指令》（2019）	采取措施保护非标准工作就业人员的工作条件。为随叫随到服务人员、家政就业人员和雇员身份的平台就业人员提供新的权利
《促进提供在线中介服务的商业用户公平性和透明性条例》（2019）	对平台中介服务，包括平台就业人员提供的服务，加强公平性和信息透明度规范
《理事会关于对雇员和自营职业者社会保护的可及性建议》（2019）	解决包括平台就业人员在内的雇员和自营职业者社会保护可及性问题。不论就业身份如何，都有资格参加包括社会保护在内的最低就业标准担保计划，其中包括平台就业人员
《劳务派遣工作指令》（2008）	定义劳务派遣雇员劳动条件的一般性框架。如果数字劳工平台的客户是企业，则数字劳工平台属于劳务派遣机构；劳务派遣机构有时会指派其雇员向平台提供服务，使平台成为客户企业

资料来源：作者根据相关资料整理。

在欧盟委员会的数字单一市场战略、欧洲协作经济议程中均提及平台经济相关内容。2016年，欧洲协作经济议程提出，欧盟鼓励成员国提供法律创新，不应将协作经济作为传统经济的威胁，特别强调应以便利和推动发展的方式而不是以约束性的规制方法对待协作经济。①

2019年的《工作条件透明和可预测指令》是欧盟首个适用于新就业形态的劳动法令，是

---

① European Parliament. Report on a European agenda for the collaborative economy. https://www.europarl.europa.eu/doceo/document/A-8-2017-0195_EN.html.

欧盟宪章在社会领域具体原则"欧洲社会权利支柱"的直接后续行动。该指令旨在涵盖所有就业形式的劳动者，包括那些从事最灵活、非标准工作和新就业形态工作的就业人员，如零工、临时工、家政工、订单式工作和平台就业。它赋予所有就业人员新的劳动权利，包括信息告知、工作安排以及免费培训等权利，解决对更不稳定工作就业人员保护不足的问题，同时也对雇主义务作出限制性规定，以维护劳动力市场的协调。该指令也对不同工作场所提出有针对性的执法规定。

2021年12月9日，欧盟委员会发布了以《改善平台就业条件指令（提案）》（以下简称《指令（提案）》）为核心的三项规定，是欧盟层面首次对平台就业人员劳动权益保护出台的具体文件。[①] 此次新措施首次建立了平台就业的雇佣标准，并细化算法管理和透明度监管的实施原则，完善了平台就业权利认定的关键环节，旨在确保数字劳工平台就业人员能够享受应有的劳动权利和社会保护。《欧盟竞争性法律关于单人自营职业者集体协议的适用性准则（草案）》也首次明确平台就业人员的集体谈判权利。至此，欧盟平台就业法律框架实现初步整合。

3. 工会或者新型社会组织发挥维权功能

（1）利用工会和集体合同进行保护[②]

一些国家法律允许平台就业人员加入工会。如在法国，自营职业者可以加入任何工会，也有专门针对自营职业者的工会。2016年修订的《劳动法》规定自营职业者有权采取集体行动，这一规定也同样适用于平台就业人员。在波兰，平台就业人员的默认身份是自营职业者，他们可以加入专门为自营职业者设立的工会。2021年，欧盟首次明确对包括平台就业人员在内的自营职业者的集体谈判权利。《欧盟竞争性法律关于单人自营职业者集体协议的适用性准则（草案）》规定，对于无雇员的单人自营职业者，如

---

① https://eur-lex.europa.eu/legal-content/EN/TXT/PDF/?uri=CELEX:52021PC0762.
② 此处部分案例来自国际劳工组织报告《Non-standard employment around the world》（2018）。

果处境"与雇员相当"或者在任务中处于明显弱势的不平衡的谈判地位，可以开展有关劳动权利的集体谈判，不受欧盟竞争性法律限制。平台就业的自营职业者的集体谈判权得到保障。同时，《改善平台就业条件指令（提案）》要求，平台要为通过平台就业的人创造机会，使他们能够相互联系、组织起来并通过其代表与平台讨论算法系统的合理性。平台要将算法管理相关决策告知平台就业人员及其代表并征求有关意见。平台要为本平台就业人员提供便利通信途径，并保持与其代表的联系。平台上的单人自营职业者也可以通过集体谈判和更多的社会对话来影响和改善其劳动条件。

在许多国家，工会努力扩大平台就业人员的代表性，并推进集体协议。根据研究资料，目前欧洲少数国家积极利用工会签订集体合同，将新就业形态劳动者纳入某一传统行业工会，对最低工时、合理工作时间安排、定期轮班问题进行规定，以此保护新就业形态劳动者的权益。工会往往为案件起诉提供支持，组织宣传活动，起草行为准则，或促进就业人员与平台之间的谈判，如奥地利、比利时、丹麦、芬兰、法国、德国、瑞典等国家。西班牙已正式签订国内首个针对平台就业人员的集体协议。① 德国五金工会（IG Metall）、服务行业工会（Ver.di）以及一些规模更小的工会，比如建筑业工会

---

① First collective agreement for platform workers in Spain [EB/OL]. https://socialeurope.eu/first-agreement-for-platform-workers-in-spain.

(IG BAU)，自由就业人员工会，食品、饮料和餐饮工会，也促进了平台和平台就业人员就各自部门的工作条件和工资进行谈判，达成了几项集体协议。

（2）利用社会组织对相关人员进行保护

新就业形态劳动者由于身份不确定且流动性很大，因此很难单独成立工会。对于这部分群体，有些国家通过区别于工会的特色就业人员组织来保障他们的权益。一些国家还出现了一些新形式的平台就业人员集体维权组织方式。

在比利时、克罗地亚、丹麦、芬兰、意大利、西班牙和英国，合作社和基金会等新机构在平台就业人员代表方面发挥了作用。新型维权机构向平台就业人员提供信息，协助他们改善工作条件。其中部分是与传统有代表权的机构合作或是从其中分离出来的，例如，法国全国自治工会联盟（UNSA）为Uber 司机设立了一个专门的分支机构，劳工总联合会（CGT）在吉隆德省成立了一个自行车快递员联盟。比利时艺术工作者联合会于1998 年成立，为创意产业的自由职业者提供服务，目前也活跃于平台就业领域（与平台协商就业和工作条件），并已扩展到欧洲其他国家。

在一些国家，平台就业人员开始联合起来提出他们的就业身份问题倡议。这种类型的组织通常是从网络开始的，包括脸书或其他社交媒体，许多举措仅限于特定部门。这些举措在改善平台就业人员的就业和工作条件方面取得的成功似乎有限。

总的来说，平台的组织化是有限的。工会、新型维权机构和特色就业人员组织等几种形式的代表权得以发展。在相当多国家中，工会和新型维权机构都在努力代表平台就业人员。平台就业人员已经在欧洲各地组织了多次罢工，主要是运输和食品配送行业的平台就业人员，然而大多数结果仍不明朗。

（三）新就业形态社会保障体系的推进

与新就业形态有关的社会保障项目，诸如养老保险、医疗保险、生育保险等，不仅依托于雇佣关系，而且采用社会化创新方法。

1. 通过就业身份对接既有社会保障体系

对于养老保险和医疗保险而言，新就业形态劳动者面临的主要问题在于原本应由雇主缴费的额度由谁来支付。通过对平台就业人员的身份认定，可以将虚假的自营职业者正确地归类为雇员，使这部分就业人员纳入传统的社会保障体系。2021年，欧盟《改善平台就业条件指令（提案）》明确了平台就业的管辖地、管辖主体以及实施纳税和社会保护的成员国主体地位，规定就业身份及其相关的纳税和社会保障缴费义务。这将有助于欧盟成员国社会保障制度和公共预算的可持续性。据估计，如果将虚假的自营职业者正确归类为雇员，成员国每年将收到16亿~40亿欧元的年度缴费，具体金额将取决于被重新归类为雇员的人数。

2. 设定特别社会保障项目

很多国家为适应平台经济的发展，为其创设了特别项目。部分国家为特定的自营职业者群体设立了专门的基金，帮助其参加社会保障制度。德国通过艺术家社会保障基金为艺术家及相关职业群体提供专门的保险。1983年1月1日，德国艺术家社会保障基金成立，该基金确保德国的自由艺术家，包括公关人员和新闻工作者能够像传统雇员一样使用德国的社会保障体系。按照法定社会保险资金筹措原则，艺术家社会保障基金的缴费中约有一半来自艺术家自己，其中所谓的艺术家用户份额（约占30%）则对应于雇主份额，联邦政府补贴覆盖了其他20%的费用。自由艺术家等可以依法享受法定养老金、健康和长期护理保险等待遇。其他国家，包括奥地利也设立了针对某一特定人群的社会保障制度，根据自营职业者特点和需求实施强制性保险。

在瑞典，雇主对工作场所的健康和安全措施负有主要责任。《工作环境法》确保即使没有雇主，主管或控制工作场所的人也要对劳动者健康和安全负责。在失业保险法方面，虽然平台就业人员的失业保险缴费由公共资助，但不由瑞典社会保险机构管理，而是基于自愿，选择加入特殊失业保险基金。

在法国，平台新就业形态劳动者主要被认定为法律上的微型企业家，并将其作为一种特殊的自营职业者。他们可以加入法国自营职业者社会保险计划，没有最低工作时间或收入要求，自己缴纳社会保险费用，并有权享受社会保障福利，特别是养老金。法国自营职业者无法为失业、工伤事故或职业病投保，但是《2016-1088号法案》建立了专门为平台新就业形态劳动者提供的自愿保险计划。在微型企业家身份下工作的新就业形态劳动者可以按照新法律要求，参加由平台企业支付的工作事故和职业病社会保险计划。

二、对我国发展新就业形态的启示和建议

近年来，我国新就业形态已经有了快速发展，同样也是以平台就业为主要就业方式。国际上这一领域的发展具有一定相似性，通过总结欧盟经验，可以对我国提供参考借鉴。

（一）总体原则

要发挥新就业形态促进就业的显著优势，消除新就业形态不稳定性和劳动保障缺失的风险。

1. 充分考虑新就业形态在促进就业方面的重要作用

充分利用新就业形态的灵活性和弹性就业机会，发挥其就业蓄水池功能。应进一步促进平台经济合理发展。截至2021年年底，我国灵活就业人员数量已经达到2亿人，占到全体就业人员的28.5%，占城镇就业人员的一半左右。其中平台就业等新就业形态占较大比例。面对经济增长速度下调、国际国内形势复杂的情况，新就业形态特别有利于为我国规模庞大的新生代劳动力群体提供大量就业岗位，有助于缓解农民工、高校毕业生等重点群体的就业压力，因此，需要充分发挥新就业形态吸纳就业的作用，逐步突破新就业形态发展中的诸多短板和制度性障碍，使之成为我国稳就业的重要着力点。

加强新就业形态的市场缓冲器功能。新就业形态不仅提供了大量的工作机会，还因其分布广、弹性大等特点，能够减缓经济与就业的波动，有利于

平缓就业市场不稳定，增加劳动者收入。在欧盟金融危机和新冠肺炎疫情期间，平台就业等低门槛就业形式尤其有利于就业困难群体实现就业。

2. 提升宏观就业监管的格局

要改善劳动力市场监管的包容性。平台经济作为一种新商业模式和就业形态，具有全面渗透性，因此监管的基本思路在于，既要确保在传统经济和劳动力市场与平台经济之间营造一个公平竞争的环境，又必须保持平台就业对相关参与者的吸引力。如果监管过于宽松或设计不当，可能会以牺牲就业人员权益、客户或传统经济中的竞争对手利益为代价，为平台创造优势。但如果监管过于严格，平台就业可能会因失去创新和竞争优势而萎缩，就业人员可能无法利用平台就业的灵活性。

因此需要在宏观经济环境和产业需求的更高层面上，整体评估有关就业监管的合理程度和范围。对于既定的规章制度是否适用平台就业这种就业形式和商业模式，以及如果适用，包括哪些规定等，这超出了传统就业监管和政策机制的部门范畴，不仅属于就业监管，还涉及行业监管和消费者保护等方面。因此要提升就业政策和管理的层次，建立就业监管的顶层框架格局。

3. 完善关于新就业形态的制度框架

要将平台就业人员作为就业法律法规政策的重要主体予以确认，初步建立起关于新就业形态相关权益保障体系的法律制度框架。

第一，在法律主体上，就业法律法规政策明确涵盖包括平台就业人员在内的多种灵活就业人员，特别是对平台雇员身份的认定，是推进平台就业劳动权益保护的关键一步。

第二，在劳动权益保护上，分类处理平台就业人员的就业身份问题。顺应新就业形态发展进程，改革和扩展现有劳动力市场监管制度。明确平台就业的最低权利标准，并采取分层分类的劳动法规和政策调整模式。一方面，可以审查现有监管法规的包容性，通过细节创新调整以扩大到涵盖新就业模式。例如，平台就业可以参考有关劳务派遣或经济依赖型自营职业的相关法规。另一方面，可以推进专门应对平台就业的制度创新，并探索将其中的新做法扩展到传统劳动力市场的可能性。这些举措可以在国家或地区层面开展并积极交流。

第三，在监管方式上，明确数字劳工平台的数字化信息监管、披露和服务责任，并保障工作人员对于数字化管理的参与权。加强对平台信息透明度和自动化算法的监管，维护平台就业人员的相关信息权益。尽快提高政府数字化管理和服务能力，采取数字化创新方法以有效治理平台就业人员的权益保护问题。要重视对包括新就业形态在内的灵活就业人员的统计标准和调查制度，创新就业统计方法，为相关形势研判和政策制定做好数据预测支持。

第四，在制度建设上，渐进式推进新就业形态领域劳动权益保障的精准创新。应对其中人数规模大且就业特征明显的人群，及时认定合理身份和权益。并且要重点关注规模更大而且创新性隐蔽性更强的平台就业类型，例如，在客户家中提供家政服务和独立线上工作等。尽管租车、送餐和快递服务等传统的线下服务使用平台就业频率高，容易受到公众更多关注，但这些类型的工作只占据平台就业的一部分。

（二）具体建议

1. 充分开发平台就业的促进就业空间

制定和完善新就业形态的发展规划。将平台就业作为促进就业创业的重点领域，加大对数字化平台技术技能的战略性投入，提升和保持我国平台经济领域的国际竞争力，以稳定和扩大平台吸纳就业的空间。充分利用平台经济提升产业和劳动力市场的能力，强化发展实体经济和服务社区的功能。要支持平台经济中的中小型企业发展，保持平台经济活力。

充分利用平台创造中低端岗位的机会，扩大实体经济和服务领域，特别是进一步促进平台就业在农村地区的增长，并激励平台为农村地区提供服务。

培育更多有竞争活力的平台就业创业主体。促进平台就业人员之间的便利交流与合作，支持已有的平台就业人员发展。政府应积极鼓励平台就业中的社会型创业，在鼓励就业创业的同时，改善相对弱势的平台就业人员的工作条件，并通过补贴和购买服务的方式，利用平台的便利性向居民提供更多可获得和负担得起的公共服务。

优化新就业形态岗位质量结构。优化新就业形态结构，逐步扩展新就业领域，释放和创造更多创新型、知识型、技能型的岗位。加强对就业人员的知识技能提升，形成规模化的平台人才供给支撑体系。分层次分群体加大与平台就业相关的技能培养力度。第一，加大对数字劳工平台操作技能的培养，扩大平台需求市场，特别是老年人数字化服务市场。第二，提升平台就业人员技能水平，特别是对那些由于自动化而更容易失业的低技能就业人员，以及那些需要寻找替代性工作的人员，应提供有效使用平台的技能培训和指导。第三，提升平台专业技术人员的能力，强化平台的技术支撑基础。专业的算法人才仍然短缺，平台发展的多样性迫切需要算法人才的多样化、规模化培养。

2. 加强对新就业形态的数字化监管

重视对新就业形态的统计调查。对平台就业提供有统计意义的界定标准，细化平台就业多类型特点，以利于客观、准确掌握新就业形态发展的基本状况，并分类研究和精准施策。

完善平台数据管理制度。需要加强与平台就业有关的劳动力市场数据监管，加强数据支持、监管和执法。应加快就业大数据监管框架的推进，制定国家层面的平台数据规范标准，注意国家和国际层面的平台数据安全。

建立新就业形态劳动者的就业数字档案。利用平台经济固有的数据收集功能，加强平台就业人员的用工管理，建立数字化工作档案，减少碎片化工作、逃税和社会保险缴费流失问题。需要确保此类信息的提供与平台用户的数据保护之间的平衡。可尝试建立以平台就业人员身份标识为线索的用工管理和保障制度，制定一站式数字化用工管理标准。

加强平台人工智能算法测试和监管。确保平台分配任务系统和客户评分系统的公平，努力实现跨平台评分。建立维权补救机制。加大平台运营的数据保护力度，提高平台对平台就业人员的监督透明性。探索国内平台参与方的跨国监管与指导。

3. 分类治理新就业形态的劳动保障新问题

平台就业的良性发展需要解决在劳动用工环节产生的新问题，如法制和监管、社会保障、工作条件等。新就业形态是高度多样化的，因此要充分考虑平台就业总体规律基础上的多样性和差异性，推进劳动权益保护的精准创新。

第一，分类处理平台就业人员的就业身份。可以选择渐进式分类推进。在平台经济之外，可以继续制定区分雇员和自营职业者的标准，并统一标准的适用和解释。对于平台就业，事实劳动关系认定模式可以从最紧迫的劳动权益领域开始试行，如工伤、工作场所安全等，并逐步扩大范围。实施合理的社会保险缴费水平，同时保持该制度的财政可持续性。积极推进平台就业条件和标准的建设。

第二，将平台就业纳入弱势群体援助范畴。应制定涵盖多种就业方式的解决低收入、贫困和就业不稳定问题的综合战略政策，防止新形式的弱势群体的出现和扩大，特别是经济相对不发达地区的就业群体。重视在平台就业的低收入群体的风险应对和就业援助。

第三，拓展平台就业人员的权益维护途径。加强维权机制建设，扩充就业维权渠道，加强工会或其他形式的就业人员代表（如基层组织）的行动，并促成社会对话和集体协商。在商业法律层面，畅通作为自营职业者的平台就业人员的维权渠道。促进平台就业人员积极参与平台治理，以使他们对平台创造的就业条件产生更大的影响。

4. 提升公共部门的法律法规政策执行能力

提高面向数字化平台的法律法规政策的可执行性。在劳动力市场管理各领域中快速推广平台化工具的应用。在我国公共就业服务网络和社保经办系统中丰富完善数字化功能，实现社保卡的数字化"一卡通"功能，全面对接新就业形态，提升平台监管、服务和经办的规模和效率。

尽快加强国家监管部门和执法机构的数据化监管能力建设。促进政府部门的数据治理能力建设，提高数字化平台化的执法能力。加大数字监测工具和相关人员队伍建设投入，交流经验和良好做法，并且注意数据隐私和公平性的影响。

主要参考文献

丁兆罡.高校公共就业服务个人自愿供给对就业水平影响机理的实证研究[J].运筹与管理，2015，24（3）：152-157.

丁兆罡，徐枞巍.公私合作模式下公共就业服务机构绩效评估研究——以合肥市公共就业培训为例[J].华东经济管理，2017，31（11）：177-184.

于双奇.协同治理视角下农民工公共就业培训问题研究[D].济南：山东大学，2019.

王小琪.对政府促进就业的几点探讨[J].四川行政学院学报，2004，6（4）：71-74.

王永洁.平台型非标准就业与劳动力市场规制[J].北京工业大学学报（社会科学版），2020，20（3）：94-100.

王阳.推进公共就业创业服务均等化的政策建议——对江苏省苏州市的调查和启示[J].中国经贸导刊，2019，934（10）：71-73.

王甫希，习怡衡.新就业形态劳动者的法律保障[J].中国人民大学学报，2020，34（5）：121-131.

王彦红.公共就业服务信息化建设的几点思考[J].经济师，2017，32（4）：57，59.

仇雨临，冉晓醒.灵活就业人员医保参保之"困"[J].中国医疗保险，2020，13（1）：6-8，12.

文军，刘雨婷.新就业形态的不确定性：平台资本空间中的数字劳动及其反思[J].浙江工商大学学报，2021，35（6）：92-106.

白石磊.新就业形态发展思考[J].山东人力资源和社会保障，2020，29(10)：

28–29.

冯帅章，孙坚栋."新就业形态"：稳就业的机遇与挑战［J］.浙江经济，2020，26（8）：28–29.

冯洁."互联网+"公共就业服务的新发展［J］.中国市场，2016，905（38）：79–80，89.

朱铭来，胡祁，赵轶群.关于实现基本医疗保险全民参保的若干思考［J］.中国卫生经济，2021，40（1）：45–48.

朱婉芬.新就业形态下灵活就业人员研究综述［J］.工会理论研究（上海工会管理职业学院学报），2019，33（4）：30–38.

刘永魁.为灵活就业保驾护航［N］.中国劳动保障报，2021–02–20.

刘永魁.问诊新就业形态痛点 提升就业服务质量［N］.中国劳动保障报，2021–06–05.

刘羽枫，刘佩瑶.我国城镇残疾人公共就业服务问题研究［J］.安徽农学通报，2016，22（12）：9–10，148.

刘厘平.政府网上公共职业介绍服务应用系统分析和设计［J］.信息化建设，2004，17（8）：24–26.

刘海莺，张华新.国外公共就业服务制度研究综述［J］.兰州学刊，2011，32（9）：102–106.

阮方，蔡菁容，张奕蕙，等.迈向2035：4亿数字经济就业的未来［J］.科技中国，2017，22（4）：20–26.

纪雯雯.中国新就业形态的主要特征及发展趋势［J］.新经济导刊，2020，34（3）：17–28.

严妮，黎桃梅，周雨，等.新就业形态下平台经济从业者社会保险制度探析［J］.宏观经济管理，2020，36（12）：69–76，84.

李文琦.论中国城乡一体化进程中的公共就业服务体系建设［J］.云南行政学院学报，2012，14（11）：105–107.

李坤刚."互联网+"背景下灵活就业者的工伤保险问题研究［J］.法学评论，2019，37（3）：140–151.

李浏清. 全方位公共就业服务助劳动者就业——访中国劳动和社会保障科学研究院研究员莫荣［J］. 中国人力资源社会保障, 2018, 96（2）: 11-12.

何文, 申曙光. 灵活就业人员医疗保险参与及受益归属——基于逆向选择和正向分配效应的双重检验［J］. 财贸经济, 2020, 41（3）: 36-48.

张立新, 柴芳墨. 新就业形态研究中需要明确的几个问题［J］. 中国工运, 2020, 69（10）: 28-29.

张成刚. 问题与对策: 我国新就业形态发展中的公共政策研究［J］. 中国人力资源开发, 2019, 36（2）: 74-82.

张华初. 我国公共职业介绍服务的现状与发展［J］. 经济研究参考, 2003, 25（45）: 19-25.

张军. 新业态从业人员参加工伤保险难点及对策建议［J］. 中国医疗保险, 2017, 10（6）: 57-59.

张军. 中国工伤保险制度建设与发展研究［M］. 北京: 中国劳动社会保障出版社, 2018.

张宏军. 公共就业服务均等化及其实现路径［J］. 商业经济研究, 2015, 34（10）: 104-105.

张海枝. 我国公共就业服务均等化水平的统计评价［J］. 统计与决策, 2013, 29（24）: 44-46.

陈力. 美国公共就业服务鸟瞰［J］. 中国人才, 2008, 23（5）: 65-67.

陈龙. "数字控制"下的劳动秩序: 外卖骑手的劳动控制研究［J］. 社会学研究, 2020, 35（6）: 113-135.

陈刚. 中国工伤保险发展报告［M］. 北京: 中国劳动社会保障出版社, 2021.

陈宝国. 福建省推动发展互联网+新就业形态问题研究［J］. 发展研究, 2018, 35（11）: 47-53.

陈敏. "非职工"群体纳入工伤保险制度保障探析［J］. 政治与法律, 2017（2）: 151-161.

陈博. 网约车平台与司机之间的法律关系［J］. 濮阳职业技术学院学报, 2017, 30（4）: 67-69.

陈斌，楚俊峰，陈福集．基于直觉模糊多属性决策的政府购买公共就业服务供应商选择研究［J］．中国管理科学，2012，20（S2）：499-505．

陈韫竹，倪宏．关于现阶段灵活就业人员职业伤害保障的思考［J］．中国医疗保险，2017，10（10）：62-65．

林茜，郭昆．玉溪市新就业形态调查研究［J］．全国流通经济，2020，35(25)：105-107．

竺淑琴．澳大利亚公共就业服务模式［J］．中国劳动，2006，57（12）：27-29．

孟欣．黑龙江省扶持新就业形态的社会保险制度创新研究［D］．哈尔滨：哈尔滨商业大学，2020．

封铁英，仇敏．新形势下公共就业服务体系创新：框架、要素与效率［J］．人文杂志，2012，56（11）：171-176．

赵文泽，冯珺．新冠肺炎疫情背景下的新就业形态研究——以"共享员工"模式为例［J］．产业经济评论，2020，19（6）：16-31．

莫荣，刘永魁，陈云．新中国成立70年就业发展历程与未来展望［J］．中国劳动，2019，71（11）：5-19．

翁仁木．对新经济新业态从业人员职业伤害保障制度定位的思考［J］．中国人力资源社会保障，2019，10（4）：14-16．

翁仁木．平台从业人员职业伤害保障制度研究［J］．中国劳动，2019，70(10)：78-90．

翁仁木．完善我国工伤保险待遇政策研究［J］．中国人力资源社会保障，2020，11（7）：9-10．

翁仁木．新就业形态人员职业伤害保障的模式选择［N］．工人日报，2020-01-13．

翁仁木．疫情下新业态从业人员权益保障亟待关注［N］．工人日报，2020-02-07．

郭振纲．灵活就业人员工伤保险困局亟待破解［J］．工会信息，2016，29(16)：1．

谈宇德．完善公共就业服务 适应新就业形态发展［N］．中国劳动保障报，

2020-09-02.

麻宝斌，董晓倩. 中国公共就业服务均等化问题研究［J］. 东北师大学报（哲学社会科学版），2009，242（6）：82-87.

章冬斌. 欧洲国家公共就业服务中的职业生涯规划指导实践与启示［J］. 学术论坛，2010，33（10）：194-200.

彭倩文，曹大友. 是劳动关系还是劳务关系？——以滴滴出行为例解析中国情境下互联网约租车平台的雇佣关系［J］. 中国人力资源开发，2016，30(2)：93-97.

董春林，乔忠. 职介服务体系现状及发展模式研究［J］. 中国劳动，2005，56（8）：34-36.

谢鹏鑫，曾馨逸. 共享经济平台从业者劳动关系认定的国际比较及启示［J］. 中国劳动关系学院学报，2020，34（3）：32-41.

蔡利军. 网约车司机与网络平台之间法律关系探究——以损害赔偿责任主体认定为视角［J］. 法律博览，2017，33（14）：27-29.

滴滴出行. 新经济 新就业——2017年滴滴出行平台就业研究报告［R］. 北京：滴滴政策研究院，2017.

谭中和. 加速补齐医保治理的短板——基于对部分统筹地区应保未保、重复参保情况的调研［J］. 中国医疗保险，2020，13（1）：32-37.

穆随心，王昭. 共享经济背景下网约车司机劳动关系认定探析［J］. 河南财经政法大学学报，2018，33（1）：34-42.

BAJWA U，GASTALDO D，DIRUGGIERO E，et al. The health of workers in the global gig economy［J］. Globalization and Health，2018，14（1）：124－126.

BERG J，FURRER M，HARMON E，et al. Digital labor platforms and the future of work：towards decent work in the online work［R］. ILO，2018.

ILO. Digital platforms and the world of work in G20 countries：status and policy action［EB/OL］.［2022-06-11］. https://www.ilo.org/global/about-the-ilo/how-the-ilo-works/multilateral-system/g20/leaders-summits/italy/WCMS_814417/lang--en/index.htm.

IRANI L. Difference and dependence among digital workers：the case of Amazon

Mechanical Turk [J]. South atlantic quarterly, 2015, 114 (1): 225-234.

KALLEBERG A. Nonstandard employment relations: part-time, temporary and contract work [J]. Annual review of sociology, 2000, 16 (26): 341-365.

KEITH A B, IOANNIS T. The unintended consequences of flexicurity: the health consequences of flexible employment [J]. Review of income and wealth, 2018, 64 (4): 777-799.

MEANS B, SEINER J. Navigating the Uber economy [J]. UC Davis law review, 2016, 49(4): 1511-1546.

SMITH R. "Marketplace platforms" and "Employers" under state law: why we should reject corporate solutions and support worker-led innovation [R]. New York: NELP, 2018.

WU Q, ZHANG H, LI Z, et al. Labor control in the gig economy: evidence from Uber in China [J]. Journal of industrial relations, 2019, 61 (4): 574-596.